나의 학생들에게

서든 나자렌 대학에서,

미드 아메리카 나자렌 대학에서,

포인트 로마 나자렌 대학에서,

당신들은 내게 오랫동안 당신들의

교수로 봉사하는 영예를 누리게 하였습니다

당신들은 나의 도전이었고 축복이었습니다

C.S. 루이스를 통해본

일곱가지 치명적인 죄악과 도덕

제라드 리드 지음

김병제 옮김

본 도서는 C.S.루이스의 일곱가지 악과선을 개정하였습니다.

C.S.루이스를 통해본

일곱가지 치명적인 죄악과 도덕

_초판1쇄 발행 2004년 1월 20일
_개정판 1쇄 발행 2009년 1월 20일

_지은이 제라드 리드
_옮긴이 김병제
_펴낸이 정종현
_펴낸곳 도서출판 누가

_등록번호 제20-342호
_등록일자 2000. 8. 30.
_서울시 동작구 상도2동 186-7(3층)
_Tel(02)826-8802, Fax(02)825-0079

_정가 10,000원
_ISBN 89-89344-43-3 03230

C.S. LEWIS
EXPLORES
VICE
and
VIRTUE

GERAD REED

Translated by Byeongje Kim

Beacon Hill Press of kansas City
Kansas City. Missouri

ISBN 083-411-8947

Printed in the United States of America

Cover design : Ted Ferguson

All Scripture quotations not otherwise design are from the Holy Bible New international Version ®
(NIV®). Copyright© 1973, 1978, 1984 by Internation Bible society. Used by permission of
zondevan Publishing House. All right reserved.

Pemission to quote from the following addition version of the Bible is acknowledged with
appreciation:

The new king james Version(NKJV). Copyright© 1979, 1980, 1982 Thomas nelson, Inc.

The Revised standard Version(RSV) of the Bible, Copyright 1946, 1952, 1971 by the Division of
Christian Education of The national council of the Churches of Christ of Crist in the USA.

The living Bible(TLB),© 1971, Ueds by permission of Tyndale House publishers, Inc., Wheaton,
IL60189. All right reserved.

Scripture quotation marked KJV are from the King James Version.

Library of Congress Cataloging-in-Publication Data

Reed, Gerand

C.S.Lewis explores vice and virtue/Gerard Reed. p. cm.

Indudes bibliographical refernces.

ISBN 0-8341-1894-7

1. deadly sins. 2. cardinal virtues. 3. Lewis, C.S.(clive Staples), 1898-1963. 1. Title.

BV4626. R44 2001

24113-dc21   2001025401

Contents ──────────▶ 차례

제1부 일곱가지 치명적인 죄악

1. 교만

2. 시기

3. 분노

4. 호색

5. 탐식

6. 게으름

7. 탐욕

제 2 부 일곱가지 도덕

머리말

지난 세기 전반에 걸쳐 수많은 비평가들이 서구 문명의 붕괴를 경고했다. 서구 문명은 부상당한 전사로서 부활하는 야만주의 앞에 서 있다는 것이다. 이 현상은, 짐승의 장기들을 알콜에 담아 놓는다거나 동정녀 마리아의 초상화에 코끼리 똥을 발라 내걸었던, 브루클린의 그 말 많은 전시회 같은 데서 단적으로 증명된다.

그 결과, 전통적인 덕의 회복을 주장하는 수많은 글들이 쏟아져 나왔다. 그리고 이러한 글들 가운데서도, 우리 시대의 탁월한 윤리학자의 한 사람으로 꼽히는 매킨타이어(Alastair macIntyre)의 한 저작이 단연 뛰어나다. 세계의 운명, 인류의 복지는 균형에 달려 있다는 것이 매킨타이어의 생각이다. 그는 우리 시대가, 고대에서 중세 곧 '야만과 암흑'[1]의 시대로 가는 전환기와 유사한 것이 아닌가 의심한다. 그의 말에 따르면, 우리 시대의 "야만주의자들은 전선 저쪽에서 대치하고 있는 것이 아니다. 그들은 이미 꽤 오래 전부터 우리를 지배하고 있다."[2]

복음주의 신학자 데이비드 웰스(David Wells) 역시 매킨타이어와 입장을 같이 한다. 그는 「덕의 상실 : 왜 교회는 도덕적 비전을 회복해야 하는가」(*Losing Our Virtue : Why the Church Must Recover Its Moral Vision*)에서 "미국사회의 도덕문화의 붕괴와 현상이 교회에 던지는 의미"를 말한다.[3] 이 주장은 판사 로버트 보크(Robert Bork)의 "이 문화의 전통적인 덕이 상실되고, 악덕은 배가 되고 있으며, 가치는 타락하고 있다. 한 마디로 문화 자체가 와해되고 있다"[4]는 탄식에 대한 동의이다.

우리는 우리의 도덕적 나침반을 상실했다. 웰즈는 말한다. "기능적으로 우리가 도덕에서 멀어졌다거나 표류하고 있다는 것이 아니다. 우리는 도덕적으로 삭제되었다. 우리는 아예 도덕적 문맹자들이며, 도덕적인 진공 상태에 있다."[5] 뼈아픈 고발이 아닐 수 없다! 슬프게도, 수 많은 복음주의 교회들이 문화전쟁의 전초기지에 병력을 배치하고 장애물을 설치하는 대신, 안 보이는 그늘로 후퇴해 버렸다. 교회는 "이제, 소위 거듭났다고 하는 사람들과 세속인들을 비교해 봐도 눈에 띄는 윤리적 차이가 없을 정도로 특징을 상실했다."[6]

이전 세대를 지탱했던 '고전적인 영성'은 하나님의 거룩하심에 초점을 맞추었다. 사랑과 동정은 거룩이라는 하나님의 성품을 배경으로 해서 최고도로 강조되었다. 진리에 순응하고 거룩하게 되는 것이 신자들의 참된 소명이었다. 그러나 오늘날 거룩을 강조하는 교회는 거의 없다. 하나님의 진노, 심판, 도덕적인 요구와 같은 교리는 언급되지 않는다. 의자에 앉은 신도들을 불쾌하게 하면 안 된다.

근본적으로 이교도의 덕인 '관용'이 교묘히 기독교 사상에 섞여 들어와서(용서를 옆으로 밀어내며), 선함의 중심적인 증표로 격상되었다. 전능하신 하나님은 이제, 자녀들에게 아무것도 요구하지 않고 영원히 용서하며 끝없이 관용하기만 하는 '아바' 아버지로 빈번히 묘사된다.

결과적으로, 죄는 윤리적인 관점보다는 심리적인 면에서 정의된다. 죄는 하나님과 관계된 것이 아니라 우리 자신과 관련된 문제이다. 죄는 물론 나쁜데, 왜 나쁘냐 하면 하나님을 진노하게 하기 때문이 아니라 우리에게 해가 되기 때문에 나쁘다.

그래서 우리는 우리의 범죄를 거의 회개하지 않는다. 그 대신 우리는 우리의 내적인 혼란을 인정하고, 우리의 문제와 좌절감을 드러내 보이며 하나님은 우리를 위로하지 못해 애가 타시는 사랑이 많으신 심리 치료사라고 멋대로 상상한다. 자기 희생은 간단히 폐기되고 자아 실현이 그 자리를 꿰찼다. 자기 부인과 절제는 창고에 쌓이고 대신 육체적, 심리적 건강이 상품으로 팔려 나간다.

우리의 상황에 대한 웰즈의 탄식이 자칫 절망적으로 들릴 수 있겠지만, 다행히 그는 두 가지 처방을 내 놓는다.

첫째, 우리는 죄에 대한 진리를 선언해야 한다.

> 죄에 대한 이해 없이는 즉, 실재에 대한 도덕적 비전이라는 강건한 인식 하에서 이해된 죄를 말한다. 복음에 대한 깊은 신앙이 있을 수 없다. 따라서 이것은 선택적인 문제가 아니라 근본적이고도 피할 수 없는 문제이다.[7]

둘째, 교회는 집을 청소해야 한다. 그리스도인은 덕성스럽고 거룩한 사람들이어야 한다. 세상은 지금 공중파를 타고 들려오는 하나님의 말씀에 대체로 냉소를 보낸다. 복음주의 진영은 특별히 더 윤리적으로 살아야 한다. 그리고 이 삶은 은혜의 제공 하에서만 가능하다.

> 성서는, 그리스도 안에서 '새사람'이 나오려면, 타락한 세상에서 편하게 살던 '옛사람'이 반드시 죽어 자신 및 자신과 하나님의 관계를 철저히 이해해야 한다는 가르침에서 한 발짝도 물러서지 않는다.[8]

그러므로 교회는 반드시 말씀을 가르쳐야 한다. 그러나 그 말씀은 "모든 것이 용서된다"라는 단순한 선언이 아니다. 말씀은 우리에게 회개와 거룩을 요구한다. 말씀이 가르치는 심대한 도덕적 진리를 회복해야만 우리는 구속 받을 수 있다. 그리고, 구속받아 그 구속의 도덕적 의의를 실행할 때에야, 우리는 이 혼돈의 세상을 인도하며 희망을 제시할 수 있다.

제임스 데이비슨 헌터는 자신의 책 「인격의 죽음」(The Death of Character)에서 매킨타이어의 고발에 중요한 정보들을 덧붙인다. 그의 생각에 의하면, 미국의 도덕적 특징이 붕괴했으며, 그것은 그 특징을 받쳐주던 교의적 신조들이 폐기되었기 때문이다. 도덕적 특징을 고양시켜 왔던 신학적 기반, 신앙적 세계관은 이제 더 이상 미국 문화를 형성하지 못한다. 우리는 이전 세대가 남긴 진창에 빠져 질식하고 있다. "우리는 도덕적 진지함의 꽃이 개화하기를 원하지만, 이미 우리는 그 나무를 뿌리째 뽑아버렸다."[9]

우리는 '가치'의 필요성, '가치'의 회복에 대한 말들을 듣는다. 그러나 가치는 우리가 물건에 부여하는 인간적인 기준이다. 가게에서 상품 값을 묻는 것이 그렇다.

가치는 위엄이라는 특징을 제거당한 진리이다. 그것은 계시의 대용품이며, 할 수도 있는 것들이라는 범위 안으로 수용당한 명령이다. 가치라는 말은 이제 진리가 유용성으로, 금기가 유행으로, 확신이 단순한 애호로 하락했음을 보여준다. 모든 것은 잠정적이고 교환 가능하다. 가치와 라이프 스타일(한 사람의 가치의 집적을 반영하는 삶의 방식)은 더 이상 거룩한 것이 없는 세계를 그대로 보여준다.[10]

대단히 이상한 일이지만, 이 도덕적 특징의 죽음은 이른바 그 특징을 원한다고 하는 사람들에 의해 조장되었다. "도덕 교육 기관 혹은 도덕 교육에 종사해온 사람들"[11]이 그렇다. 이 사람들은, 대체로 의도는 좋았을지 모르지만, 그들이 개화하기를 바라던 나무의 토양을 철저히 불모화했다. 헌터의 주장에 따르면, 우리 아이들의 교육을 위탁받은 공립학교와(교회를 포함한) 여타 기관들이 "문제를 개선하기보다는 악화시키는 전략을 수용했다. 그들은 도덕적 특징과 그에 수반하는 이상을 회복하지 않고, 오히려 그 특징과 이상의 파괴를 공모했다."[12] 그는 이렇게 말한다.

우리는 우리 시대의 도덕적 특징의 회복을 원한다고 말하지만 정작 우리 자신이 무엇을 요구하고 있는지 알지 못한다. 도덕적 특징을 회복한다는 것은 구속하고, 한계를 두며, 속박하고 강제하며, 끝내 이행하지 않을 수 없는 교리적 명령의 회복을 뜻한다. 이것은 우리가 지불하기에는 값이 너무 비싸다. 우리는 도덕적 특징을 원하면서도 단호한 신념은 갖지 않으려 한다. 우리는 강력한 도덕성을 원하면서도 죄의식이나 부끄러움이라는 양심의 짐은 지지않으려 한다. 우리는 덕을 원하면서도 언제나 부담스러운 구체적인 도덕적 명분 위에는 서지 않으려 한다. 우리는 예의를 원하면서도 예의를 주장할 수 있는 권위는 쌓으려 하지 않는다. 우리는 도덕적 공동체를 원하면서도 개인적 자유에는 일체의 한계를 두려 하지 않는다. 한 마디로, 우리는 우리가 원하는 조건으로는 도저히 얻을 수 없는 것을 원한다.[13]

우리가 해야 하는 일이 무엇인지 진정으로 듣고 싶어하는 사람들은 거의 없다고 헌터는 말한다. 우리는 다시 한번 신학을 반문화의 중심에 놓고, 초월적인 하나님으로부터 도덕적 진리를 끌어와야 한다. 특히 어른들은 거룩한 법을 가르치고 그에 따라 살아야 한다. 모두가 '수용할' 수는 없다 해도 그렇게 해야 한다. 믿음으로 형성된 강력한 공동체들은 도덕적 특징을 배양한다. 아마도, 때가 되면 그 작은 공동체들이 우리에게 그토록 절실한 도덕적 특징의 문화를 형성할 수 있을 것이다.

북아메리카의 심각한 싸움은 예술이나 낙태의 싸움이 아니라 믿음의 싸움이다. '우주적 싸움'으로 그리스도인들은 세속주의자들에 대항하고, 유일신론자들은 자연주의자들에 대항한다. 그리스도인들은 하나님의 말씀으로 계시된 진리에 따라 살아야 한다. 그렇게 하자면 우리에게는 "그러면 우리는 어떻게 살아야"하는지 알 수 있는 지혜와 도움이 필요하다.

C.S. 루이스는 빈번히 방향을 상실하는 우리의 세계와 우리의 훌륭한

안내자가 되는 고전 세계를 잇는 가교를 놓는다. 1999년에 출판된 세기말의 한 기사를 통해 크리스채너티 투데이(Christiaity otday) 잡지는, 미국의 복음주의자들이 C.S. 루이스를 지난 세기의 가장 영향력 있는 작가로 선정했다는 여론조사를 발표했다. 지난 세기의 위대한 책들을 선정한 조사에서도 루이스의 책들(특히 *Mere Christianity*)이 기독교 잡지에서든 세속 잡지에서든 수위에 올랐다.

1996년, 존 스택하우스 주니어는 제2차 대전 이후 출간된 가장 영향력 있는 책들을 조사한 후, 루이스의 책들이 "이 시기를 통틀어 미국 복음주의자들에게, 언급된 다른 어떤 작가들보다 더 의문의 여지없는 영향력을 끼쳤다"고 언급했다.[14]

프리즌 펠로쉽의 창설자 척 콜슨(Chuck Colson)은 전 세계적으로 탁월한 기독교 지도자들 가운데 한 사람이다. 「옥스포드의 예언자」라는 글에서 그는 루이스를 "포스트모던 시대의 진정한 예언자"로 묘사한다.[15] 콜슨의 주장에 따르면, 루이스는 그러한 예언자적 사상가였는데, 그것은 그가 역사에 유달리 조예가 깊어 "그가 살던 시대의 세계관의 좁은 한계"를 비판할 정도까지 되었기 때문이다.[16]

우선 그는 자신이 직접 이름 붙인 "시대를 관통해 내려온 기독교 사상의 위대한 몸체"[17]를 사유와 글쓰기의 출발점으로 삼았다. 예언자들은 당연히, 하나님께로서 오는 말씀으로 그들의 세계를 향해 발언한다. 그리고 그들은, 꼭 귀에 거슬린다고는 할 수 없어도, 대체로 강력한 도덕적 어투를 사용해 말한다. 그들은 죄를 징계하고 거룩을 요청한다. 그들은 악덕을 고발하고 덕을 심는다. 그들은 훌륭한 사회를 위해 없어서는 안 되는 사람들이다.

C.S. 루이스는 아리스토텔레스나 아퀴나스 같은 사상가들의 토대가 되었던 '영원한 것들'을 옹호했다. 그래서 나는 루이스를 고전 문화와 현대의 매개자로 이용하려 한다. 나는 그에 관한 책(*C.S. Lewis and the Bright Shadow of Holies*)을 쓰면서 'C.S. 루이스의 죄악과 도덕'에 대해 생각하기 시작했다. 그는 거룩을 중요하게 생각했다. 따라서, 거룩한 삶은 신앙적 삶이고 도덕적 삶이며 윤리적 삶이므로, 그가 윤리 문제를 일상적으로 다루고자 했다는 것은 당연하다.

그러나 우리는 언제나 윤리 앞에 신학을 놓아야 한다. 하나님의 은혜로 허락된 한 개인의 정체성이 그가 하는 일보다 앞선다. 내적인 변화가 외적인 행위에 앞선다. 그래서 이 책은 루이스가 이해한 기독교 신학의 한 모습 정도로 여겨져야 할 것이다. 루이스를 다루면서, 나는 그가 완전한 윤리학 논문을 쓴 것이 아니라는 인식 하에, 그의 견해를 정확히 이해하고 반영하려고 노력했다. 또한 그는 자신이 알고 있던 중세의 대가들처럼, 일곱가지 치명적인 죄악과 도덕을 인위적으로 연결하지도 않았다. 그래서 나는 번번히 그가 인용한 아리스토텔레스나 아퀴나스 같은 사상가들을 인용했고, 아울러 연관성 있는 자료와 개인적인 일화들을 덧붙였다.

이 책을 준비하고 집필하기까지 여러모로 조력을 보탠 포인트 로마 나자렌 대학의 웨슬리 연구소에 감사드린다.

서 론

중년의 모랄리스트

진리는 언제나 무엇에 대한 진리이지만,
실재는 진리가 말하는 대상이다.[1]

　'도덕적인' 사람들을 보면 우리들 대다수는 찬사를 보낸다. 물론 이러한 반응은 관중들이 훌륭한 운동선수들에게 보내는 박수와 유사한 면이 적지 않을 것이다. 어쨌든 우리는 그렇게 경탄하지만, '도덕주의자들'이나 '도덕적' 판단에 대해서는 이내 정색을 하고 비난한다.

　우리는 멀리 떨어져서 마음 편하게 마더 테레사와 같이 거룩한 사람들을 찬양할 수 있으며, 그러한 찬양의 언사로 그들의 명예가 더욱더 빛나기를 희망한다. 그러나 율법적으로 혹은 개인적인 의를 고수하며 거룩하게 살아야 한다는 요구에 대해서는 빈번히 거부반응을 보인다.

　1980년대에 일부 냉소주의자들이 이른바 도덕적 다수라는 단체를 비웃었는데, 우리는 그때, 우리 역시 도덕적이어야 한다고 당당히 주장한 모랄리스트들(도덕을 연구하고 가르치려는 사람들)로 인해 적잖이 불편했다. 그러므로 C.S. 루이스가 런던 대학 강연을 통해 자신을 "중년의 모랄리스트"[2]라고 지칭했다는 사실은 시사하는 바가 적지 않다. 이것은 자신의 글을 통해 의로움에 대한 관심을 지속적으로 유지해온 한 인간을 정확히 표현한 말이었다.

위대한 모랄리스트는 사람들이 대체로 무시하는 '고대의 도덕적 경구들'을 상기시킨다는 것이 루이스의 생각이었다. 그는 스스로를 '영원한 철학'(Philosophia)의 대변인으로 생각했다. 이 철학은 플라톤 및 아리스토텔레스와 같은 중세 신학자들, 리차드 후커 및 새뮤얼 존슨과 같은 영국 신학자들에 의해 형성되었다.

이 사상가들은 도덕적 실재론, 자연법, 신법, 덕의 윤리학 등을 서구 문명의 중심적인 윤리학 전통 속으로 융합했다.

'모랄리스트' 루이스는 결코 '율법주의자'가 아니었지만, 의로움은 실재하고, 인식할 수 있으며 가르칠 수 있는 것이라고 주장했다. 그는 도덕적인 관점에서 사고했을 뿐 아니라 실제 도덕적인 인간이었다. 그의 명민한 동시대인 말콤 머거리지(Malcolm Muggeridge)는 루이스의 순수성, 그의 가장 깊은 존재의 선함에 찬사를 보냈다.

> 그의 가르침과 글은 그의 하나님의 작품(opus dei)이었다.[3]

루이스의 마지막 몇 년 동안 함께 많은 시간을 보낸 성공회 사제 월터 후퍼의 결론은 이렇다.

> 내가 아무리 오래 산다 해도, 이후로 그 어떤 사람을 만난다 해도 루이스처럼 뛰어난 인간은 결코 다시 볼 수 없을 것이다.[4]

루이스의 마지막 에세이는 세터데이 이브닝 포스트에 보낸 글이었다.

루이스의 다른 글들이 독자들의 관심을 끌 정도로 '역설적'이었다는 사실에 착안한 편집자들은 그에게 섹스에 대한 글을 청탁했다. 가까운 친구 네빌 코그힐이 반 농담조로, 미국 독자들마저 사로잡는 그 '역설'의 비결은 도대체 어디서 나오는 것이냐고 물었다. 루이스는, 그냥 어머니에게 듣던 몇몇 교훈을 그대로 반복하고 자신의 견해를 조금 붙였을 뿐이라고 말했지만, "이것이" 오히려 미국 독자들에게는 "뜻밖에도 역설적이고 전위적인 것"[5]으로 받아들여졌다.

루이스의 글은 편집자들의 생각 이상으로 '역설적'이었을 것이다. "우리는 행복할 권리가 없다"는 제목 자체가 그렇고, 내용도 중세의 기사처럼 기독교의 고전적인 사랑의 덕을 기리는 것이었으니 수긍이 가는 얘기다. 그러나 더 깊은 의미는, 그가 넘실대는 우리의 감각적인 문화를 비난하면서 세상에 주는 그의 마지막 말을 끝냈다는 데 있다. 우리가 너나 없이 제 권리장전을 작성하며, 분에 넘치는 몫을 받아 챙기고 끝없는 쾌락에 탐닉할 '권리'를 주장한다면, 우리는 결국 각자가 제 방식만을 고집하는 세계, 그래서 선조들이 각고의 노력으로 이룩한 공동의 문화가 안에서부터 무너져 내리는 세계로 떨어질 것이라고 그는 경고했다.

시대는 "모랄리스트들"을 요구한다.

루이스는 서구문명이 붕괴하고 있다고 우려했고, 이러한 정황은 결국 그가 왜 호전적인 '도덕주의자'의 자세를 견지했는지 보여주는 부분적인 이유가 된다. 그는 진리와 정의를 위해 싸우며, 유럽의 여러 나라들이 야만주의와 오랫동안 투쟁하며 일구어낸 문화를 지키고자 했다. 그가 본 시대는 어느 시대보다 더 사람들이 악했고 행동은 비겁했다. 더욱 놀라운 것은, 사람들이 아예 자신들의 잘못을 인정하려 하지 않는다는 것이었다. 점점 더 많은 사람들이 옳은 것을 옳다고 인정하지 않고, 누구나 스스로 좋다고 '느끼는' 것이면 무엇이든 할 수 있다고 주장한다면, 모랄리스트들이 나설 수 밖에 없다.

루이스는 노련한 검사가 증거를 파고들 듯, 모더니즘 문화의 가면을 벗겨내며 거기서 왜곡된 서구 기독교 문화의 모습을 읽어냈다. 특히, 모더니즘은 영원한 철학이 보여주는 건전한 정신이 없다. 아리스토텔레스와 토마스 아퀴나스의 지지를 가장 많이 받은 이 철학은, 선함이란 우리가 이성적으로 이해하고 배울 수 있는 객관적인 실재 안에 존재한다는 입장이다.[6]

사실, 성서는 우리의 "의가 더러운 누더기에 불과하다"고 말하고 있지만, 그렇다 해서 우리가 어떤 도덕적 기준을 갖지 말아야 한다는 뜻은 아니라고 루이스는 생각한다. 우리는 완전에 이르지 못할 수도 있다.

하지만 그렇다 하여 노를 던져버리고 우리의 도덕적 근력을 사용하지 않아도 된다는 말은 아니다. 우리는 주관주의의 대피소로 기어 들어가서는 안된다. 주관주의는 현대의 가장 치명적인 발암물질이며 소독약(DDT)보다 더 파괴적이다. 이 발암물질을 피하려면 우리는 도덕적 진리들로 가득 찬 실재 세계가 우리 주변에 있고, 우리는 적어도 부분적으로 그 세계를 알 수 있다는 사실을 늘 기억해야 한다.

옛날에는 느낌이 아니라 사고가 도덕적 기준을 정했다. 그러나 오늘날의 선동가들은 새로운 도덕성, 자긍심과 좋은 느낌의 도덕성을 받아들이라고 부추긴다. 그러나 루이스의 견해에 의하면, "분명히 우리 인류

를 죽게 할(그리고 내 생각으로는, 우리의 영혼을 지옥으로 보낼) 질병
은 바로 이 순진하기 짝이 없는 생각에서 온다. 우리는 이 생각을 부수
어야 한다. 이 생각은 인간이 가치를 창조할 수 있다는, 인간이 스스로
의 의복을 선택하듯 한 집단이 스스로의 '이데올로기'를 선택할 수 있다
는 치명적인 미신이다."[7]

　사람들은 히틀러나 스탈린을 거론하며 집단 학살을 비난하지만, 자신
들 스스로나 이웃들에 대해서는 엄격한 기준을 적용하려 하지 않는다.
그러나 "자와 그 자로 재는 사물이 별개의 것이 아니라면 우리는 아무것
도 잴 수 없다."[8]

　루이스는 '인간이 척도'라는 현대의 명백한 상대주의에 강력히 반발
했다. 사람들은, 아인슈타인의 상대성 이론이라도 꿰찬 듯, '모든 것은
상대적'이라고 말한다. 우리는 옳고 그름에 상관없이 모두가 서로 다른
가치체계를 가지고 있다는 말들을 듣는다. 대체로 교회나 학교는 우리
에게 의견을 제시하라고 권고한다. 서로 의견을 제시하고 경청하면 문
제가 저절로 해결되기라도 할 것처럼 저들은 권고한다.

　그러나 정작 우리는, 설계도도 없이 집을 지으려는 얼치기 목수처럼
주먹구구식으로 실재를 생각하고 의견을 발표한다. 놀라운 일이지만,
오늘날의 대학생들 다수가 무슨 뜻인지도 모르고 비관적인 교수들의 말
을 그대로 따라한다. 자신들이 대학에서 배운 모든 지식은 4년만 지나
면 쓸모없이 된다고 그들은 말한다. 그들의 말에 의하면, 진정으로 중요
한 것은 끝없이 질문하고 항구적인 진리들을 찾아가는 것이다. 그들은,
자신들이 여행중이라고, 자아탐구와 자기표현이라는 여정에 올라 있다
고 선언한다. 하지만 그들은 자신들의 목적지가 어디인지 모른다고 주

장하기도 한다. 그들은 자신들의 마음이 느슨하게 엮인 그물처럼 고기는 못 잡고 물속으로만 헤집고 다니는 것 같다고 생각하는 듯 하다. 그들은 「순례자의 귀한」(루이스가 발표한 첫번째 기독교 저작이다)의 젊은 순례자 존이 만난 '만인의 지혜'의 자랑스러운 소유자들이다.

루이스의 작품에서 이들은 존에게, "가진 것보다는 안 가진 것이 더 낫다"[9]는 사실을 받아들이라고 부추긴다. 그러나 끝없는 토론은 역으로 진리에 대한 진지한 관심이 없음을 뜻한다. 그러한 토론은 "진지하고도 힘겨운 노력이 아니라 흥미진진한 게임, 모두가 적당한 선에서 타협하고 공식적인 승자가 되는 정당의 지방 대회와 같은 게임이다."[10]

오늘날의 학생들은, 절대 진리에 대한 강직한 신념을 소유한 노 화학자 빌 힝스트(That Hideous Strength에서 나온다)와 같이 정직한 스승들을 거의 만나지 못한다. 그는 젊은 사회학자 마크에게 국가 공동 실험 연구소(N.I.C.E.)에 들어가지 말라고 경고한다. 마크는 대답한다. "모든 것에는 두 가지 견해가 있다고 생각합니다." 힝스트는 말한다. "두 가지 견해? 답을 알기 전까지야 열 가지 견해라도 있을 수 있지. 그러나 답을 안 후부터는 한가지 견해 이상은 절대 없네."[11]

2차 대전중에 루이스는 더햄 대학에서 강연했다. 그 내용은 「인간폐기」(The Abolition of Man)라는 책으로 출간되었고, 이 책은 자연법에 일치하는 덕성스러운 삶을 옹호하는, 아마도 루이스의 가장 깊이 있는 윤리학 논문일 것이다. 그의 강연의 발단은 한 초등학교 교과서였다(그는 이 교과서를 "그린 북"이라고 불렀다). 말하자면 그 교과서는, 문법은 명시적으로 설명했지만 암암리에 모든 가치는 주관적이라고 가르치고 있었다. 진리는 사물에 대한 우리의 느낌이라는 것, 그래서 모든 진리는 주관적이고 도덕적 신념은 감정에 불과하다는 것이었다.

　루이스는 청중들에게 새뮤얼 콜리지의 일화를 기억하라고 촉구했다. 콜리지는, 두 관광객이 폭포에 대해 이야기하는 것을 우연히 엿듣게 되었다. 한 사람은 폭포가 '웅장하고' 본질적으로 아름답다고 생각했다. 또 한 사람은 폭포가 '예쁘고' 자기의 개인적인 취향에 맞는다고 말했다.

　루이스는 콜리지의 생각에 동의하며, 폭포는 그 자체로 웅장한 속성을 가지고 있다고 주장했다.[12] 캘리포니아의 요세미티 계곡이 웅장하다면, 아마 루이스도 그렇게 말했겠지만, 그것은 오세미티 계곡 자체의 본질적인 아름다움이다. 본질적으로 가지고 있는 그 속성이 요세미티를 여타의 소소한 계곡들보다 더 아름답게 하는 것이다. 내가 보든 안 보든 오세미티는 실제로 그 곳에 있다.

　그리고 내가 보든 안 보든 오세미티는 아름답다. 그러나 내가 보았다 해도, 실제로 그 아름다움을 감상해야 나는 올바로 반응한다. 오세미티의 웅장함을 보고서도 "나는 디즈니랜드가 더 좋다"라고 하는 아이에게, 우리는 지혜롭게 말하지 않겠는가. "너도 언젠가는 알 수 있을 거야!"

　어떤 사람들에게는 좀 난해하게 들리겠지만, 객관적 진리에 대한 이 토론의 결과는 곧 우리 문화를 형성하는 싸움과 다르지 않다. 모든 사람은 각자 자신의 가치기준을 선택할 수 있다고 주장하는 사람들은 이내 자신들의 가치기준을 다른 사람들에게 강요한다. 세속적 휴머니스트들처럼 그들은 우선 인간을 자연 세계 위에 두고, 자신들의 이익을 위해 스스럼없이 자연을 착취한다. 그리고 나서 그들은, 진화과정에서 발생한 자연선택의 결과일 뿐인, 그러니까 단순히 자연 세계의 부분일 뿐인 다른 사람들을 조종한다.

이 현상은, 이른바 포스트모더니스트라는 사람들, 니체의 철학에 손을 들어주는 사상가들에게 현저하다. '권력의지'에 매료된 그들은 선과 악을 넘어서려고 시도한다. 니체가 선언한 대로, 그들은 스스로를 초인 (Ubermenschen)으로 보기 때문에 그렇다.

포스트모더니즘이 발생하기 이전부터, 루이스는 이 사조의 한 징후, '주관주의의 독'을 예견했다. 그는 우리가 윤리적 기반을 잃고, "'인간 박멸'의 길로, 난센스가 지배하는 세계로, 말하자면 상대주의와 이기심과 불신으로 해체된 세계로 나가지 않을까 우려했다."[13]

미셸 푸코와 자끄 데리다 같이 영향력 있는 포스트모던 사상가들은, 루이스의 예언을 성취하기라도 하듯, 진리의 존재를 부인한다. 포스트모더니스트들은 진리, 선함, 아름다움의 객관성을 무시하고(모든 것을 인간 마음의 산물로 치부하고) 실재는 하나의 '사회적 해석'이라고 주장한다. 그들의 생각은 밀턴의 사탄과 거의 유사하다. '마음은 그 자체가 장소이다. 그래서 지옥을 천국으로, 천국을 지옥으로 만들 수 있다.'

그러므로 '어떤 것이든 가능하고' 불가피하게 '옳을 수 밖에 없다.' 저명한 사회학자 피트림 소로킨에 따르면, 현대가 처한 상황은 이렇다. "한 인간이 어떤 것의 옳고 그름에 대한 강력한 신념이 없다면, 어느 신도 혹은 어느 절대적인 도덕적 가치도 믿지 않는다면," 약속을 부인하고 다만 순간적인 쾌락을 위해 산다면, "다른 사람들에 대한 그의 행동을 이끌고 통제하는 것은 과연 무엇인가? 욕망과 육욕 외에는 없을 것이다.

이러한 상황에서 그는 이성적, 도덕적 통제력을, 더 심하게는 단순한 상식마저 완전히 상실하고 만다."[14] 소로킨과 함께 루이스는 이 감각적인 문화에 이의를 제기했다. 그러나 반대만 한 것이 아니라, 이 주관주의의 늪에서 탈출하는 길을 제시하기도 했다. 그는 서구 문명의 중심적인 윤리적 전통이라 할 수 있는 자연법을 옹호했다.

진리는 자연법을 요구한다

2차 대전 중에 BBC 강연을 승낙하면서 (이 강연 내용은 나중에 The Case for Christianity라는 책으로 출간되었다), 루이스는 세속화되어 가는 사회를 염두에 두고 자신의 조준경을 "우주의 의미에 대한 실마리로서의 옳고 그름"에 맞추었다.

사람들은 영원히 논쟁한다는 점을 인식하고 있던 그는, 그 과정에서 사람들은 골프 코스에 복잡한 규칙을 적용하는 골퍼들처럼 모두가 받아들이는 기준을 발동시킨다고 보았다. 우리 모두가 호소하는 '자연법' 이 없다면 논쟁은 있을 수 없다. 어떤 사람의 행동이 그르지 않다면 왜 굳이 이의를 제기하겠는가?

이에 대한 실례를 보여주기 위해, 루이스의 친구 네빌 코그힐은 루이스와 엑세터 대학의 학장 마렛의 대담을 녹음했다. 대담 내용은 "젊은 원숭이의 생식선을 노인들에게 접합하는" 방식으로 노인들의 성 능력을 개선하기 위한 실험을 이미 실행한 바 있는 비엔나의 과학자 보로노프와 관련된 것이었다.

"놀랍지 않습니까?" 마렛이 말했다. 루이스는 그러한 과정은 "자연스럽지 못하다"고 대답했다. 철학 교수 마렛은 언성을 높였다. "아니, 자연스럽지 못하다? 그게 무슨 말입니까? 보르노프 역시 자연의 일부 아닙니까? 자연에서 일어나는 일은 자연스러울 수 밖에 없습니다. 철학자로서 말하지만 나는 당신의 이의에 어떤 의미도 둘 수 없습니다. 아시겠습니까!"

"죄송합니다만, 학장님. 나는 아리스토텔레스에서 제레미 벤담에 이르기까지 그 어느 철학자라도 내 말을 이해했을 거라고 생각합니다." 루이스가 대답했다.

마렛은 전혀 굴하지 않은 채, 자신의 철학적 선배들을 순진한 자들로 몰아부치며 주장했다. "우리는 이미 벤담 정도는 넘어섰다고 봅니다. 아리스토텔레스나 벤담이 보로노프를 알았다면, 아마 그들의 생각을 바꿨을 겁니다. 보로노프가 열어놓은 가능성을 생각해 보세요! 그리고 당신도 언젠가는 노인이 될 거 아닙니까?" 루이스는 인상을 찌푸리며 대답했다. "늙은 인간이 되면 됐지 젊은 원숭이는 안 될 거요."[15]

진정으로 자연적인 것을 알도록 루이스는 우리를 아리스토텔레스의 금언으로 안내한다. "자연적인 것을 발견하고자 한다면, 우리는 이미 부패한 것을 연구할 것이 아니라 본성을 유지하고 있는 표본을 연구해야 한다."[16]

그는 자신이 좋아하는 중세 시인 스펜서가 자연을 이해했다는 점도 강조했다. 스펜서는 자연을 "아리스토텔레스가 이해한대로 내부에서부터 완전에 이르기까지 그 어떤 방해도 받지 않고, 우연의 제지도 받지 않고 기술에 의해 조작되지도 않는 어떤 것의 '본성'으로" 이해했다. "이 '본성'에 대한 그의 헌신은 망설임이 없다."[17] 인간의 본성과 함께 우리에게 주어진 자연법, 달리는 "전통적인 도덕성 혹은 실천적 이성의 첫 번째 원리들 혹은 최초의 경구들"이라 불린 이 자연법은 "언제나 가능한 일련의 가치 체계들 중의 하나가 아니다. 그것은 모든 도덕적 판단의 유일무이한 근원이다."[18] 어떤 비평가들은 자연법을 무시하기 위해 그와 같은 식으로 말하겠지만, 이 가치 체계는 결코 기독교적인 것이 아니다. 자연법은 함무라비 법전처럼 유구하며, 무지개의 스펙트럼처럼 인간이 없앨 수 있는 것이 아니다.

인간이 중력을 덜어낼 수 없듯, 윤리 또한 고안해 낼 수 없다. 우리에게 자연법이 있다면, 거기에는 반드시 우리의 도덕적 기준을 담당하는 초자연적인 입법자가 있다고 루이스는 믿었다.

우리는 존재하는 모든 것을 떠받치는 실재를 통해 도덕적 진리를 분간한다. 루이스는 대체로, 존재는 진리에 선행한다는 고대 및 중세적 견해를 유지했다. 그리고 이 견해는 선을 드러낸다. "선함은 영혼을 실재 자체에 일치시키며, 절제와 지식과 덕성스러움을" 가능케 한다.[19]

그러므로 영구적인 기준은 존재한다. "자와 그 자로 재는 사물이 별개의 것이 아니라면 우리는 아무것도 잴 수 없다."[20] 우리는 이 점을 삶의 여러 영역에서 확인 할 수 있다. "우리가 어떤 사람을 형편없는 골프 선수라고 부르는 것은 보기(Bogey)가 무엇인지 알기 때문이다. 우리가 어떤 아이의 산수 답안을 틀렸다고 하는 것은 정답을 알고 있기 때문이다. 우리가 어떤 인간을 무자비하고 게으르다고 하는 것은, 우리의 마음에 이미 친절과 근면의 기준이 있기 때문이다. 그리고 우리가 이와 같이 다른 사람들을 비난할 때는, 그 비난의 기준을 타당한 것으로 받아들여야 한다. 기준을 의심하기 시작하면, 비난의 타당성은 자동적으로 의심된다."[21]

청취자들에게 내면에서 들려오는 자연법의 메아리를 일깨워주고자 했던 BBC 강연의 성공은 또 한번의 라디오 대담으로 이어졌고, 이 내용은 「그리스도인의 행동」(Christian Behavior)이라는 책으로 출간되었다. 루이스의 판단에 따르면, 새뮤얼 존슨 같은 중요한 모랄리스트들은 언제나 사람들이 무시하는 것을 일깨워 주었다. 우리들이 알 수 없는 어떤 것, 그러므로 위대한 스승들은 우리를 근본적인 진리로 돌아가게 한다. 진정, 우리는 산소나 수소를 발명할 수 없듯이 도덕적 명령들 또한 고안해낼 수 없다. 우리는 납으로 금을 만들 수 없듯이 정의와 같은 기준들 또한 만들어 낼 수 없다.

우리는 새로운 땅을 발견하는 탐험가들처럼, 이미 실재하는 것에 심겨진 '법칙'(사물의 운행 원리)을 발견한다. 우리는 '법칙'을 부여하거나 만들어서 사물을 우리가 고안해낸 울타리 속으로 몰아넣지 않는다. 루이스가 보기에, 자연법이 없다면, 국회의원과 판사와 교사와 언론인들이 자신들의 체험을 스크랩으로 묶어내지 않으면, 우리가 객관적인 진리와 단절되면, 우리 모두는 지도나 안내자도 없이 떠난 서부 개척자들처럼 실종되고 말 것이다.

진리를 경멸하는 일곱가지 치명적인 죄악

「스펜서의 삶의 이미지」(Spenser's Images of Life)에서 루이스는 이 위대한 시인의 작품에 나오는 '악의 이미지'를 논하는데 한 장(chapter)을 할애한다. 그 중 한 부분은 스펜서가 본 "질병과 흠의 이미지들"에 대한 탐구였는데, 이것은 다시 말하면, 일곱가지 치명적인 죄악에 대한 탐구였다. "이 죄들 하나하나는 질병이거나 기형 혹은 그 둘 모두를 겸하고 있는 상태"라는 점에서 그렇다.[22] 인간 본성의 항구성을 생각하면, 우리는 죄악에 빠진 상황에서 오는 이 동일한 내적인 질병에, 이 경악스러운 기형에 올바로 대처해야 한다.

이 탐구를 제외하면, 루이스는 대체로 중세 사상가들의 통찰에, 일곱 가지 치명적인 죄악과 일곱가지 구원의 도덕에 대한 그들의 설명에 의지한 셈이었다. 그는 하나님과 존재하는 모든 것들의 객관적 실재를 믿었으므로, 객관적 진리들을 굳건히 옹호했다. 영원한 것만이 삶의 궁극적인 저울에 올라선다. 그리고 영원한 실재들은 우리 일시적인 피조물들과 무관하게, 외부에 객관적으로 존재한다.

그러므로, 현명하다면 우리는 우리들 내부가 아니라 외부를 볼 것이다. 우리가 우리의 단순한 느낌과는 별도로 어떤 것의 존재를 알 수 있다면, 거기에는 분명히 우리와 별개로 존재하는 실재들, 우리가 있다고 생각해서 있는 것이 아니라 애초부터 그 자체로 존재하므로 우리가 알 수 있고 발견할 수 있는 실재들이 있다.

고대 세계의 초기 그리스도인들은 인간은 모두 죄인이라는 사실을 분명히 확신했다. 고대인들은 대체로 자신들의 처지를 인정하고 있었던 것이다. 그러나 시대는 변했다. 루이스에 따르면, 그리스도인들은 우선 악을 밝히고, 나쁜 소식을 선언한 후에, 구원의 기쁜 소식을 말해야 한다. 지난 세기 동안 서구 사상가들은 '인도주의적' 신조를 단단히 용접함으로서, 선을 친절로 하락시키고, 인정과 동정과 호의(행위가 아니라 감정)를 의로움의 증표로 만들어 버렸다.

프로이드와 그의 추종자들은 하나님도 죄도 실제로 존재하는 것이 아니라고 수많은 사람들을 설득했다. 그러므로 더더욱 우리는 죄의 문제를 정직하게 다루어야 한다고 루이스는 주장했다. 예수께서는 그렇게 하셨다! 인간의 죄에 대한 그 분의 분노와 슬픔을 우리가 나누어 갖지 않는다면, 우리는 우리를 향한 구속 사역의 참뜻을 알 수 없다.

스스로를 정직하게 대면하자면, 우리는 우리가 범한 죄에 대해 가책을 느낄 것이다. 죄를 지으면, 배우자를 욕하고 상사의 것을 훔치면, 우리는 안다. 우리는 다른 사람이 죄를 지을 때 칭찬하지도 않거니와, 하나님께서 그 죄를 미워하신다는 사실 또한 잘 안다. 죄가 발생해도 동요하지 않는 하나님은 하나님이 아닐 것이다.

진리를 따라 사는 일곱 가지 도덕

여러 기독교 윤리학자들은, 자연법에 일치하는 삶을 위해서는 "덕의 윤리" 전통이 가장 유익하다고 생각했다. 덕의 윤리는, 규칙을 정하고 그대로 따르기 보다는, 우리들 각자가 흠 없는 인간이 되고 우리의 속사람이 시키는대로 옳은 일에 습관적으로 열심을 내라고 권고한다.

독자들에게 덕을 닦으라고 권면함으로써 루이스는 덕의 계발을 요청하는 중세 기독교 전통을 근본적으로 추종한 셈이었다. 도덕 규칙은 우리를 잘 살게 한다. 운동 경기 규칙이 경기를 올바로 진행하는 방식인 것과 같다. 도덕성은 개인들 상호간의 공정성과 평등을, 각 개인의 성실성과 예절을, 그리고 마침내 모든 사람이 지향하는 공동의 목표를 수반한다.

물론 반드시 지켜야 할 '규칙'이 있기는 하지만, 덕성스럽게 살아야 하는 진정한 이유는, 그 삶이 한 인간의 완성에 기여하고, 애초의 창조 목적에 이르도록 우리를 돕는다는 데 있다. 하나님께서는, 사전에 프로그램된 로봇이 아니라 건강하고 거룩한 인간을 원한다고 루이스는 언급했다. 하나님께서는 한 인간이 당신께 바치는 충성을 원하시지, 엄격히 준수되는 규칙을 원하시지는 않는다.

루이스의 사상은 아리스토텔레스, 아퀴나스, 후커에게서 확연한, 그리고 최근에는 매킨타이어 같은 윤리학자들이 다시 언급하는 덕의 윤리와 무리없이 조화한다. 습관이 우리를 만든다. 벽돌 쌓이듯 하는 하나하나의 선택이 우리의 성품을 만든다. 십 년이 지나고 이십 년이 지나면 우리는 천국에 있거나 지옥에 있을 것이다. 하나님께 더욱더 가까이 가거나 그 분과 우리 사이의 간격이 점점 넓어지거나 할 것이다. 서서히 우리의 성품을 형성하는 이 덕성스러운 삶이 인생이라 불리는 모험에 도전하도록 한다.

플라톤의 「공화국」에서, 젊은이들은 선하고 아름다운 것을 보고 감탄할 수 있도록 양육되어, 옳은 것을 선택하는 능력을 제2의 천성으로 삼아야 했다고 루이스는 설명했다.

우리는 판단하기에 앞서 판단하는 법부터 알아야 한다. 우리는 어른이기에 앞서 어른답게 행동하는 법부터 배워야 한다. 절제나 용기 같은 덕은 배워야 습득된다. 그러므로 도덕 교육(학교와 사회를 막론하고)이라는 명제가 루이스의 사상에서 차지하는 역할은 지대하다. 올바른 교육을 위해 루이스는, 지식과 이성의 두 능력이 결합된 합리적 정신이라는 중세적 모델을 제시했다. 지식으로 우리는, 예를 들자면 전체는 부분보다 크다는 "자명한 진리"를 "올바로 본다." 이성으로 우리는 "자명하지 않은 진리를 단계별로 증명해"나간다.[23]

올바른 단계를 밟기 위해서는, 우리는 이성을 완전하게 하기 위해서는, 우리에게 어떻게 진리를 보고 진리에 따라 살아야 하는지 가르쳐 줄 지혜로운 스승과 조언자가 필요하다. 현대의 교육을 평가하면서 루이스가 염려한 것은 지식의 부족이 아니라 '가슴의 퇴화'였다. 이 도덕적 능력이 없다면 우리는 당연히 덕과 윤리적 품성의 상실을 탄식해야겠지만, 우리에게 없는 것은 이러한 자질들을 개발하는 수단이다.

　우리에게 필요한 것은 덕, 말하자면 우리의 도덕적인 노력의 참된 목적이 되는 도덕적인 힘과 온전함이다. 플라톤의 학원에서 철학자들은 엄격한 통제와 훈련을 감수해야 했다. 어떤 운동에 숙달하려면 먼저 기초적인 기술을 익혀야 한다. 실제 경기는 그 다음 일이다. 우리 역시 덕성스러운 인간으로 성장한 후에야 선을 볼 수 있고 선한 인간이 될 수 있다. 결론적으로, "플라톤의 목표는 거룩함 외에는, 선한 것을 닮아가는 일 외에는 결코 없었다."[24] 그리고 C.S. 루이스 역시 이 외의 것에는 목표를 두지 않았다.

제1부

일곱가지
치명적인 죄악

교만

시기

분노

호색

탐식

게으름

탐욕

1. 교만

철저히 반 하나님적인 마음의 상태

기독교 신앙의 스승들에 따르면, 근본적인 악덕,
최대의 악은 교만이다… 교만은 다른 모든 악덕으로 이어진다.
교만은 철저히 반 하나님적인 마음의 상태이다.[1]

젊은 시절 C.S. 루이스는 시인이 되고자 했다. 현대시가 압운이나 운율등에 대한 전통적인 관심에서 벗어나지 않았다면, 그는 아마, (그렇게 유명하지는 않았겠지만) 영국 시인으로 이름을 남겼을 것이다.

그의 문학적 정열은 시 아닌 다른 곳으로 집중되었지만, 그럼에도 일상적으로 시를 썼으며, 그 중 하나가 지혜롭지 못한 어느 젊은 처녀를 그린 다음의 작품이다.

지난 밤 그녀에게 알려주고 싶었네
거기 있던 사람들 누구도 그녀에게 말하지 않은 진실을.
젊어서 붉은 혈색으로,
꽃처럼 스러질 한순간의 영광으로

그녀는 사람들을 사로잡았네.

파리떼처럼 달려드는 소년들을 사랑했네.

여자들의 두 눈에 어린 질투를 사랑했네.

그녀는 더 빨리 말했고,

나는 큰 소리로 외치고 싶었네.

"네 오라비들이 아직 말해주지 않은 것,

너를 교만하게 하는 그것을 어디서, 누구와 나누느냐?"[2]

비슷한 상황이 있다. 커다란 솜사탕을 들고 있는 어린 여자아이에게 누가 물었다. "너 같은 어린아이가 어떻게 이 솜사탕을 다 먹을 수 있니?" 아이는 거리낌없이 대답했다. "나는 바깥에서 보는 것보다는 속이 훨씬 커요."[3] 속이 큰 그것이 하나님을 밖으로 밀어낸다. 그리고 거기가 교만의 자리이다.

교만 : 하나님과 그분의 뜻을 거부함

눈에 가장 잘 띄는 교만, 곧 육신의 외양에 대한 자랑은 사실 비교적 덜 치명적이다. 가장 치명적인 형태의 교만은 외양의 문제와는 관련이 없다. 토마스 아퀴나스가 말했듯이, 진정한 의미에서 "교만은 인간이 자기 자신보다 더 높은(supra)곳을 목표로 하는 것이다. 그래서 교만을 슈퍼비아(superbia)라고 부른다."

교만한 사람은 자신의 본래 모습보다 더 낫게 보이고자 한다. 아퀴나스의 결론에 의하면 "자신의 한도를 넘으려 하는 사람은 교만하다."[4]

궁극적으로, "교만은 인간이 자신의 창조자인 주님을 떠날 때부터 시작된다. 교만은 죄가 솟아나는 샘과 같아서, 그 샘을 버리지 않는 자는 누구를 막론하고 사악함으로 가득 차게 된다."[5]

교만한 사람은 우주왕복선처럼 날아, 궤도를 그리며 하나님 위를 비행하고자 하며, 하나님의 길보다 자신의 길을 더 좋아한다. 루시퍼를 부추겨 하늘을 떠나게 한 죄, 아담과 하와를 유혹하여 에덴의 지복을 상실하게 한 최악의 죄가 바로 교만이다.

C.S. 루이스의 가장 심오한 진술들 가운데 하나. "결국은 두 종류의 사람들 밖에 없다. 하나님께 "당신의 뜻대로 하소서"라고 말하는 사람들과 하나님으로부터 '네 뜻대로 하라'는 말을 듣는 사람들이다."[6]

자신의 길에 끝없이 집착하는 이 교만의 문제가 루이스의 「마술사의 조카」(The magician's Nephew) 나르니아 연대기의 첫번째 작품에서 폭 넓게 논의된다. 우리는 이 작품에서 나르니아 왕국이 어떻게 만들어졌는지 알 수 있다. 어린 디고리(Digory. 「사자와 마녀와 옷장」(The Lion, the Witch, and the Wardrobe)에서 대학을 소유한 자상한 노학자로 등장한다)와 친구 폴리(Polly)는 디고리의 사악한 아저씨 앤드류가 만든 마술 반지의 힘으로 다른 세계로 이동한다. 그 세계에서 그들은 아름다운 마녀 퀸 자디스를 만나고, 그녀는 그들에게 자신이 이전에 살았던 놀라운 찬(Charn)의 세계가 어떻게 멸망했는지 이야기 한다.

그녀는 누가 왕국을 다스려야 하느냐는 문제로 자매와 다투었다. 둘 모두 굽히지 않았다. 마법 전쟁이 일어났고, 패배한 자디스는 결국 저주의 주문을 휘둘러 자신을 제외한 모든 것을 절멸에 이르게 했다. 찬 왕국에서 살아가는 모든 것들(사람과 동물들)이 원자폭탄을 맞은 듯 증발했다. 그녀의 주장에 의하면, 그 모든 것들은 그녀의 소유였고, 그래서 자신이 원하는 대로 처리할 수 있었다. 그녀만이 살아남아, 황폐하고 빈 왕국을 다스렸다. 하지만 그녀는 여왕(그녀의 세계의 여왕)이었다. 자기 마음대로 할 수 있는!

자디스는 찬 왕국이 멸망한 것은 그녀의 자매 때문이라고 주장했다. 그 자매가 끝끝내 찬 왕국을 다스리고자 했기 때문이라는 것이었다. 자신의 죄를 자매에게 전가한 자디스는 선언했다. "그녀의 교만이 온 세계를 파괴했다."[7]

물론, 왕국을 멸망시킨것은 자디스 자신의 교만이었다. 이 악한 여왕은 죄의 가장 깊은 뿌리, 즉 "천국에서 섬기느니보다 지옥에서 다스리고 싶어하는 교만"[8]의 의인화이다. 루이스는 적어도 어느 정도는 이 진리를 그의 영적인 조언자 조지 맥도널드(George Macdonald)에게서 배웠다. 맥도널드는 이렇게 말했다. "지옥의 유일한 원리─ '나는 내 것이다!'"[9]

디고리가 자디스의 파괴적인 행위에 대해 문제를 제기하자, 그녀는 디고리를 고상한 정치 문제 같은 것들을 알 수 없는 '평범한 아이'로 되돌려 놓는다. 자신은 여왕이니까 아이가 할 수 없는 일을 할 수 있다는 것! 그녀는 인간의 법칙에 순종할 필요가 없다. 디고리가 보기에 그녀는 앤드류 아저씨와 같다. 약속을 깨는 것은 나쁜 일이라는 디고리의 비난을 앤드류 아저씨는 일축하고서, 어린애들은 약속을 지켜야 하지만 자신같이 우월한 사람들은 '숨은 지혜'가 있어서 일반적인 법칙을 벗어나 있다고 대답했다. 앤드류 아저씨의 말도 자디스 마녀와 다르지 않았다. "우리들의 법칙은 높고도 외로운 운명이다."[10]

뱀의 말에 사로잡힌 하와도 마찬가지로 '높고도 외로운 운명'을 추구했다. 그 때부터 그녀의 자손들은 하나님의 다스림을 벗어나려는 이 교만이라는 원죄와 씨름하게 되었다.

한 마녀의 교만으로 폐허가 된 찬 왕국도 그렇거니와, 인류 역사 전반에 걸친 다양한 악의 모습들 또한 도덕적인 암흑, 인간의 마음에 생긴 악의 균열을 역으로 보여준다. 그리고 이 모든 것은 루이스가 통찰해 낸 그 것, 인간의 이 비참한 상황의 심부에 놓인 만악의 뿌리, 교만 때문이다.

"철저히 반 하나님적인 마음의 상태"[11]인 교만은 뭔가에 찬성하기보다는 반대한다. 악은 그 자체로 존재하는 무엇이 아니다. 그것은 무언가 결여된 상태이다. "말하자면, 선은 그 자체로 존재한다. 악은 선이 훼손된 것일 뿐이다. 그리고 분명히 선한 어떤 것이 먼저 있고 나중에야 그 것이 훼손되었을 것이다."[12]

"악은 기생충이지 원래부터 있던 것은 아니다."[13] 따라서 우리의 모든 악은 "나를 앞에 놓고 중심이 되고자, 하나님이 되고자"[14]하는 그곳을 출처로 삼는다.

그러므로 셀 수 없이 많은 인간의 방종과 고집을 "일곱가지 치명적인 죄악"으로 대별하면서, 고대 및 중세의 신학자들 그리고 제프리 초서(Geofferey Chucer)의 목사는 "이 일곱가지 죄의 뿌리는 모든 해악의 총체적인 뿌리인 교만"[15]이라고 주장했다.

교만은 자랑과 과시라는 면도 물론 있지만, 하나님의 엄격한 뜻을 피하고자 그분을 회피하고 벗어나려는 태도를 우선 보인다. 루이스가 이해한대로, 교만은 우리를 서로 다투게 한다. 부모의 말을 아랑곳하지 않는 세살배기 어린애처럼 하나님을 무시하게 한다. 교만은 인류 최초 부모의 '하나님이 되고자' 했던 결심의 재현이며, 어거스틴의 말대로 '하나님을 경멸하고 자기를 사랑'하는 것이다.

어둠이 빛을 차단하듯 죄는 거룩함을 차단한다. 이 성스러움과 죄는 둘 모두 어떤 특정 행위라기보다는 존재 상태이다. 죄의 행위들(강간, 상일, 도둑질, 반역) 자체야 인생 게시판에 더욱 극적으로 전시되지만, 존재 상태로서의 죄는 궁극적으로, 자아라는 어마어마한 내부 중력의 소용돌이, 영혼의 블랙홀이다. 이 블랙홀이 교만이며, 루이스는 악과 죄의 침투력에 대한 논의에서, 만악의 뿌리인 이 교만을 놓쳐서는 안 된다고 끊임없이 이른다. 하나님을 신뢰하기 싫어할 때 우리는 교만하게 된다. 이러저러한 중독증의 포로이면서도 내가 알아서 조절할 수 있다고 주장한다면 우리는 교만한 것이다. 일인자가 못 되어 안달할 때 우리는 자기의지에 탐닉하고, 교만하게 된다. "피조물의 입장에서 이 자기의지의 행위는 피조물의 본분을 망각한 중대한 오류이며, 인류 대타락(the Fall)의 원인이며 유일한 죄이다."[16]

하나님의 섭리와 사랑의 권능을 거절하는 우리는 훼손되고 비틀린 권력(프로메테우스적인 권력)을 추구한다. 우리는 특히 다른 사람들—가족, 학교, 교회, 나라—에 대한 지배력을 갈망한다. "자신의 권력에 극도로 도취한" 교만은 "더 높은 권위에서 오는 더 정당한 통치를 경멸한다"[17]고 어거스틴은 말했다.

그리스도인이 된다 함은 아버지께 순복함을 뜻한다! 우리는 우리의 의지를 그분의 의지 아래에 둔다. 이는 자기의지, 자기추구, 자기주권을 십자가에 못박는다는 뜻이다. 우리의 남편, 직장상사, 아버지, 어머니에 대한 순종이, 우리를 하나님으로부터 갈라놓는 교만을 꺾는 작은 단계이다.

말을 길들일 때 유능한 조련사는 낮은 단계부터 시작한다. 우선 고삐를 매고, 다음에는 안장을 얹고, 천천히 끌고 다니다가, 안장 위에 좀 무거운 것을 얹어보기도 하며, 마침내는 올라탐으로써 말 안듣는 야생마를 꺾는다. 마찬가지로 하나님께서도 우리를 당신의 소유로 변화시키기 위해 우리를 "꺾는다."

영적인 교만, 가장 나쁜 죄

「거대한 결별」(*The Great Divorce*)에 나오는 한 유령을 통해 우리는 교만의 가장 심각한 문제, 곧 자신을 옳다고 여기는 독선의 문제를 엿볼 수 있다(루이스는 이 작품에서, 이단의 지옥 거주자들이 천국 부근으로 소풍을 나와 거주지를 바꾸어 천국으로 갈 수 있는 기회를 얻게 된다면 과연 어떻게 되겠느냐는 재미있는 이야기를 한다). 이 유령은 세상에 있을 때의 삶을 돌아보며 자신은 그래도 괜찮게 살았다고 주장한다. 신앙적이었다거나 완벽했다는 얘기가 아니라, 언제나 훌륭하게 살려고 노력했다는 것이다. 그리고 그는, 자신의 '권리'가 아닌 것은 결코 요구하지 않았다고 덧붙인다.[18]

언제나 최선을 다했다는 태도를 취할 때, 자기 몫이 아닌 것은 결코 바라지 않겠다고 고집할 때, 우리에게는 하나님의 은혜도, 위에서 선물로 주는 구원도 다 필요없다.

가장 교활한 형태의 교만은 거룩한 체 하는 영적인 교만이다. 겸손한 체 하는 것은 최악의 교만이다.

완벽한 체 하는 사람들은 가장 타락이 심하다. 그들은 하나님의 거룩에 맞서는 사람들이다! 우리가 다른 사람들보다 신앙이 우월하다고 느낀다면, 마귀는 단연코 우리편이다. 그러나 언제나 하나님이 계심을 삼가 헤아린다면 우리는 우리 자신을 잊는다. 우리가 남보다 낮다는 생각은 결코 할 수 없다!

악마 스크류테이프가 웜우드에게 한 수 가르쳤던 사정도 여기에 기인한다. 웜우드가 악마 실습 대상자로 삼고 있던 청년이 열렬한 그리스도인이 되자, 악마는 웜우드에게, "악덕 가운데서도 가장 강하고 아름다운 악덕, 영적인 교만"[19]을 받아들이도록 청년을 유혹하라고 가르친다. 이 젊은 개심자가 모든 것을 신앙인 '처럼' 행하고 조물주에게 무조건적으로 헌신하는 사람 '처럼' 된다면, 그를 쉽사리 파멸의 문 앞에 이르게 할 수 있다. 보통 사람들과는 상당히 '다르다' 는 의식, 선택된 영적인 무리의 '일원' 이라는 기쁨은 사탄이 차려주는 유혹의 식탁이다. 이 식탁 앞에서 우리는 '핵심 그룹' 의, 선택된 무리들의, 엘리트 집단의, 특히 '영적인' 무리들의 일원이라는 자부심을 갖는다!

'핵심 일원' (The Inner Ring)이라는 교만

결국 교만은 우리를 눈멀게 한다. 남보다 높은 데 있어서 승리인 것 같지만 그때야말로 우리는 '승리' 에서 가장 멀리 있다. 그리고 무엇인 체 하는(예를 들면, 겸손한 체 하는) 우리의 위선은 정확히 파고들면 뻔한 것이다. 루이스의 언급이 그 점을 증명한다.

진정으로 남과 다를 바 없다고 믿어서 나도 당신과 다를 바 없다고 말하는 경우란 없다. 다르다고 믿는다면 그런 말을 하지 않는다. 명견은 잡견에게 그런 말을 하지 않는다. 학자가 바보에게, 직장인이 실업자에게, 미인이 평범한 여자에게 그런 말을 하는 경우는 없다.[20]

그럼에도 중세 신학자들이 비난한 가장 추악한 이 교만 죄가 현대 '휴머니스트들'의 갈채를 받아왔다는 사실은 역사의 아이러니라 하지 않을 수 없다. 자율적 개인주의는 세속 사상가들이 그토록 빈번히 제창한 '인권' 운동의 비옥한 토양이었지만, 결국 합리화된 교만에 지나지 않는다.

이러한 교만은 물론 개인에게 감염되지만, 특히 타인에 대한 지배력을 행사하기 쉬운 다양한 집단에도 감염력을 행사한다. 그리고, 집단의 '핵심 일원'에 들고자 하는 욕망은 더더욱 위험하다. 사실, 루이스의 죄 개념 이해에서 중요한 위치를 차지하는 것이 바로 '핵심 일원'이고자 하는 이 욕망이다. '핵심 일원'(*The Inner Ring*)이라는 제목으로 '세상'과 세상의 방식을 깊이 분석한 그의 글도 있다(그는 이 글에서 자신을 "중년의 모랄리스트"라고 언급했다). 사람들의 여러 집단에는 두 계급이 존재한다고 그는 말한다.

서열과 지위를 통해 외부적으로 드러난 계급과 내부자들로 구성된 보이지 않는 계급, 이 내부자들, 곧 핵심 일원들은 자기들끼리 말하는 독특한 방식이 있으며, 늘 다 안다는 듯한 거만한 시선과 윗 사람에게 아첨하고 아랫사람에게 가혹한 속물근성을 가지고 있다. 핵심일원이라는 이 지위는 대단히 매력적으로 보이지만 결국 그 당사자들을 교묘히 타락시킨다. "아직 나쁘지 않은 사람을 악행에 빠뜨리게 하는 가장 교묘한 기술을 가진 것이 바로 핵심 일원에 대한 욕망이다."[21]

내각, 교단 총회, 교수 협의회 같은 집단에 들어갈 경우, 쉽사리 그 위상으로 인한 우월감에 빠질 수 있다. 심지어 시민단체나 인권 로비 단체들도 권력을 확보하는 과정에서 은연중 교만에 젖어들고, 자신들의 목적을 위해 진실을 가리며 상대를 누르기까지 한다. 세계에 대한 자신들의 비전을 끊임없이 강요하는 이 '세계 변혁가들'의 교만에 비하면 기껏해야 외모의 자랑인 여자들의 교만은 아무것도 아니다. 루이스의 통찰을 극구 기리는 현대 철학자 피터 크리프트(Peter Kreeft)는 이렇게 말한다. "교만한 사람들의 대표적인 예는 영화배우들이 아니라 독재자들이다. 영화배우들은 자랑하지만 독재자들은 교만하다."[22]

독재자들 그리고 선동적인 민주주의 정치가들은 명백히 권력을 원한다. 루이스의 한 소설 인물인 웨스턴을 통해 이러한 교만이 의인화된다. 명석한 물리학자 웨스턴은 (두 작품 「고요한 행성으로부터」(*Out of the Silent Planet*))와 「페리란드라」(*Perelandra*)에서) 다른 행성들을 자신의 통제 아래 두려고 한다.

그의 주장에 따르면, 그의 모든 시도들은 이 우주에 인류를 영속화시키려는 숭고한 노력이었다. 수많은 유토피아 사회 계획자들과 공모한 그는 계획 단계에서는 명백히 '비이기적'이었으며 그 계획의 실행에는 극도로 무자비했다.

「페리란드라」(*Perelandra*. 이 작품에서 그는 '그린 레이디'(Green Lady)를 유혹해 하와가 겪은 것과 같은 또 한번의 행성적 타락을 조장하려 한다)에 나오는 한 중요한 독백을 통해 그는 랜섬(Ransom. 그의 의로운 반대자)을 '바보'라고 불렀다. 전통적인 가치들을 받아들였다는 이유 때문이었다. 그는 자신의 범신 사상을 우주적인 사상으로 이해했으며, 자신이 창조적으로 회전하는 우주의 축이라고 믿었다. 그는 믿기지 않을 정도로 무도한 말을 하고 만다.

"나다. 이 소심하고 어리석은 보따리 장사꾼아, 아느냐? 내가 우주다. 나, 웨스턴이 네 하나님이고 네 사탄이다."[23]

유토피아적 오만 : 세계 건설의 기만

이른바 '현대인'이라고 하는 수많은 사람들이 웨스턴과 같이 교만의 동극을 진정으로 치하한다. 유력자들은 영향력 있는 대중 매체의 표지를 장식하고, 헐리우드의 엘리트들은 인기를 과시하며, 그것으로 다시 정치력을 키워간다. 세계를 흔드는 자들과 대중을 매혹하는 자들이 우리 사회 피라미드의 꼭지점을 차지하고 있다. 피터 크리프트에 따르면, 르네상스와 계몽주의 사조의 결과로 "우리의 문명은, 우리의 영혼을 하나님께 일치시킨다는 전통적인 목표에서 세상을 우리의 욕망에 일치시킨다는 새로운 목표로 그 영적인 관심과 에너지의 방향을 점점 더 재조정해왔다."[24]

C.S. 루이스가 「페리란드라」(perelandra)같은 우주여행 소설을 쓴 것은 사실 어느 정도는, 맑시즘, 휴머니즘, 페미니즘 등과 같이 권력에 기반을 둔 이데올로기들에 대항하기, 혹은 적어도 경고하기 위해서였다. 이러한 이즘들은 여전히 무선 신호처럼 현대 세계 전 공간에 파동한다. '웨스터니즘'은 진보에 대한 어떤 사람들의 열광적인 믿음, 곧 '인류의 영속과 향상' 및 죽음의 극복에 대한 희구를 말한다고 루이스는 설명했다.[25] 웨스터니즘은 두 세기 동안 덩굴식물처럼 번창하며, 계몽주의에 감화된 여러 집단들의 복판에 '18세기 철학의 천국 도성'을 세우고자 했다.[26] 그의 첫번째 '기독교적' 저작이 되는 「순례자의 귀환」(The Pilgrim's Regress)에, 고향 '퓨리타니아'를 떠나 여행길에 오른 '존'이라는 인물이 등장한다.

이 젊은이의 고향은 영주(landlord)가 소작인들을 위해 법을 제정하고 다스리는 옛날 방식의 나라였다. 젊은이가 여행 중에 만난 최초의 인물 중 하나가, 영주를 믿는 사람들을 모두 쫓아버린 '미스터 계몽주의' (Mr. Enlightenment)였다. 단순히 "콜롬버스, 갈릴레오, 지구가 둥글다는 사실, 인쇄술과 화약의 발명"[27] 같은 이유만으로 옛사람들을 내쫓은 것이었다. 그렇게 불합리한 추론은 구멍난 타이어에서 바람이 새는 것처럼 취약한 것이었음에도, 미스터 계몽주의는 엄격한 논리 훈련이 결여되어 있었다. 인간을 거의 전지하게 하는 현대의 '과학적인' 이론들이 기독교를 영구히 허물어뜨렸다고 그는 단순하게 전제했다.

이 전제는, 루이스의 세번째 우주여행 소설 「그 무서운 힘」(Tnat Hideous Strength)에서, N.I.C.E.를 통해 유토피아 사회 건설을 꾀하는 악인들의 명백한 자양분이었다. 로드 피버스톤(Lord Feverstone)은 기관에서 일할 사람으로 마크를 채용하면서, 과학적인 사람들이 드디어 모든 것을 지배할 권력을 획득했다고 선언한다. 그의 말에 따르면, 마크는 계몽된 과학자들로 구성된 미래 건설 군단에 들어갈 수 있는 것이다. "'인간은 인간이 관리해야 한다'고 피버스톤은 말했다."[28] 그와 마크는 '새로운 종류의 인간'[29]을 만들 엘리트 선구자들의 무리에 들어갈 수 있다.

우리 세기에 이 '새로운 종류의 인간' 창조에 매혹당한 사람들은 대체로, 기독교의 가장 치명적인 대적자들 중 하나인 다양한 '사회주의' 깃발을 내걸고 있다. 한 세기전, 표도르 도스토예프스키는 자신의 등장인물 알료샤를 통해 말했다.

"하나님과 영원이 존재하지 않았다면 그는 즉시 무신론자와 사회주의자가 되었을 것이다. 왜냐하면 사회주의란 단순히 노동자 문제가 아니라, 무엇보다도 먼저 무신론의 문제, 오늘날의 무신론이 보여주는 문제, 지상에서 하늘로 오르는 것이 아니라 지상에 하늘을 세우려는, 하나님

없는 바벨탑 건설의 문제이기 때문이다."[30]

러시아와 중국에서 사회주의 혁명이 '성공하기' 훨씬 전에, 도스토예프스키는 하나님과 그분의 권위에 대한 거부라는 사회주의 이념의 중대한 기류를 통찰해냈다.

루이스는 이 모든 유토피아적 기획을 깊이 불신했다. 이 점은 노벨상을 수상한 경제학자 하이에크(Friedrich A. von Hayek)도 마찬가지였다. 펠러(Edwin A. Feulner)에 따르면, 하이에크는 "인간은 모든 것을 알지 못하고, 알 수도 없으며, 아는 것처럼 행동할 때는 재앙이 뒤따른다는, 단순하지만 깊은 진리"[31]를 치밀하게 다듬어냈다. 펠러는 이렇게 설명한다.

'교만은 패망의 선봉'이라는 성서의 경고는 개인뿐 아니라 사회에도 적용된다는 것, 그리고 교만은 고대 그리스의 영웅들에게만 아니라 오늘날의 민족국가들에게도 비극적인 결점이라는 것이 하이에크의 놀랍도록 단순한 통찰이다. 사회주의, 집단주의 국가, 그리고 계획경제는, 그 계획자들이 불충분한 지식으로 인간의 본성을 재설계하려는 시도이므로, 교만의 가장 극단적인 형태를 보여준다고 했다. 이렇게 함으로써 그들은 오만하게도, 세대를 이어온 지혜의 전통을 무시한다. 그들로서는 목적을 이해하지 못하는 관습을 충동적으로 무시하고, 사람의 마음에 새겨진(그들이 바꿀 수 없는) 법을 그들이 아무렇게나 바꿀 수 있는 행정 규칙으로 끊임없이 혼동한다. 하이에크가 보기에, 그들의 이 뻔뻔함은, 1944년에 출간된 그의 유명한 사회주의 고발문의 제목, "치명적인 자만"이자 "농노

제로 가는 길"이었다.[32]

  "교만은 패망의 선봉이요 거만한 마음은 넘어짐의 앞잡이니라"(잠
16:18).

2. 시기

가장 혐오스러운 악덕

시기는 언제나 자신이 생각해 낼 수 있는

가장 사실에 근거한 비난,

혹은 사실에 가장 근접한 비난을 제기한다.

그것이 상처가 더 깊다.[1]

C.S. 루이스는 죽기 전 해에 「스크류테이프의 편지」 개정판 서문을 쓰면서, 악은 범죄 음모 혹은 '강제 수용소 및 노동 수용소'에만 있는 것이 아니라, 훨씬 더 악의적인 경우로 "흰 와이셔츠를 입고 깨끗한 손톱에 면도한 얼굴로 카펫 깔린 따뜻하고 밝은 사무실에 앉아 언성 같은 것은 결코 높일 필요가 없는 조용한 사람들의 공간에도 있다. 따라서 나의 지옥 상징은 당연히 경찰국가의 관료주의 혹은 뭔가 혐오스러운 업무용 사무실에 맞추어진다"[2]라고 언급했다.

'개가 개를 먹는' 형태, '적자 생존'이라는 살벌한 환경이 지옥을 지배한다고 루이스는 생각했다. 그리고 지옥은 지상에 수많은 전초기지를 배치하고 있다. "모두가 자신을 제외한 다른 모두의 수치, 하락, 파멸을 원한다. 모두가 비밀보고, 위장 동맹, 배신의 전문가들이다."[3]

다른 사람들이 잘 되는 것을 한탄함

시기는 다른 사람들이 잘 되는 것을 한탄한다. 다른 누군가 성공을 누리면 시기는 성난 방울뱀처럼 대가리를 추켜세운다. 우리가 실패하면 시기는 우리를 속삭여 우리 스스로를 연민하고 불퉁거리게 한다. 그래서 불만이 가득하게 된 우리는 이제 다른 사람들의 성공에 분노하며, 남들에게 즐거운 일이 있을 때마다 자신을 물어뜯는 그린취(Grinch. Dr. Seuss의 등장인물 중 하나)를 흉내내게 된다.

시기는 이글거리는 석탄처럼, 때가 되면, 스스로를 태워 없앤다. 존 크리소스톰이 말한바, "시기는, 의복을 갉아먹는 좀벌레처럼, 사람을 갉아 먹는다." 어떤 장사꾼에게 천사가 찾아와, 그와 경쟁 관계에 있는 장사꾼이 두 배를 받는 조건으로 무슨 소원이든 다 들어주겠으니 말해보라는 유대인들의 옛이야기도 결국 이 진실을 보여준다. 비참하게도 이 장사꾼은 자신의 한 쪽 눈을 멀게 해달라고 부탁한다.

자신이 어떤 댓가를 치르든 경쟁자들을 해롭게 하는 것, 시기의 본질은 이와 같다. 헬무트 쉐엑(Helut Schoeck)이 주장한 대로, '시기하는 사람'은 "탐나는 물건을 갖고 싶어하지도, 그것을 즐겨하지도 않고" 다만 다른 누군가 그것을 갖는다는 사실이 도무지 견딜 수 없는 것이다. "일생에 단 한번이라도 배를 타고 싶어 한 적이 없음에도 다른 누군가 배를 가졌다는 것이 괴로워 끙끙 앓는다."[4] 다른 사람들의 재능이나 소유물 혹은 관계(어머니나 남편의 애정과 같은)를 자신도 갖고 싶어하는 단순한 시샘과는 달리, 시기는 다른 누군가 어떤 것-고급 자동차든, 명예로운 지위든, 양복이든, 혹은 신문에 잠깐 나왔든—을 갖는다는 것 자체를 싫어한다.

일찍이 없던 치명적인 죄악

토마스 아퀴나스가 말한바, 시기심으로 "우리는, 어떤 사람의 좋은 것이 우리의 좋은 것보다 뛰어나기만 하면, 그 사람의 좋은 것을 두고 통탄한다. 정확히 말하자면 이것이 시기이며, 언제나 죄악이다."[5] 외투나 좋은 집, 믿을만한 자동차 등과 같은 여타의 소유물들을 갖고 싶어 해서 반드시 시기라 할 수는 없다. 그리고 다른 사람들처럼 직장에서 더 나은 보수와 직위를 얻으며 출세하고 싶어한다는 것도 잘못이 아니다. 바울도 이렇게 말했다. 사람이 감독의 직분을 얻으려 하면 선한 일을 사모한다 함이로다(딤전3:1).

한편, 시기심이 가득한 사람은 감독이나 어떤 사람이 그 직무를 잘 수행하는 것을 보고, 그들을 끌어내리고 싶어 하며 그들의 추락이 자신의 승진으로 이어지기를 바란다. 시기는, 리바운드 위치를 점령하기 위해 상대 선수를 밀쳐내는 농구 선수처럼, 상대방을 불리한 상황으로 몰아낸다.

결과적으로, 시기는 그 뿌리를 교만에 두고 증오의 꽃을 피워 올린다. '악의적인 기쁨'이라는 뜻의 독일어 쉬아덴프로이데(schadenferude)에서 시기의 본질은 선명히 드러난다. 쉬아덴프로이데는 "인간 본성의 가장 나쁜 특징"이라고 철학자 쇼펜하우어는 선언했다. 그는 이 시기의 독액이 두 부류의 사람들에게 어떤 영향을 미치는지 통찰해냈다. 첫 번째 부류는 나쁜 사람들을 칭찬하는 자들이고(이들은 나쁜 행위를 저지른 사람들을 졸지에 유명인사로 만들어 버린다), 두 번째 부류는 선한 일을 한 사람들에 대한 칭찬을 보류하는 자들이다(이들은 다른 사람들을 칭찬할 경우 자신들이 칭찬을 못 받을까 두려워한다).[6]

루이스의 나르니아 연대기 여섯 번째 작품 「최후의 전투」(*The Last Battle*)에서, 선하고 충성스러운 동물들이 티리안 왕(King Tirian)과 사자 아슬란(Aslan)에게 합류하여, 나르니아를 지배하고자 음모를 꾸미는 에잎(Ape)의 사악한 추종자들과 싸운다. 이 두 대항 세력 바깥에는 에잎이나 아슬란 그 어느 편도 지지하지 않는 난쟁이들이 뚱한 표정으로 서 있다. 그들은 적그리스도나 그리스도 어느 쪽도 신뢰하지 않는다. 이 선택으로 그들은 영원한 생명을 잃는데, 이유는 그들이 의로운 왕(티리안)을 섬기지도 않고, 에잎을 지원하며 새로이 승승장구하는 칼로멘(Calormene) 침략자들을 섬기지도 않고 나르니아를 자신들의 영지로 삼고자 했기 때문이었다.

이야기의 결정적인 지점에서, 아슬란은 난쟁이들에게 합류를 요청하지만, 그들은 아슬란의 부름을 무시하고 그의 진리를 부인하자고 서로 부추긴다. 그래도 길이 참으며 부르는 아슬란은, 오천명을 먹이시는 예수님처럼, 난쟁이들을 위해 엄청난 잔치, 갖은 진미와 포도주를 마련한다. 그들은 먹지만, 전혀 맛을 음미할 틈도 없이 집어넣고 삼킨다. 그리고는 곧바로 주위를 둘러보며 다른 난쟁이들이 더 많은 더 좋은 음식을 먹지 않았는가 의심한다. 그들은 가까이 있는 난쟁이들의 음식을 낚아채고자 서로 다투며, 결국 아슬란을 따르지 않는다.[7]

난쟁이들같이 눈이 비뚤어진 이 시기는 다른 사람들을 파멸함으로써 자신의 위치를 지킨다. 시기는 교만이라는 동전의 뒷면이며, 평생을 같이하는 나쁜 친구이다. 이상한 일이지만, 시기는 우월감과 열등감이라는 두 감정 모두와 손잡고 걷는다. 교만한 사람은 자신이 남들보다 우월하다고 생각하며, 모든 경쟁자들에게 그 점을 과시한다. 반면, 열등감을 느끼는 사람은 스스로를 연민하고, 차이를 없애려고 애쓰며, 빈번히 다른 사람들의 실패를 들추어냄으로써 그들의 지위를 축소시키려 한다.

그럼에도 교만한 사람들과는 달리, 시기심을 정직하게 고백하는 사람들은 거의 없다. 시기는 단 한 번도 기립박수 같은 것을 먼저 제안해 보지 않는 악덕이다. 부모들은 자녀들에게 이 시기심을 주입하지도, 자신들의 시기심을 자화자찬하지도 않는다. 그런데도 시기는 어디에나 명백히 침투해 있다. 우리는 우리 안에 시기심이 있음을 느끼고, 다른 사람들에게서도 시기심을 보며, 시기가 일곱 가지 치명적인 죄악 중 하나라는 중세적 견해에 대체로 공감하기까지 하며, 시기를 '더러운 죄'라고, '일채의 미덕과 선함에 반대하기' 때문에 아마도 '존재하는 가장 나쁜 죄'[8]라고 부른 초서(Chaucer)의 목사의 입장에도 동의한다.

이러한 입장은 4세기에 가이사랴의 바실(Basil of Caesarea)에 의해서도 천명되었는데, 바실의 말에 의하면, "사람들의 영혼에 뿌리 내린 시기 심보다 해로운 악덕은 없다." 시기하는 사람은 결코 기쁨을 모른다. 단란하고 행복한 가정을 보고, 칼처럼 가슴을 찌르는 것, 시기하는 자의 병과 고통을 가중시키는 사람들에게는 기쁨이 없다. 시기는, 당사자가 자신의 울화를 영혼의 시궁창에 쳐박아 감추고 있는 동안에는 결코 드러날 수 없는 태도이며, "그의 활력을 갉아먹고 결국 그를 다 태워 없애는 질병"이다. 게다가 "시기는 가장 미개한 형태의 증오"라고 바실은 말한다.

시기함으로써 우리는 다른 사람들에게 보다 적은 것이 돌아가기를 원한다. 시기함으로써 우리는 다른 이들의 행운에 분노하고, 그들이 상실과 고통으로 괴로워할 때 즐거워하며, 그들이 은총에서 멀어지거나 실패 할 때 득의의 표정을 짓는다. 시기에는 긍정적인 면 혹은 자긍심이라 할만한 것이 전혀 없다. 그래서 시기하면 할 수록 우리는 스스로를 해치게 된다. 다른 사람들을 겨냥한 화살이 우리 자신에게 와서 박힌다는 아이러니, 시기가 그렇다.

사회적 시기, 평등주의

과거에는 모랄리스트들이, 인류의 가슴에 영원히 존재하는 듯한 개인적 시기심에 초점을 맞추었다. 그러나 지난 200년 동안, 이 악덕은 근대가 '평등'에 매혹되면서부터 좀더 사회적인 자세를 취해왔다. 프랑스 혁명가들은 '자유, 평등, 박애'를 요구하며 시기심의 장래를 축하하고, 근대를 형성해온 여러 혁명의 탄생을 도왔다. 그래서 많은 사람들이 보기에, 평등이 좋다는 사실은 너무도 자명했다. 또 어떤 사람들은 평등을 가장 위대한 선으로 보았다. 결과적으로, 이 세기의 가장 탁월한 사상가 중 한 사람인 한나 아렌트(Hannah Arendt)는 이렇게 지적했다.

> 현대인은 주어진 모든 것에 분노하기 위해, 심지어는 자신의 존재에 대해서조차 자신이 우주와 자신의 창조주가 아니라는 사실에 분노한다. 이 근본적인 분노로, 그는 주어진 세계의 이유도 까닭도 전혀 보려 하지 않는다. 자신에게 단순히 주어진 모든 법에 분노하는 그는, 모든 것은 허용되는 것이라고 공공연히 선언하지만 속으로는 모든 것이 가능하다고 믿는다.[9]

C.S. 루이스는 빈번히 '현대 세계'와 다투면서, "평등이 의약품이나 안전장치가 아니라 하나의 이상으로 취급된다면, 우리는 모든 우월성을 증오하는 발육부진의 시기심 같은 것을 키우기 시작한다"[10]고 공격했다. 지나치게 많은 영향력있는 인류학자들과 사회학자들(루이스의 소설「그 무서운 힘」(*That Hideous Strength*)에서 사회학자 마크로 의인화된 다)이 평등주의 및 유토피아 이상에 전념한다. 그들은 사회적으로 용인 되고 학문적으로 세공된 가면들—피압박자들에 대한 동정, '소외자들' 에 대한 지원, 가난한 자들에 대한 동조—로 시기심을 위장해왔다. '절대 평등의 사회에서는' 모든 사회적 문제가 사라질 것이라고 생각한다. 그 래서, 루이스의 소설(N.I.C.E.)에 묘사된 것과 같은 유토피아가 제창되 고, 그 세계를 건설하기 위한 법안이 가결된다.

물론, 그러한 사회는 존재하지도, 존재할 수도 없다. 시기심 없이 평 등 주의의 낙원에서 살던 원시 부족의 '황금 시대'는 책에서나 읽는 것 이다. 그럼에도 루소에서 마르크스에 이르는 사상가들은 자신들이 생각 한 세계를 건설하라고 한다. 현실 세계 적응 불능자들인 그들은 결국 세 계를 자신들의 디자인에 맞도록 재설정하려 하는 것이다.

반면, 루이스는 자신의 '완벽한' 세계를 외계 말라칸드라(Malacandra) 행성에 두었다. 「고요한 행성으로부터」(*Out of the Silent Planet*)에 나 오는 이 말라칸드라에서는 피조물들이 그들의 창조주에게 완벽히 순종 하는 모습을 보인다. 인간의 기획에서 결과된 지상의 천국, 곧 인류가 만든 유토피아와는 달리, 하나님의 천국(여기에서는 은총으로 모든 사 람들의 죄악스러운 본성이 마침내 바뀌었다)에서만 우리는 의도된 대로 살아갈 수 있다.

루이스가 언급한 대로 우리는, 시기심을 일개인이 아니라 집단이 표출한다 해서 거기에 동조할 수는 없다. '자본가들' 혹은 '백인들' 혹은 '이성 반대자들'과 같은 특정 집단을 전복하려는 행위는 우리의 상사가 직위를 박탈당했으면 좋겠다는 마음과 다를 바 없이 악하다.

분명히 우리는 하나님 앞에서 평등하며, 민주주의 제도 하에서 투표소에 들어가는 모든 시민들은 평등을 주장할 수 있다. 그러나 이 외에 우리가 반드시 평등을 주장해야 하는 영역은 없다. 루이스가 역설한 대로, "정치적 장에서나 외쳐지던 평등이 더 현실적이고 구체적인 내부 세계로까지 확대된다면, 인간의 본성은 그렇게 균일한 평등을 영구히 견뎌내지 못 할 것이다. 평등의 옷을 입자. 그러나 매일 밤 그 옷을 벗자."[11]

민주주의적 딜레마

여러 역사 연구자들과 마찬가지로, 루이스도 민주적인 사회에 만연한 시기심의 영향력을 성찰했다. 정치적 차원에서 민주주의는 정부의 생존이 걸린 시스템이다. 20세기로 들어서는 가장 적절한 체제임이 당연하다. 하지만 이 체제는 '평등'이라는 거짓 개념을 조장한다. 루이스는 이 점에 분노했다. 자신들의 '권리'를 외치는 다양한 이익집단의 출현에 훨씬 앞서, 루이스는 모두가 평등하다라는 생각을 조장하는 사회는 파당으로 갈라져 쓸데없이 다투게 된다고 경고했다.

「스크류테이프 건배를 제안하다」라는 글(후일 루이스가 자신의 고전 「스크류테이프의 편지」에 부록으로 덧붙인 글)에서 스크류테이프는 우리에게, 시민권은 그렇다 하더라도 평등주의적 주장은 전형적으로 "어떤 면에서든 자신들을 열등하다고 느끼는 사람들에 의해서만 제기된다"

고 말한다. 그들의 내부는 "당사자가 받아들이고 싶어하지 않는 가렵고, 쑤시고, 뒤틀린 열등의식"으로 소용돌이친다. 그들은 자신들이 받아들일 수 없는 것에 분노한다.

> 그런데 이 유익한 현상은 그 자체로는 결코 새로운 것이 아니라네. 이 현상은 수천년간을 시기심이라는 이름으로 사람들에게 알려져 왔지. 사람들은 지금까지 시기심을 언제나 가장 혐오스럽고 아울러 가장 웃기는 악덕으로 여겼다네... 그러나 상황은 유쾌하게 바뀌었는데, 자네는 이제 이 시기심을 아주 성스러운 것으로, 존중하고 찬양해 마땅한 것으로 만들 수 있다네. '민주적'이라는 단어에 주문을 걸어서 말일세.[12]

그러므로 우리는 수입 및 유산에 대한 누진세를 채택한 민주적인 사회에서 시기심의 예를 본다. 부언하자면, 이 두 누진세는 "공산당 선언"(The Communist Manifest)의 사회변혁 계획 강령이다. 헬무트 쉐엑(Helmut Schoeck)은 '정치에는' 부자에게 빼앗아 가난한 자에게 줌으로써 '도달할 수 없는 평등'을 약속하는 교활한 '시기심의 호소'가 있다고 주장한다. "나쁜 놈한테 빼앗아 나쁜 놈한테 준다"는 옛말이 아직도 활개치고 있다.

선동적인 정치가들은 교묘히 부자들에게 번영에 대한, 남들보다 높은 위치에 있는 것에 대한 죄의식을 심어준다. 부자들은 자신들의 재산을 거저 주지 않고도 그러한 죄의식을 완화하는 수단으로 사회적 불공평을 수정하기 위해 고안된 세금을 제안한다. 더 많은 사회보장 프로그램을,

유사한 프로그램들이 이미 실패했다는 증거는 무시한 채, 제안하는 돈 많은 정치가들도 부자들의 태도와 다르지 않다.

자신들의 죄를 고백하고 회개하기를 거부하는 정치가들과 돈 많은 자들로서 이러한 말들은 자신들 내부의 죄의식을 완화하는 심리치료 수단임이 분명하다. 사람이란 의당 더 권력과 돈을 원하므로, 국가가 그런 식으로 로빈훗을 자처하고 나선다면 박수를 보내지 않을 수 없다.

결과적으로, 우리는 지난 세기에 감시자로서의 정부가 사회사업가로서의 정부로 대체되는 과정을 목격했다. 불행히도, 사람들의 욕구를 만족시키려는 정부의 조치는, 일단 시작된 이상, 쉽게 끝나지 않을 것이다. 이 점은 우리가, 귀족들의 토지와 교회의 재산을 몰수했어도 대중들의 욕구를 만족시키지 못했던 프랑스 대혁명을 통해서도 아는 바와 같다.

시기는 실제적인 필요에는 전혀 관심을 두지 않으며 오로지 비교 우위만을 목적으로 한다. 그래서 모두가 자신의 사회적 위치를 더 많이 가진자와 비교하고, 모든 불평등의 제거를 갈망한다. 이러한 갈망은 충족될 수 없는 것이므로, 더 많은 권력을 얻고자 더 많은 특정 이익집단들이 출현하게 된다.

C.S. 루이스는 자신과 깊이 관련된 한 분야에서, 수준 차이를 제거하고 모든 학생들을 똑같이 대함으로써 "사악한 욕망을 채우고 시기심을 만족"시키려는 민주적 평등주의의 영향력을 염려했다. 학생들의 지능과 능력은 언제나 우열이 있는 이상, 그 어떤 평준화의 노력도 차이를 없앨 수는 없다.[13]

루이스가 1940년대에 염려하던 것이 오늘날 표준적인 정책이 되었다. 이제 학교는 자부심을 전공하는 곳이다. 교회는 자기 개발을 권하고, '성장 그룹'을 지원하며, 아무도 자기 죄를 고백하지 않고 다만 자신을 아프게 한 다른 누군가를 대상으로 삼는 치유 세미나를 개최한다.

그리고 대중적인 심리학차들도 말을 확대한다. 월트 휘트먼(Walt Whitman)은 선언했다. "우주의 모든 이론은 한 치의 오차도 없이 단 하나의 '당신'을 향해 있다." 이 인용문이 치유 수련과 관련한 웨인 다이어(Wayne Dyer)의 베스트셀러 「당신이 오류를 저지르는 지역」(*Your Erroneous Zones*)의 표지를 요란스럽게 장식했다. 당신이 세상에서 가장 중요한 존재라면, 분명히 당신은 광대하고 무한정한 기쁨과 특권의 영역에 들어갈 권리가 있다는 것. 연이어 좌절을 겪는다면, 그 고통은 당신이 아니라 명백히 다른 누군가의 잘못 때문이며 따라서 당신의 불행에 대해 거리낌 없이 하소연하라는 것이다.

급진적 페미니즘

불평하는 자들은 거의 언제나 불공평을 두고 분노를 터뜨린다. 불공평에 대한 분노에서 시기심이 분출한다. 시기는 차이를 부당한 것으로, 인간이 만든 불공평으로 해석한다. 크리스티나 호프 서머스(Christina Hoff Sommers)가 설명하듯,[14] 인간 본성을 철저히 개조하고자 하는 급진적 페미니즘은 이러한 시기심의 예를 보여준다. 가령, 동료 여성주의자들의 대변인임을 자처하는 쉴라미스 파이어스톤(Shulamith Firestone)은, 가부장제 하의 삶이 여성들을 질식시킨다는 면에서 미국 가정주부들의 삶은 나치 대학살 희생자들의 삶과 같다고 말한다. 여성들도 남성들과 똑같이 대우받아야 진정한 평등을 획득할 수 있다고 그녀는 생각한다. 여성주의자들은 "서구 문화 전체에 대해서만 아니라 문화 자체의 구조, 그리고 더 나아가서는 '본성의 구조에 대해서까지' 의문을 제기"해야 한다고 파이어스톤은 단언한다.[15]

조이스 리틀(Joyce Little)의 언급에 따르면, 이러한 사고에는 "현실은... 인간의 마음에서 시작되어, 인간의 몸 자체로부터 출발하는 외부 혹은 물질 세계를 변혁하는 과정으로 나아간다. 모든 현실은 인간의 마음으로 구성된다"[16]는 전제가 깔려있다.

C.S. 루이스가 볼 때, 성 정체성에 대한 자기연민과 적개심은 시기심과 현실 부정의 태도를 위장하기 위해서 교묘히 동원된 수단이다. 이러한 사고는 세계를 우리의 욕구에 일치시킬 수 있다는 '주관주의의 독' 에서 연원한다고 그는 경고했다. 급진적 페미니즘 이데올로기는, 성의 차이라는 현실을 부정하므로, 하나님의 계획을 침해하고, 결혼 관계에 존재하는 남성과 여성의 규범적인 역할을 무너뜨린다고 염려했다.

남성과 여성이라는 우리의 본성은 각기 다른 창조의 역할을 하도록 주어진 것이다. 루이스는 주장했다. "우리의 혼인 규범 내에서, 원하는 만큼 더 많이 더 훌륭하게 평등하라. 그러나 어떤 차원에서는 불평등에 대한 동의가, 아니 불평등의 즐거움이 성적인(erotic) 필수품이다."[17] 남성과 여성은 모두 서로가 다르다는 사실- 연합을 균형있게 하는 여성 남성 각가의 고유한 특징-을 인정함으로써 항구적인 기쁨을 얻고, 시기심 및 그로 인한 끝없는 경쟁과 상반되는 태도를 서로에게 보여줌으로써 즐거움을 누린다.

루이스의 가장 매력적인 소설 인물 중 하나인 제인(Jane)이 「그 무서운 힘」(That hideous Strength)에서 성장해가는 과정을 보면, 우리는 루이스의 깊은 신념이 무엇인지 알 수 있다. 책이 시작되는 지점에서 제인은 직업적 야망을 가진 그녀의 남편 마크에게, 그리고 결혼 관계에 대해 불만을 터트린다. 그러나 결혼 서약의 어떤 말들이 돌연 그녀를 사로잡는다. 아마도 결혼에는 뭔가, 그녀가 경험하지 못한, 현실의 더 깊은 차원이 있을 것이다. 언약의 거룩한 깊이를 기쁨으로 긍정하는 그녀의 서약은 아마도, 이행되기만 한다면, 그녀의 가슴에 존재하는 깊은 갈망을 채워줄 것이다. 이야기에 등장하는 여러 사건들을 거치면서 그녀는, 남편에 대한 복종을 포괄하는 하나님께 대한 복종이 그녀가 바라는 훌륭한 삶의 열쇠임을 깨닫는다.

루이스는 어떤 이론을 제창하는 것보다, 자신을 향한 하나님의 뜻에 복종하는 데서만 스스로 기쁨을 찾았다. 자신의 남자에게 복종하는 여인처럼, 혹은 자신의 기사에게 복종하는 중세의 숙녀와 같이, 루이스는 모든 것을 주님께 복종하고 그 분에게만 자신이 추구한 기쁨을 찾았다.

다니엘 크리텐든(Danielle Crittenden)의 말에 따르면, 사실 평등을 주장하는 젊은 여성들은 쉽게 "젊은 열정에 휩싸여, 지속적인 사랑과 그 사랑에 병행하는 모든 것, 가정, 자녀, 안정성, 깊이 있고 낭만적이며 일부일처제적인 사랑의 표현인 성의 즐거움을 누릴 기회를 허비하고 만다. 지금 우리는 좀 더 자유로울 것이다. 그러나 행복, 성취, 존엄, 그리고 무엇보다도 낭만은 덜 누리고 있다."[18]

현대의 북아메리카가 "한 여성이 딸에게 자신의 존재가 세상에서 얼마나 중요한지 알도록 가르치며 보내는 시간보다 소송문서 작성하는 일"을 더 가치 있게 보는 것이 얼마나 이상한 일이냐고 말한다.[19] 세상은 지금 있는 변호사들만으로도 충분하다. 세상에 필요한 것은 더 나은 그리고 더 높이 존중받는 어머니들이다.

어머니와 아버지, 부모와 자녀, 교사와 학생, 정치가와 국민 모두가 훌륭한 세계에서 각기 수행하는 합당한 역할이 있다. 자신의 위치를 인정하고, 다른 위치에 설사 우리보다 '높다' 하더라도, 있는 사람들을 사랑하며 칭찬함이 올바른 사람의 표시이다. "마음의 화평은 육신의 생명이나 시기는 뼈의 썩음"(잠14:30)이기 때문이다.

3. 분노

마음의 마취제

분노는 마음의 마취제이다.[1]

1894년 볼티모어 오리올스 야구단은 보스턴의 라이벌과 경기를 했다. 오리올스의 전설적인 선수 존 맥그로가 라이벌 팀의 3루스에게 싸움을 걸었고, 이 싸움은 운동장 전체의 집단 난투극으로 이어졌다. 관중들도 싸움에 가세했다. 누군가 스탠드에 불을 질렀고, 야구장은 전소되었다. 불은 근처로 번져, 보스턴의 건물 107개를 태웠다. 모두가 분노한 두 야구선수 때문이었다. 치켜든 두 주먹, 저속한 몸짓, 드잡이질 따위를 우리는 아메리카의 고속도로를 달리거나 거리를 걸으면서 흔히 목격한다. 말들이 창처럼 빠르고 날카롭게 날아가 꽂힌다, 음성은 이성과 화해를 일거에 밀어 부치며 눈금을 불쑥불쑥 높인다. 난무하는 비아냥으로 우리는 너무도 흔히 폭력을 행사한다. 다양한 사회적 상호작용이 지각 아래 원시적인 분노가 용암처럼 끓고 있다.

솔로몬 쉼멀(Solomon Schimmel)의 판단에 의하면, "분노는 폭력, 아동학대, 살인, 강간, 그리고 민족 및 국가간의 폭력적 갈등에 중심 역할을 담당한다. 일곱가지 치명적인 죄악 중에서 분노는 당사자와 타인들에게 가장 침투력이 높고 유해하며, 불행과 정신병리학적 행동의 가장 큰 원인이다."[2]

그럼에도, 분노라는 말의 의미와 정서는 명확히 할 필요가 있다. 호색이나 탐욕과 같은 몇몇 '치명적인 죄악'과는 달리, 분노는 좋은 면과 나쁜 면이 있다. 우리는 '의로운 분노'와 '악한 분노'를 구분해야 한다. 분노는 물론 파괴적 속성이 강하지만 근원을 짚어보면, 자연적인 감정이며 자신을 해롭게하는 사람에 대한 반사적인 작용으로 이해할 수 있다. "분노는 사랑이 거부될 때 흐르는 진액"[3]이라고 C.S. 루이스는 썼다. 그리고 여타의 감정에 대해서도 그렇듯, 우리의 논점은 분노를 처리하는 방식, 우리는 어떻게 분노를 좋은 방향으로 혹은 나쁜 방향으로 소통시키는가 하는 점에 맞출 것이다.

선한 분노

의로운 분노는 거룩한 사람들의 표시이다. 그리스어에서 분노를 뜻하는 단어는 둘이다. 뒤모스(thumos)는 상해나 불법에 대한 반응으로 나오는 급하고 격정적인 감정을 뜻한다. 누군가 칼로 우리의 등을 찌르면 우리는 피를 흘린다. 이는 상해에 대한 정상적이고 건강한 반응이다. 누군가 우리 혹은 무죄한 사람을 공격하면 우리는 분노를 느낀다. 이는 폭력이나 위험에 대한 정상적이고 건강한 반응이다.

나르니아 모험 이야기 중에, 로드 드리니안(Lord Drinian. 세상끝으로 여행 중인 배 Dawn Treader를 지휘한다)이 생쥐 리피칩(Reepi-cheep)을 보고 화를 내는 장면이 나온다. 이 생쥐는 배가 나아가는 새로운 바다를 경험하고 싶은 마음에 배 밖으로 뛰어내렸던 거였다.

> "저 지긋지긋한 생쥐!" 드리니안은 말했다...
> "천방지축으로 나대다가 일 치르고 말거야! 족쇄를 채우고 묶어서
> 용골 밑으로 쳐넣고, 무인도에 버리고, 수염을 잘라야 해."...
> 이 모든것은 드리니안이 정말로 리피칩을 싫어했다는 뜻이 아니었
> 다. 오히려 그는 생쥐를 매우 좋아했으며, 따라서 생쥐의 행동에 몹
> 시 놀랐고, 그 놀란 가슴으로 화를 낸 것이었다. 아이가 느닷없이
> 차도로 뛰어들 때 행인보다 어머니가 훨씬 더 화가 나는 경우처럼
> 말이다.[4]

드리니안은 루이스가 「벗어버린 이미지」(*The Discarded Image*)에서
이야기하는 썩 괜찮은 '다혈질'(Sanguine)인간과 닮았다. 그러한 사람
의 "분노는 쉽게 촉발되지만 금방 수그러든다. 그는 조금 매운 고추일
뿐, 퉁퉁 붓거나 앙심을 품는 사람은 결코 아니다."[5] 그러므로 아리스토
텔레스가 주장했듯이 "합당한 이유로, 합당한 대상에게, 합당한 방식으
로, 합당한 때에, 합당한 시간 동안... 화를 내는 사람은 칭찬 받는다. 자
신의 친구가 견딜 수 없이 모욕을 당하는 데도 참는다는 것은 굴종의 노
예근성이다."[6]

성서의 말씀대로 우리는 분명히 화를 낼 수 있으나..., 죄를 지어서는
안 된다(엡 4:26). "이유가 있어서 분노하는" 사람은 영혼이 위태롭지
않은데, "분노가 없다면 가르침이 효과를 거둘 수 없고, 심판에 일관성
이 없으며, 범죄가 제어되지 않을 것이기 때문"[7]이라고 토마스 아퀴나스

는 주장했다. 그러므로 "합당한 이유로 분노한다면 그 분노는 칭찬 받아 마땅하다."[8]

이 고전적, 기독교적 견해에 대해서야 C.S. 루이스도 물론 공감했다. 그의 우주여행 소설 3부작 2권 「페리란드라」(Perelandra)에서 루이스는, 사악한 물리학자 웨스턴(Weston)과 용감히 싸우는 그의 영웅 랜섬(Elwin Ransom)을 그린다. 전투는 육박전에까지 이르게 되고, 결국 웨스턴의 죽음과 함께 막을 내린다. 투쟁이 시작될 때, 랜섬은 "이 세상의 그 어느 선한 사람이라도 느끼지 못했을 어떤 것... 한 터럭의 오염도 없이 순수하고 적법한 증오의 격량"같은 것을 느꼈다. 그 의로운 증오로 그는 악을 멸하기로 굳게 결심했다. 놀랍게도, "이 증오로 인해 랜섬은 공포가 아니라 가슴 벅찬 기쁨을 느꼈다. 왜 증오가 있어야 하는가를 마침내 깨달았다는 데서 기쁨이 온것이다."[9]

약한 자들을 지켜주고, 공격자들을 무장해제하며, 불의에 복수하는 분노는 "왜 증오가 있어야 하는가"를 보여주는, 증오의 좋은 면을 드러내는 분노다. 「최후의 전투」(The last Battle)에서 나르니아의 왕 티리안은, 침략자 칼로멘의 무리가 랜턴 웨이스트(Lantern Waste)라는 곳에서 말하는 나무들을 베어 넘기고 있다는 드리아드(Dryad)의 보고를 받고는, 불같이 화를 내며 대답한다. " 말하는 나무들을 죽이고 있다고? 왕은 고함을 지르며 벌떡 일어나 검을 빼어 들었다. '그 자들이 감히?'"[10]

드리아드(나무의 영)가 쓰러져 죽어 사라지자, 티리안은 형용할 수 없는 분노에 휩싸인다. 그는 침략자들에 맞서기로 결심하고는, 나무들이 쓰러지고 있는 계곡을 향해 성큼성큼 걸어간다. 강을 건너갈 때는 진노가 극에 달해 그 뼈시린 물조차 느끼지 못할 정도였다.

「나르니아 연대기」(*The Chronicles of narnia*)에서 여러 차례 아슬란의 추종자들은 그들의 군주를 위해 싸우는데, 그 때마다 그들은 의분을 표한다. 진정, 악과 불의에 대한 저항력, 거룩한 분노가 있으며, 이로 인해 사람들은 무기를 들고 의를 위해 싸운다. 이 '의로운 분노'가 거룩한 대의에 불을 지르고, 거룩한 행동을 고무한다.

이 분노가 엄마들을 자극하여 "음주운전에 반대하는 어머니들의 모임"을 만들고 음주운전으로 인한 악을 대중에 더 널리 알리도록 한다. 우리는 죄지은 사람이 아니라 죄 자체에 대해서만 분노할 때라야 "분을 내어도 죄를 짓지"않을 수 있다.

"분노하면 나는 글과 기도와 설교를 잘 할 수 있는데, 나의 모든 성정이 활력을 찾고 이해력이 날카로워지며, 세속적인 고민과 유혹이 전부 떠나가기 때문"이라고 마르틴 루터(Martin Luther)는 언급했다.[1] 따라서 루이스는, 그의 우주여행 소설의 딤블(Dimble) 무리와 같은 등장인물들을 통해, 그리고 「나르니아 연대기」의 사자 아슬란을 통해 말하면서, 좋은 분노는 의를 위해 일어설 수 있는 용기를 준다고 밝힌다.

그러나 진정한 전사들(군주를 위해 싸우는 등장인물들)은 적개심이나 혐오감 없이 떨치고 일어선다. 이 분노는 거의 편견이 없다. 이 본노는 자기표현이라기보다는, 거의 자기희생에 가깝도록 사심이 없는, 명백히 객관적인 태도이다.

악한 분노

우리의 분노는 이따금씩은 건전하지만, 대체로는 이기적이며 악하다.

다른 사람들이 학대받을 때는 분노하는 사람이 거의 없다. 그들의 고통은 슬퍼하지만 직접 도우려고 행동하는 사람은 드물다. 그러나 우리 자신이 타인에게 부당하게 취급당했다고 느낄 때는 분노를 터뜨린다. 그리스어의 '오르게'(orge)는 악한 분노로 정의되는데, 상대방이 고통 당하는 모습을 보고 싶은, 지속적이고 격하며 앙심에 찬 욕구를 말한다.

좋은 그리스어 필사본들에는 '까닭 없이'라는 어구가 없지만(이 어구는 KJV 마5:22의 '노하는'에 첨가되어 있다. 그러나 한글개역 성경에는 첨가되지 않았다—역자주), 4세기말에 가르쳤던 크리소스톰과 어거스틴은 공히, 이 어구를 첨가하고 있는 판본들에 의지했다. 이 두사람은 예수께서 저주한 그 분노를 감정적인 반사작용이라기보다는 명백히 복수의 의지로 이해해야 한다고 생각했다. 이 분노가, 적개심을 품고 원한을 키우는 의지를 악의적으로 조장한다.

이렇게 통제되지 않은—대다수의 분노는 통제되지 않는다—분노는 분노하는 당사자와 분노의 대상자를 게걸스럽게 먹어치운다. 죄악스러운 분노는 모욕을 받았다는 추측만으로도 불거지며, 분노하는 당사자와 다른 모든 사람들에게 적개심을 드러낸다. 그럼에도 우리는 '정의'의 깃발을 내걸어서 이 죄를 무난하게 위장하는 교묘한 기술이 있는데, 토마스 아퀴나스가 말한 대로, 분노하는 사람은 다른 사람들의 죄에 대해서는 정의로운 복수가 가해지기를 바라기"때문이다.[12]

악한 분노의 문제는 내적인 태도, 다른 사람들을 해롭게 하려는 증오심에 있다. 증오심은 해치고 죽이려는 복수의 욕망이다. 조지 맥도날드(George Macdonald)가 썼듯이, "한 사람을 죽인다는 것보다는 용서하지 않는다는 것이 훨씬 더 악할 것이다. 전자는 한 순간의 격정으로 인한 행위일 수 있다. 그러나 후자는 마음의 선택이다. 증오한다는 것, 우리의 이 소우주에서, 미워하는 사람들의 이미지와 생각을 완전히 몰아내고, 죽이겠다는 마음을 품는 것이야말로, 가장 악한 영적인 살인이다."[13]

「거대한 결별」(*The Great Divorce*)에서 우리는, 루이스의 등장인물 중 하나로,(지상에 있을 때) 잭이라는 사람을 죽인 렌(Len)을 만난다. 렌과 잭 둘 모두 이제는, 하나님의 은혜로 구원받은 '우정 깊은' 사람들이다. 이야기 어느 부분에서, 렌은 지옥에서 천국 부근으로 소풍을 나온(이 내용의 이야기의 중심구조이다) 유령들 중 하나와 만난다. 이 유령은 렌의 옛날 직장 상사였다. 그는 천국에서 어떻게 살인자를 다 받아주는지 이해할 수 없다. 격노에 못 이겨 직장 동료를 죽인 것이 오랫동안 자신이 그 상사를 향해 품었던 증오심만큼 악하지는 않다고 렌은 설명한다. 지상에 있을 때 렌은 마음속으로 상사를 죽이고 싶었다. 한 밤중에 불현듯 깨어, 다음날의 시합을 구상하는 감독처럼, 그는 결코 실행에 옮기지는 못한 살인을 생각했다. 그러므로 "내가 가장 악한 사람이었다"라고 렌은 고백한다.[14]

루이스의 이 견해는, 구약의 살인금지 규정을 재해석하신 예수님으로 인해 설득력을 얻는다. "옛사람에게 말한 바 살인치 말라 누구든지 살인하면 심판을 받게 되리라 하였다는 것을 너희가 들었으나 나는 너희에게 이르노니 형제에게 노하는 자마다 심판을 받게 되고"(마5:21-22).

예수님의 가르침에 올바로 뿌리내린 기독교 사상가들은 분노를, 명백히 우리를 하나님으로부터 갈라놓는 죄들 가운데 하나로 규정하였다. 이들의 조언은 예수님의 형제 야고보의 말씀과 흡사하다. "내 사랑하는 형제들아 너희가 알거니와 사람마다 듣기는 속히 하고 말하기는 더디 하며 성내기도 더디하라 사람의 성내는 것이 하나님의 의를 이루지 못 함이니라"(약1:19-20).

무자비하고 이글거리는 또 다른 형태의 분노가, 루이스의 뛰어난 소설 인물들 중 하나인 오루얼(Orual)을 지배하며 서서히 삼켜버린다. 루이스가 자신의 작품 가운데 가장 탁월하다고 평가한 소설 「우리가 얼굴을 가지기까지」(*Till We Have Faces*)에서 오루얼은 글롬(Glome)의 여왕이다. 그녀는 자매 사이키(Psyche)에 대한 자신의 강렬한 사랑이 사실은 일종의 질시였음을 확신한다(이 질시는 소유욕이고, 이 소유욕의 밑바닥에는 뭔가 미묘한 증오심이 깔려있다). 오루얼은 '나 없으면 너는 안돼' 하는 유형이었고, 이것이 그녀가 생각하는 사랑의 개념이었다. 이 이기적인 '사랑' 은 사실 사랑하는 사람을 증오한다.

그래서 사이키가 이타적인 희생으로 신과의 연합을 선택하자, 오루얼은 증오심으로 혼을 태운다. 그녀의 교사, 그리스 노예 폭스(Fox)는 그녀의 분노에 지혜롭게 대답한다. "딸이여, 딸이여. 그대는 이제 제정신이 아니로구나. 까닭을 아느냐? 그대 가슴에 사랑은 하나요, 분노는 다섯이며, 교만은 일곱이로다."[15]

오루얼은 또한 자신이 용맹한 군사 바르디아(Bardia)를 사랑했다는 것을 생각했다. 바르디아는 몇몇 중요한 전장에서 그녀에게 전투를 가르쳐준 군사였다. 그러나 그녀는 바르디아가 집에서 아내와 함께 보내는 시간을 싫어했다. 바르디아가 여왕에 대한 봉사는 자신의 일상적인 업무이며 자신의 아내와 보내는 시간보다 중요하지 않다고 말하자, 그녀는 분개한다. 그녀의 과중한 요구에 지쳐 바르디아가 죽자, 그녀는 바르디아의 미망인 앤싯(Ansit)을 찾아간다. 앤싯은 여왕의 비정함을 비난하며 말한다. "내 것이라 해서 한 남자를 혹사해 죽일 수는 없습니다."[16]

그녀는 남녀의 성(性)을 비교하면서 말을 이어갔다. 남자는 "강하지만 우리는 강인합니다. 남자는 우리보다 오래 살지 못합니다. 남자는 병들어도 우리보다 잘 이겨내지 못합니다. 남자는 쉽게 부서집니다."[17] 아내에 대한 바르디아의 헌신에 끓어오르는 분노를 주체하지 못한 여왕이 결국 자신의 남편을 부수었음을 앤싯은 알고 있었다.

이 진실에 봉착한 여왕은 "섬광처럼 스쳐 지나가는 분노를, 그리고 불안의 공포를" 느낀다.[18] 그녀는 앤싯의 비난을 부인한다. 그러나 더 깊이 대화한 다음에는, 그녀가 바르디아에게 품었던 사랑을 정직하게 고백하지 않을 수 없었다. 그것은 그녀의 자매에게 품었던 소유욕의 사랑과 같았다. 마침내 "그 거룩한 서전(Surgeon, 외과의사―역자주)들이 나를 붙들어 매고 일을 시작했다. 분노는 나를 보호하려 잠시 저항했지만 스스로 쇠하고 말았다. 그리고 진리가 들어왔다. 그것은 완전한 진리, 앤싯이 알 수 있는 것보다 더 진정한 진리였다."[19]

악한 분노 '오르게'(orge)는 흔히들 하는 주장으로 간명하게 요약될 수 있다. "화 낼 필요가 없다. 똑같이 대해주면 된다."

그러나 "똑같이 대해주기"란, 불가능하지는 않더라도, 어렵다. 정의의 저울을 바로 잡으려 할 때, 상대방보다는 대체로 우리가 더 많은 해를 입는다. 1932년, 사우디아라비아의 초대 왕 이븐 사우드(Ibn Saud)에게 온 한 여인의 경우를 보자. 여인은 왕에게 자신의 남편을 죽인 남자를 처형해 달라고 부탁했다. 고발당한 남자는 사실 야자 열매를 따다가 미끄러져서 여인의 남편 위로 떨어졌고, 그래서 돌이킬 수 없는 부상을 입힌 것이었다.

왕은, 그 남자가 고의로 떨어졌는지, 혹은 두 남자가 서로 원수지간이 었는지 물었다. 분명히 두 남자는 모르는 사이였고, 추락은 사고였다. 그러나 과부는 똑같은 죽음의 복수를 요구했다.

이븐 사우드 왕은 여인을 설득하려고 애쓰며, 현금 배상이나 그 외의 어떤 해결책을 받아들이라고 일렀다. 하지만 여인은 완강했다. 결국 왕은 이렇게 말할 수 밖에 없었다. "배상을 요구하는 것도, 이 남자의 생명을 요구하는 것도 그대의 권리이다. 그러나 이 남자가 어떤 방식으로 죽어야 하는지 선고하는 것은 짐의 권리이다. 그러므로 이 남자를 데리고 가서 야자나무 발치에 묶으라. 그리고 그대는 나무에 올라가, 이 남자가 떨어졌던 그 높이에서 몸을 던져 이 남자에게 떨어지라. 이와 같이 하여 그대는, 이 남자가 그대 남편의 목숨을 빼앗았던 방식 그대로 이 남자의 생명을 취하라." 오랫동안 정적이 흘렀다. 그리고 왕은 덧붙였다. "혹, 이 방식이 싫다면 위자료를 받겠느냐?" 과부는 돈을 받아갔다.[20]

루이스의 「거대한 결별」에 나오는 한 여인도, 오루얼을 거의 삼킬 뻔 했던 그 증오심으로 파멸한다. 그녀의 아들 마이클은 죽었고, 그녀는 다른 모든 것들을 무시한 채 이제는 허사가 된 아들에 대한 과거의 기대감을 기억하며 10년 동안 슬픔을 키워왔다. 그리고 하늘에서 실제로 아들과 다시 만나 살 수 있는 기회가 생겼다. 하지만 그녀는 사랑하는 아들을 다시 한번 지배하는 것 외에는 관심이 없었다. 그녀는 아들이 자신에게 돌아와야 한다고 요구한다. 천국의 방식은 그녀의 방식이 아니었다. 결국 그녀는 천국을 거부한다. "나는 어머니와 아들을 갈라놓는 하나님은 믿지 않는다." 그녀는 한탄한다. "나는 사랑하는 하나님을 믿는다."[21]

아들을 소유하는 경우가 아닌 한, 그녀는 아들의 행복, 혹은 역설적이게
도, 그녀 자신의 행복에는 전혀 관심을 두지 않는다.

아들은 그녀의 손아귀를 벗어난 천국에 있으므로, 그녀는 자신이 원
하는 대로 아들을 소유할 수 없다. 그래서 그녀는 아들을 온전히 독립적
인 한 인격체로 놓아주느니 지옥에서 분노를 품고 사는 쪽을 택했다.

거친 말, 예절의 실종

좋은 분노는 거친 언사보다는 정중한 행동에서 표현된다고 언급한 루
이스는, 선한 분노와 악한 분노를 명백히 구분했다. 「최후의 전투」에서
티리안이 유스테이스에게 한 말로 우리는 그 구분점을 삼을 수 있다.
"부엌에서 일하는 하녀처럼 잔소리하지 마라. 전사는 잔소리하지 않는
다. 정중한 말 혹은 역경만이 전사의 언어이다."[22]

비겁한 분노, 이기적인 분노는 우리의 삶에 해가 되지 않는 범위 내에
서만 감정을 표출한다. "유순한 대답은 분노를 쉬게 하여도 과격한 말은
노를 격동하느니라"(잠15:1).

스티븐 카터(Stephen Carter)는 「예절:민주주의의 매너, 도덕, 에티
켓」(*Civility: Manners, Morals, and the Eiquette of Deocracy*)에서
이와 관련한 문제들을 탐구한다. 그는, 거의 "기도, 한 나라로서 우리가,
상대방에 대한 진정한 존중심을 가지고 행동하는 (토론만 할 것이 아니
라) 사회를 건설할 수 있는 힘과 이해력을 달라는 기도"로서 이 책을 썼
다.[23]

"늦도록 뛰어 다니는 야만인들"이 가득한 나라에서, "놀랍게도 89퍼
센트에 이르는 초등학교 교사 및 교장 선생님들이 '일상적으로' 학생들

의 욕설에 맞닥뜨린다고 보고하는" 나라에서 카터는 "함께 사는 삶을 위해 우리가 마땅히 받아들여야 하는 수많은 희생의 총제라 할 수 있는" 예절의 회복을 소망한다.[24]

카터는 에라스무스(Desiderius Erasmus)의 지혜에 의지한다. 에라스무스의 「어린이들의 예절에 관하여」(De Civilitate Morum Puerilium)는, 문명인은 스스로 절제할 줄 알지만 '야만인들'은 욕망을 억제할 줄 모르는 사람들이라 못박았다. 우리는 다른 사람들과 어울려 살기 위해 행동 규범, 품위 예절을 지켜야만 한다. 예절의 실천은 우리가 서로 사랑하며 사는 한 가지 방법이다.

이 나라가 '포스트모던' 하게 된 1965년부터 예절이 실종되기 시작했다고 카터는 생각한다.[25] 부족하고 불미한 그 모든 문제들에도 불구하고—카터 역시 인종적 불의와 같은 첨예한 문제들을 인정한다.—40년전의 이 나라 사람들이 지금보다 얼마나 더 친절하고 예의바르며 정중했는지 입증할 자료는 많다. 평화를 유지하고 사회를 건전하게 하던 전통들은 1960년대에 풀려난 세력의 무게를 못 이겨 점차 붕괴되어 왔다. 표출이 절제를 대신하고, 자존심이 희생을 덮어버렸다. 여기에 언론인들마저 "정말로 미개한" 고함과 욕설에 가담하여, 예절바른 대화를 뒤짚어엎었다.[26]

욕설과 비방이 난무하는 익명의 편지들이 이 점을 증명한다. 한 세기 전 헨리 워드 비처(Henry Ward Beecher)는 이 나라에서 가장 훌륭한 사람 중 하나였다. 그는 뉴욕 시 소재 플리머스 교회에서 매주 수 천명을 앞에 두고 설교했다. 어느 주일날 그에게 한 통의 편지가 왔다. 편지에는 한 단어만이 씌어 있었다. "바보." 그는 설교단으로 올라가 청중들에게 편지에 대해 이야기했다. "편지를 쓰고 밑에 자기 이름 쓰는 것을 잊어버리는 경우는 참 많이 보았습니다만, 자기 이름만 쓰고 내용은 안 쓴 편지를 받아보기는 이번이 처음입니다."[27]

우리 모두가 어떤 비판에 대해 이 목사님처럼 유쾌하게 응대할 수 있으면 얼마나 좋겠는가! 그러나 아무리 유머가 풍부해도, 욕설, 험담, 악의적인 뒷공론으로 인한 해악을 되돌릴 수는 없다.

분명히 우리는 '말하는' 동물이다! 어떤 사람들은 눈이 있어도 보지 못하고 또 어떤 사람들은 귀가 있어도 듣지 못한다고 예수께서 말씀하셨다. 그러나 혀가 있어도 말하지 못한다고는 결코 말씀하지 않으셨다! 우리는 늘 입을 움직인다. 그리고 대부분이 그러한데, 우리의 혀는 우리의 정신이 게으를 때 가장 빨리 움직이는 듯하다. 어느 연만한 신사가 말했다. "우리들 대부분은 낡은 신발, 혀만 쌩쌩하고 다 낡아 떨어진 신발 같다."

탈무드의 이야기, 한 왕이 궁정 어릿광대 둘을 보낸다. "바보 시몬아 너는 세상에서 가장 훌륭한 것을 구해 오너라. 그리고 멍청이 요한아 너는 세상에서 가장 나쁜 것을 구해 오너라." 두 광대는 떠났다가 이내 꾸러미 하나씩 들고 돌아왔다. 시몬이 왕 앞에 절하고 말했다. "폐하, 세상에서 가장 훌륭한 것입니다." 그의 꾸러미에는 인간의 혀가 들어있었다. 그 다음에는 요한이 킬킬거리며 꾸러미를 풀었다. "세상에서 가장 나쁜 것이옵니다, 폐하!" 역시 사람의 혀였다!

그러므로 우리는 세상에서 가장 훌륭한 것, 가장 나쁜 것을 받았다. 이 혀를 우리는 어떻게 사용할 것인가?

루이스는 제안한다. "사리분별과 상냥함(둘 모두 마음의 즐거운 '습관')이 결국에는... 울화보다 강하다. 독설은 패배자의 슬픈 특권이다."[28]

예수와 함께 걷고, 예수의 말법을 닮는다 함은, 성령의 능력 안에 있는 그분의 사랑이 우리를 분노에서 자유롭게 하도록, 우리의 혀를 파괴적인 무기로 사용하고자 하는 유혹으로부터 우리를 구해내는 것이다.

혀를 통제한다는 것은 인간적으로 거의 불가능해 보이며 사실 불가능하다. 하나님께서 우리의 마음에 그분의 법을 새기신 새 언약만이 그리스도의 방식으로 말하는 것을 가능케 한다.

사실, 예수께서 하신 말씀을 생각해 보면, 우리들 대다수는 그분의 당부에 절망하고 만다. 어느 누가 그분의 말씀대로 살 수 있단 말인가? 예수께서는 바로 이 점을 우리에게 깨우치고자 하셨다. 우리 자신의 힘으로는 결코 안 된다.

마태복음 5:20에서 예수님은 말씀하셨다. "너희 의가 서기관과 바리새인보다 더 낫지 못하면 결단코 천국에 들어가지 못하리라."

그러면 우리는 어떻게 천국에 들어갈 수 있는가? 그 분의 은혜의 도우심으로만 가능하다. 예수께서 우리에게 바라시는 대로 살기 위해서는, 우리도 로렌스 형제(Brother Lawrence)와 더불어 "어떤 덕을 실천해야 할 경우 그 분은 친히 하나님께, '주님, 당신께서 하게 하지 않으시면 나로서는 이 일을 할 수 없습니다' 하고 말씀드렸다. 그리고 그것으로 그분은 부족함 없는 힘을 얻었다"[29]는 것을 배워야 한다.

경건한 사람들 또한 이와 같이 해서 하나님과 사람에 대한 사랑에 쉼이 없고, 믿음을 준행하며, "인류가 아는 한 가장 강한 희생과 소망의 언어를 소유한다"고 스티븐 카터는 믿는다.[30]

"우리 사회를 지배하는 위험하고도 이기적인 도덕적 이해방식에 저항하는 힘이 신앙에서 비롯된다는 점을 생각할 경우, 공공의 차원에서나 사적인 차원에서나 하나의 세력으로 신앙의 부흥없이 과연 예절의 회복이 가능한 것인지 의심하지 않을 수 없다."[31] 그러므로 교회는 아이들의 교회라는 책임을 진지하게 받아들여야 한다.

"신앙은 이웃 사랑을 통해서는 물론이려니와 악에 대한 저항을 통해서도 예절에 가장 크게 기여한다."[32] 신앙의 문제들을 회피하고 신앙인을 따돌리려는 세속주의자들의 노력에도 불구하고, 경건한 사람들은 비싼 대가를 치르더라도 믿음을 지켜야 한다.

4. 호색

성 본능의 왜곡은 셀 수 없이 많다

에로스는 "신이 되기를 그칠 때에만 악마가 되기를 그친다."[1]

우리는 대개 고통보다는 즐거움을 좋아한다. 우리는 생물학적 욕망의 충족을 즐긴다. 그리고 모든 욕망 가운데서도 성적인 욕망이 가장 통제하기 힘들다. 역사가 윌 듀란트(Will Durant)는 「문명사」(*Story of Civilization*) 첫째 권에서 이렇게 언급했다.

"도덕의 가장 큰 임무는 언제나 성의 규제이다. 생식 본능은 결혼관계 전과 후는 물론 그 안에서도 여러 문제를 야기하며, 그 집요하고, 강렬하며, 탈법적이고, 왜곡된 성격으로 어느 때든 사회질서를 위협하기 때문이다."[2] 여러 역사가들과 함께 인류 역사를 탐색해보면, 듀란트의 견해가 옳음을 알 수 있다. 우리 역사의 중심에 성(性)의 축복과 저주가 가로놓여 있다!

만연한 문제

인간에게 가장 좋은 것 중 하나가 결혼과 가정이다. 남성과 여성이라는 이 두 성은 하나님의 계획에 부합한 것이었다.

"태초에 하나님이 자기 형상 곧 하나님의 형상대로 사람을 창조하시되 남자와 여자를 창조하시되"(창1:27). "여호와 하나님이 가라사대 사람의 독처하는 것이 좋지 못하니 내가 그를 위하여 돕는 배필을 지으리라"(창2:18). 따라서 아담은 기쁨에 겨워 말했다.

"이는 내 뼈 중의 뼈요 살 중의 살이라 이것을 남자에게서 취하였은즉 여자라 칭하리라 하니라 이러므로 남자가 부모를 떠나 그 아내와 연합하여 둘이 한 몸을 이룰지로다 아담과 그 아내 두 사람이 벌거벗었으나 부끄러워 아니 하니라"(23–25절).

그후 죄가 에덴의 지복을 무너뜨렸다. 부정과 성적 타락이 결국은 가정과 결혼의 선함을 깨뜨렸는데, 이렇듯 죄는 언제나 선한 것을 파괴한다. 성적인 죄는 그러나 대단히 슬프게도, 하나님께서 인간을 염두에 두고 계획하신 선한 것들, 일평생의 애정, 자녀, 가족의 결속력 등을 무너뜨리고 있다.

사람이 하나님의 통치를 벗어나고자 하는 곳에는 언제나 성적인 일탈이 넘실댄다. 포르노가 연쇄살인범들을 충동한다. 매춘은 그 가족들이야 어떻게 되든 해당 여성들을 상품으로 전락시켜 육체를 사고 판다. 근친상간 및 성적인 학대는 부모 자식 간의 천륜을 난도질한다. 난교는 성과 관련된 질병을 퍼뜨리고, 죽음의 전염병을 배양한다.

이 모든 것을 C.S. 루이스는 물론 알고 있었다. 사춘기에 들어서면서 자신에게 춤을 가르쳐 준 '무용교사'가 있었는데, "그럴 말한 여지를 노출한 것이 결코 아니었음에도 내가 성적인 대상으로 바라본 최초의 여자"였다고 루이스는 말했다.[3] 하지만 흥미롭게도, 그 무용교사는 루이스의 사촌만큼 육체적인 매력이 뛰어나지는 않았다. 루이스는 그 사촌을 이렇게 기억한다. "내가 본 여자들 중 가장 아름다운, 얼굴과 피부와 음성과 모든 동작이 완벽한 여자였다. 하지만 누가 아름다움의 기준을 정할 수 있으랴?"[4]

사촌의 여성적인 매력에 대한 이 건전한 평가와는 달리, "그 무용교사에게 느낀 내 감정은 순전한 욕망이었다. 그것은 육체의 산문이었지 시가 아니었다. 나는 숙녀에게 헌신하는 기사처럼은 결코 느끼지 못했다. 나는 차라리, 자신의 힘으로는 살 수 없는 코카서스 암말을 바라보는 터키산 숫말 같았다. 나는 내가 무엇을 원하는지 너무도 잘 알고 있었다."[5]

성욕의 지배력을 이처럼 일찍부터 알고 있었음에도 루이스는, 그의 친구 코그힐(Neville Coghill)에 따르면, 옥스퍼드 대학에서 같이 보낸 그 젊은 시절에도 성적인 말은 거의 하지 않았다. 그의 저작들도 성욕이나 성적인 죄에 관해서는 거의 강조하는 바가 없다. 그에게는, 영혼의 죄가 육신의 죄보다 훨씬 치명적이며, 육신의 죄는 악의보다는 약함에서 비롯된다. 그렇다 해서 그가 성욕의 견딜 수 없는 최면력과 그 파탄적 결과를 전혀 언급하지 않은 것은 아니다.

「순례자의 귀환」(The Pilgram's Regress) 시작 부분에서, 이야기의 중심인물 존(저자의 입장을 대변하는 듯하다)은 "그 아름다운 섬"에 대한 내적인 깊은 갈망을 자각한다. 그 섬이 자신의 마음 속 깊은 동경을 채워줄 것 같았다. 여행을 나서서 그가 처음으로 들어간 곳은 근처의 숲이었다. 그는 순간순간 자연의 아름다움에 매혹당한다. 하지만 그 즐길 만한 자연도 그를 진정으로 만족시키지는 못한다. 그는 상쾌한 연안이나 일몰, 지른 듯한 해안절벽, 장미 같은 것들 이상을 원했다.

그런데 갑자기 "바로 옆 풀밭에 그의 또래쯤 되는 갈색 피부의 소녀가 아무것도 걸치지 않은 채 앉아 웃고 있었다." 소녀는 다가와서 그의 성욕을 자극하며 유혹했다. "'네가 원하는 것은 나야' 갈색 피부 소녀는 말했다. '너의 그 시시한 섬보다는 내가 좋아.'" 소녀의 육체에 자극 받고, 소녀의 유혹으로 대담해진 "존은 허둥대며 일어서 소녀를 붙잡고, 숲에서 함께 간음을 범했다."[6]

그는 이 행위를 반복했고, 숲은 이내 그로 인해 생겨난 갈색 피부 소녀들로 가득하게 되었다. 결국 자신의 행동이 불러온 결과에 놀란 존은 숲을 떠나 영적인 여행을 시작하면서, 젊은 시절의 성적인 방종이 결코 자신의 내면의 욕구를 채워줄 수 없음을 깨닫는다. 그러나 무책임하게도, 그는 그의 예상보다 많은 어린 존재들을 낳았다. 일곱 가지 치명적인 죄악 중 하나로서 호색의 결과는 이와 같다.

그러므로 루이스는 이렇게 단언했다. "순결은 그리스도인의 미덕 가운데 가장 인기 없는 것이다…. 저 유구한 기독교 규범은 배우자를 향한 정절이 완전하게 지켜지는 결혼이나 철저한 금욕이다."[7] 호색은 순결을 무너뜨리므로 악하다. 그것은, 우리에게 진정으로 좋은 것, 영구적인 결혼관계를 파괴한다.

호색의 정의

호색에 대한 예수님의 경고를 이해하기 위해서는 그 개념을 세심하게 규정해야 한다. 우선, 호색은 정상적이고 건전한 성적 욕망이 아니다. 남자로서 아름다운 여성을 보고 즐거워하지 않는다면, 그는 경건한 사람이 아니며, 아마도 올바른 일이 아닐 것이다. 여자로서 준수한 남성을 한 번 더 쳐다보지 않는다면, 그 여자는 특별히 신앙심이 깊다고 할 수 없으며, 아마도 호르몬의 활동이 왕성하지 않을 것이다.

예수께서 비난하신 것은, 분노처럼, 자신의 쾌락을 위해 상대방을 지배하고 이용하여 조종하려는 욕망이다. "분노와 호색은, 전혀 상반된 감정인 듯 보이는 증오와 욕망으로, 공히 다른 사람들을 비참한 상태로 떨어뜨린다"고 데일 브루너(Dale Bruner)는 쓴다. "사람들은 분노와 호색에 이용당한다."[8]

호색은 이기적인 육욕이다. 신약성서 그리스어를 문자적으로 번역해 보면 예수께서 비난하신 의미를 명확히 알 수 있다. "호색의 대상으로 삼기 위해 여자를 바라보는 자는 누구든지 마음으로 그 여자를 간음한 것이다."

윌리암 바클레이(William Barclay)의 판단으로, "예수님이 여기서 비난하는 사람은, 자신의 욕망을 자극하려는 의도로 두 눈을 사용하는 자이다. 즉, 금지된 욕망을 일깨워주는 것들에서 별난 즐거움을 찾는 사람이다."[9]

어거스틴이 볼 때, "그 말씀은, 호색의 의도와 목적으로 여자에게 시선을 고정하는(우리는 '여자를 훔쳐본다' 혹은 '여자를 음탕하게 본다'고 말한다) 자는 누구든지" 다시 말하자면, "여자를 대상 곧 물건으로 하락시키는 자는 누구든지" 죄를 범하는 것이라는 의미이다. 이러한 사람은 여자의 이름이나 내면에 대해서는 아무런 흥미가 없다. 여자를 희생으로 삼아 자신의 즐거움만을 추구할 뿐이다. "이것은 성적인 느낌, 육체적 쾌락의 감정과는 전혀 다르다"고 어거스틴은 말한다. 성적인 감정을 갖는다든가 성적인 결합에서 즐거움을 느낀다든가 하는 것은 분명히 호색이 아니다. 건전한 성 충동이 없다면 우리가 어떻게 결혼을 하며 자녀를 낳겠는가! 그러나 호색은 의도적으로 간통에 동의하는데 "솟구친 간통의 욕망을 억제할 수 없지만, 기회만 되면 하시라도 충족시킬 수 있을 정도로 정색을 하고 동의한다"고 어거스틴은 주장한다.[10]

기회만 주어지면 그 남자와 혹은 그 여자와 '그 짓을 하겠다'고 작심할 때 그리고 그 때에만 우리는 호색하는 것이다. 토마스 아퀴나스가 말한대로, "하나님이 보시기에는 의도가 이미 행위이기 때문이다."

동방 교회의 '황금의 입'으로 통하는 위대한 설교자 존 크리소스톰 역시 이 점을 명백히 주장했다. 그에 의하면, "예수께서는 '욕망을 느끼는 자는 누구든지'라고 단순하게 말씀하지 않으셨는데, 그도 그럴 것이 산 위에 앉아서라도 욕망은 느껴지는 것이기 때문이다. 예수께서는 '호색하기 위해 바라보는 자는 누구든지'라고 말씀하셨다. 환언하면, 자기 앞으로 호색을 쌓는 자, 전혀 강요 받지 않는 상황임에도, 그 잠잠한 들짐승을 자신의 생각 속으로 몰아오는 자를 말한다. 이것은 결코 자연스러운 충동의 결과가 아니라 방종으로 인한 것이기 때문이다."[11]

우리는 성적인 존재이며, 성적인 충족을 강하게 욕망하고 성행위의 즐거움으로 상당한 만족을 누린다. 즐거움은 아마도 아담의 타락 이전이 훨씬 컸을 것이다. 어떤 그리스도인들은 명백히 성의 선함과 기쁨을 수치스러워하며 극구 그 의미를 축소했다. 그러나 루이스의 생각으로, 참된 기독교는 몸을 멸시하지 않는다. 하나님께서도 친히 몸을 입으시고 육신이 되셨다. 그리고 우리는 천국에서 부활의 몸을 입을 것이다. 하지만 너무도 빈번히, 적법한 성의 즐거움은 그 진정한 배경으로부터 유리되고, 수중 암초에 절단난 프로펠러처럼 적절한 통제력을 상실하여, 급속하게 부패하고 와해된다. 처음에는 그토록 순수하고 매력적이었던 성의 즐거움이 드디어는 호색을 향해 추악한 머리를 치켜세우는 것이다.

"호색은 성적인 쾌락의 뒤틀린 욕망 혹은 성적인 쾌락의 무절제한 추구이다. 성적인 쾌락은, 출산과 합일의 목적에서 이탈하여 쾌락 그 자체만을 추구할 때 뒤틀린다."[12]

필자의 생각으로는, 루이스도 호색에 대한 최근 이 정의에 전적으로 동의했을 것이다. 그가 말했듯이, 사람들은 대개 영양을 위해 음식을 먹을뿐 그것을 뭔가 도착적인 애용품(페티시즘)으로 삼지는 않는다. 음식 '도착자'가 누드 음식을 보려고 '스트립 클럽'에 가는 일은 없다. "그러나 성본능의 왜곡은 셀 수 없이 많으며, 치유하기 힘들고 극단적이다."[13]

'성 혁명'(Sexual Revolution)

루이스가 1940년대에 경고한 것을 미국의 심리학 교수 제스 레어 (Jess Lair)는 1960, 70년대에 목도했다. 성본능의 왜곡은 '성 혁명'에 기름을 부었고, 이는 대다수 젊은이들의 행동 규범을 결정적으로 바꾸었다. 대학에 들어온 수많은 남녀 학생들이 가족과 교회에서 벗어난 해방감을 만끽하며, 의향이 있으면 상대를 가리지 않고 즐겁게 성 관계를 맺었다. 그들이 보기에, 언제라도 구하고 바꿀 수 있는 '연인들'과의 '동거'는 놀라운 것이었다. 자유는, 영원한 서약의 의무 없이도 맺을 수 있는 자유로운 성관계를 의미했다.

레어의 견해에 의하면, 한 동안 이 모든 '자유 연애'는 대단히 흡족해 보였다. 열아홉 혹은 스무 살 정도에 이르면, 모종의 도취감으로 하룻밤의 연애나 동거 관계에 빠져든다. 그러나 서서히 밑바닥으로 쌓이는 모래시계의 모래알처럼 시간이 흐르면, 예기치 못한 어려움이 '해방된' 자들을 가로막기 시작한다. 그리고 20대 후반으로 접어들면서, '자유 연애'의 심취자들은 점점 더 레어의 사무실로 몰려들어 상담을 요청했다. 주름 없던 피부가 처지기 시작하면서 이 사랑 놀음도 빛을 잃었다. 성행위에서 느끼던 감정들이 거듭 자괴감으로 바뀌어가자, 사람들은 왜 여기에는 이것 이상이 없는가 하며 의구심을 감추지 못했다.

레어는 자신의 책, 「섹스 : 비웃지 않으면 울고 만다」(*Sex:If I Didn't Laugh I'd Cry*)에서, 성이 좋은 것은 헌신과 정절로 인함이지 아무하고나 자는 섹스 때문이 아니라고 진술한다. 루처 대학이 20대 사람들을 상대로 실시한 최근의 한 여론조사는 "조건 없는 섹스, 반지 없는 관계"라는 그들의 태도를 단적으로 보여준다.[14]

절제의 상실

이러한 태도는 확실히 최신 경향의 대학 캠퍼스에 우세하다. 웬디 쉘릿(Wendy Shalit)의 「절제의 회복 : 잃어버린 덕의 발견」[15](*A Return to Modesty:Discovering the Lost Virtue*)은 그녀의 윌리엄스 칼리지에서의 경험을 이야기한다. 남녀 공용 기숙사와 목욕탕을 구비한 미국 유수의 자유 예술 대학들 중 한 곳에 입학한 그녀는 동료 학생들의 성적인 방임주의에 모욕감을 느꼈다. 그리고 선배들의 '성 혁명'이 그녀 세대의 후배들에게 남긴 쓰레기 같은 유산에 한층 더 격분했다. 스스럼없는 성행위가 다양한 방식으로 조장되고 있었다. 가령, 여성 주간(Women's Pride Week)에는 대학의 여성 협회 측에서 '말괄량이 소녀들'이라는 스티커를 나누어주며, 여학생들은 언제라도 성행위를 할 수 있는 준비가 되어있는 옷차림새를 하라고 부추겼다. 그리고 게시판의 '우정의 위생' 벽보는 여학생들에게 "잠깐 들러서 우리들의 새로운 구강 섹스 지침을 보라"고 광고했다.[16] 학생들은 분명히, 섹스는 큰 문제가 아니라는 메시지를 듣고 있었다.

그러나 몇 주 후 여학생들은 '접근금지'(The Clothesline Project) 운동을 펼쳤다. 그리고 이 운동은, 어쨌거나 섹스는 큰 문제라고 말하는 듯했다. 여학생들은 또 각종 문구를 인쇄한 티셔츠를 입고 다녔다. "다시는 나를 만지지 마", "미운 놈", "왜 나한테 이런 짓을 계속 하니?" "이 짓은 언제 끝나니?"[17] 그리고 캠퍼스를 어둡게 하는 무지몽매의 행위들이 늘어나자, 많은 여학생들이 무질서, 약물 남용에 대항해 싸우며, 다양한 절제 운동에 가담했다. 그 모든 무절제한 섹스, 그 모든 하룻밤의 접촉은 고통스러운 대가를 요구했다. 쉘릿은 이렇게 인용한다. "무절제한 섹스는 세상에서 가장 큰 모순이다!"[18]

어떻게 해서 이 모든 일이 벌어졌는지 이해하고자 쉘릿은 고대 및 현대의 사상가들, 특히 왜 페미니스트들이 쉘릿 자신의 세대에 그토록 심각하게 피해를 입혔는지 이해하고자 사상가들은 진지하게 연구했다. 왜 카밀 파글리아(Camille Paglia) 여성주의 칼럼니스트는 "더 많은 포르노, 더 좋은 포르노, 도처에 포르노!"[19]를 주장하곤 했는가? 왜 캐티 로이프는 베벌리 라헤이 신문의 비서—혼전 성관계를 거부한 기독교인 여성—와 인터뷰한 후, 그 여성에게서는 '뭔가 행복감과 같은 기쁨'이 보였다고 인정하면서도, 그렇게 촌스러운 순결의 사수에 '분노가 치밀었다'고 단언했는가?[20] 왜 여성 해방의 설계자 시몬느 드 보브와르는 성도착자 사드를 위대한 모랄리스트로 치켜세웠는가?[21] 캐트린 해리슨 같은 여자는 (「키스」라는 책에서) 어떻게 자신의 아버지와의 성 관계에 대해, 그리고 그러한 도착에는 잘못된 게 없다는 듯이 쓸 수 있는가? 전 미국 부통령 엘 고어의 고액 상담가 나오미 울프 같은 여성은 왜 자신의 책 「혼음」(Promiscuities)에서 "착한 여자는 없다. 우리는 모두 우리 곁에서 함께 걷는 보이지 않는 매춘부를 탐구"해야 하는 '나쁜 여자들'이라고 선언했는가?[22]

합리화의 만연

이와 같은 질문들을 깊이 생각하면서 마이클 존스(E. Michael Jones)는 현대의 성 행동 및 논의의 철학자 토대에 초점을 맞춘다. "지적인 삶에는 두 가지 대안밖에 없다. 욕망을 진리에 맞추든가 아니면 진리를 욕망에 맞추든가 해야 한다."[23] 성적인 욕망은 대단히 강하므로 우리는 빈번히, 우리가 지켜내야 할 삶보다는 우리의 성적인 행동 방식을 합리화한다. 성적인 죄가 해로운 것은 분명하지만, 우리를 제물로 삼는 '가장 교활한 타락'은 합리화의 과정에 동반되는 마음의 타락이다. "우리는, 아마도 인류에 가장 보편적인 성적인 죄에서 너무도 쉽게, 가장 사악하다 할 지적인 죄로 옮겨간다."[24] 이번 세기의 가장 영향력 있는 몇몇 지식인들의 예에서 명백해진 이 과정을 보며 존스는 결국 이렇게 선언한다. "판결은 명백하다. 모더니티(현대주의)는 합리화된 호색이다."[25]

오래 전, 이시도르 시빌(Isidore Seville)이 썼듯이, 호색은 '쾌락에 빠진' 사람을 지배한다.[26] 성적인 "쾌락은 무엇보다도 인간의 마음을 타락시킨다"고 토마스 아퀴나스는 덧붙였다.[27] 성적인 욕망이 사람을 지배하고 그의 마음을 타락시키면, 그는 쉽게 호색을 합리화한다. 이 점은, 창시자 지그문트 프로이드의 강박으로 성립되어, 이제는 많이 바래어졌지만 모더니티에 불도장과도 같은 낙인을 남긴 정신분석의 예를 보면 명백하다. 프로이드의 철학은 기독교에 역행한다. 그리고 프로이드의 몇 가지 중요한 이론들(오이디푸스 콜플렉스, 토테이즘, 원시적 난교)은 역사적, 인류학적 사실에 기초하지 않는다. 사실, "가장 오래되고 인류학적으로 가장 원시적인 사람들"은, 마이클 존스에 의하면, "유일신 사고와 일부일처제 경향을 보였다는 점에서, 또한 하나님을 '우리의 아버지'라고 부르기까지 했다는 점에서 유대교 및 기독교와 놀라울 정도로 유사한" 종교들을 추구했다.[28]

그럼에도 프로이드와 그의 추종자들은 현대의 학문 세계를 형성해왔고, 젊은이들은 성과 관련된 강의에 파묻혀 닥치는 대로 '안전한 섹스'를 행하라는 부추김을 받는다.

쾌락주의의 부흥 : '우리 시대의 위기'

오늘날의 대학생들은, 그들이 알고 있는 지식의 유래가 아무리 의심쩍다 해도, 전혀 개의치 않고 쾌락주의 사회의 신조를 실행하며, '심리' 전문가들에 의해 빈번히 정당화되는 구속받지 않는 육욕을 추구한다. 그들은 스스로를 아방가르드 즉 전위적이라고 생각하지만, 사실은 케케묵은 옛날의 신조를 파내어 써먹고 있다. 그리스도 탄생 몇 세기 전, 키레네 학파(Cyreniacs)라 불리는 일군의 그리스 사상가들이, 좋은 삶이란 그저 성적인 탐닉의 쾌락, 끝없는 여흥, 음주, '술, 여자, 노래'일 뿐이라고 주장했다.

오늘날, 무수한 쾌락주의가 텔레비전 수상기를 가로지르며 춤추고, 잡지 광고를 도배하듯 하며, 유행가의 노랫말들을 장식하면서, 그 근본 주제를 선언한다. '좋으면, 하라.' 쾌락주의자들의 선언에 의하면, 우리들을 즐겁게 하는 것이면 무엇이 됐든 해볼만한 가치가 있다. C.S. 루이스와 동시대인으로서 하버드의 사회학자 소로킨(Pitrim A. Sorokin)은 이러한 사회적 경향에 심각한 우려를 표명했다.[29] 심도 깊은 연구서로 1956년에 출판된 「미국의 성 혁명」(*American Sex Revolutin*)에서 그는 선언했다. "우리의 문명은 섹스에 너무나 몰두해 있어서 제 아무리 작은 삶의 구멍에서도 그것이 줄줄 흘러나오는 정도까지 되었다."[30]

호색은 사랑으로 위장하면서 나타나며, 사실 호색의 가장 중대한 위협도 그 점에 있다. 호색은 상대를 교묘히 비인격화시키며, 그들에게서 사랑을 갈취한다. 호색은 "그녀를 사랑하고 버리라"고, 상대방의 행복과 미래에 대해서는 책임을 지지 말라고 충동한다.

루이스의 견해에 의하면, 피를 주체하지 못하는 죄로서 호색은 이따금씩 자책과 뉘우침을 동반한다. 「거대한 결별」에서 우리는, 마침내 한 유령을 지옥에서 구해내는-유일하게 이 유령만이 구원받는-인상적인 투쟁을 볼 수 있다. 천국의 발치께로 방문을 나온 이 유령은 이제 지옥으로 돌아가야 했다. 그는 언제나 어깨 위에 '작고 붉은 도마뱀'을 얹고 다녔는데, 지옥으로 돌아가면 다시 도마뱀의 소리를 틀어막고, 도마뱀을 죽여주겠다고 말했다. 유령은 주저했고, 도마뱀의 그 지긋지긋한 충동질에서 자신을 구해주되 좀 덜 '과격한' 방법으로 그렇게 해주기를 원했다. 뚱뚱한 당뇨병 환자가 아이스크림을 '조금만' 먹겠다고 우기듯, 유령은 조금 더 '점진적인' 방식을 원했지만, 천사는 도마뱀이 죽어야만 유령 자신에게 진정으로 좋은 것을 이룰 수 있다고 주장했다.

길고 긴 마음의 갈등을 겪고 나서, 유령은 결국 천사에게 할 일을 하라고 허락하며, 자신과 도마뱀 모두를 죽여도 좋다고 말하기까지 했다. 그는 후회하며 고백했다. "이 지겨운 것과 함께 사느니 죽는 게 낫겠습니다." 하나님의 뜻에 순복한 그는 도우심을 구했다. 그 순간 "유령은 내가 지상에서는 들어보지 못한 고통스러운 비명을 질렀다. 불의 천사가 그 파충류를 강하게 움켜쥐고, 비틀었다. 파충류는 깨물고 몸부림쳤지만, 천사는 등뼈가 부러진 그것을 풀밭에 패대기쳤다."[31]

그리고 기적이 일어났다. 천사가 죽인 그 도마뱀이 훌륭한 말, "몸 전체가 은빛이고 황금색 갈기와 꼬리를 가진, 내가 본 가장 훌륭한 종마"로 바뀐 것이었다.[32] 호색의 지배력에서 벗어난 옛날의 유령은 말에 올라타, 발치에서 산 위쪽으로 천국을 향해 달렸다.

여기서 벌어진 일들을 루이스에게 설명하면서, 조지 맥도날드는 말한다.

> 아무것도, 가장 훌륭하고 귀한 것도, 지금 이 상태 그대로는 가질 수 없다. 아무것도, 가장 저열하고 천한 것도, 죽음에 이르면 두 번 다시 일어설 수 없다. 육신은 땅에 뿌려지고, 영적인 몸이 일어선다. 육과 혈로는 [천국의] 산에 오를 수 없다. 육과 혈이 천해서가 아니라 너무 약해서 그렇다. 종마와 비교하여 도마뱀은 무엇인가? 호색은 비천하고 약하며 은밀히 충동한다. 이 호색이 죽을 때, 풍요롭고 활력 넘치는 욕구가 일어선다.[33]

플레이보이 잡지와 같은 풍조에서 극명하게 드러나는 쾌락주의의 육욕은 건전한 육체적 욕망을 그릇되이 충족시키려는 데서 기인한다. 바로 이 풍조에, 루이스와 사도 바울은 대답한다.

> "하나님의 뜻은 이것이니 너희의 거룩함이라 곧 음란을 버리고 각각 거룩함과 존귀함으로 자기의 아내 취할 줄을 알고 하나님을 모르는 이방인과 같이 색욕을 좇지 말고 이 일에 분수를 넘어서 형제를 해하지 말라 이는 우리가 너희에게 미리 말하고 증거한 것과 같이 이 모든 일에 주께서 신원하여 주심이라 하나님이 우리를 부르심은 부정케 하심이 아니요 거룩케 하심이니"(살전 4:3-7).

5. 탐식

그녀의 배(腹)가 그녀의 모든 삶을 지배한다

단순한 과식은 미식에 비하면 별 게 아니라네....
다른 문제들과 마찬가지로, 이 점에 대해서도 자네의 환자가
그릇된 정신 상태에 빠질 수 있도록 유념하여 조종하게나.[1]

컴퓨터와 관련하여 우리가 알고 있는 중요한 프로그래밍 법칙이 하나
있다. 쓰레기 데이타를 넣으면 쓰레기 데이터가 나온다. 생리학적으로
도 같은 법칙이 적용된다. "우리는 우리가 먹는 것 자체이다" 먹으면 먹
은 것이 나온다. 육체적으로, 정신적으로, 혹은 영적으로 무엇을 섭취하
든, 그대로 소화한다. 그리고 우리가 소화한 것은 느리지만 확실하게 우
리에게로 흡수된다. 우리의 섭취, 우리가 먹는 것, 먹는 방식, 마시는
것, 마시는 방식이 우리 존재를 형성한다.

따라서 중세 사상가들은, 탐식과 호색이 육체적 통제가 얼마나 어려
운지 단적으로 보여준다는 점에서, 이 두 죄를 항상 연관지어 생각했다.
기독교의 가장 엄격한 금욕주의에서조차 창조의 선함과 그 육체적 쾌락
의 조화가 뜻대로 유지되지는 않았다고 루이스는 말한다. 극단적인 무

욕의 수도사들도 육체적 쾌락을 명백히 이해하고 있었다. "나에게 허락되지는 않았지만, 결혼은 좋은 것이다. 나는 마실 수 없지만, 포도주는 좋은 것이다. 우리는 오늘 금식을 하지만 진수성찬은 좋은 것이다."[2]

토마스 아퀴나스는 탐식을, 먹고 마심에 "무절제한 욕망"이라고 규정했다. 그가 생각하기로, "이상적인 도덕적 가치를 구현하는 이성의 지시"를 저버린다면 그 어느 것이라도 무절제한 것이다.[3] 몇 세기 전 교황 그레고리 1세는 "탐식의 악덕"을 다섯 가지로 구분했다. "어떤 때는, 먹는 데 소요되는 시간을 단축시킨다. 어떤 때는, 값비싼 육류를 찾는다. 어떤 때는, 까다롭게 요리된 음식을 요구한다. 어떤 때는, 너무 많이 먹어 원기회복의 정도를 넘어선다. 어떤 때는, 극단적인 식욕 자체로 우리는 죄를 짓는다." 그레고리는 우리가 "급하게, 사치스럽게, 너무 많이, 탐욕스럽게, 까다롭게" 먹으면 잘못 먹는 것이라고 지적했다.[4]

그러므로 그레고리가 다섯 가지 측면으로 제시한 탐식의 유혹을 따라가면서, 루이스의 작품들이 어떻게 이 치명적인 죄악을 적절히 설명하는지 보기로 하자.

급하게 : 더 많이 맛보고자 급하게 삼킴

작품 「사자와 마녀의 옷장」(*The Lion, the Witch, and the Wardrobe*) 시작부분에서, 퍼벤시(Pevensie)의 아이들은 나르니아를 지배한 '착한 마녀'를 만난다. 마녀는 이 아이들이, 나르니아를 돌려달라고 아슬란이 보낸 첫번째 침입자 무리임을 알았다. 그래서 여러 가지로 아이들을 유혹하려고, 그 중에서도 특히 에드먼드라는 한 아이에게 세상에서 가장 맛있다고 하는 "터키 과자"를 먹여 유혹하려고 했다. 에드먼드는 그 맛을 잊을 수가 없었고, 그 과자에 대한 욕망으로 인해 곧 일행을 배반한다.

탐식이 치명적인 죄악인 것은, 근본적으로 좋은 것들을 마다하고 입에만 단 피상적인 것들을 찾게 하기 때문이다. 어린 에드먼드는 비버(Beaver)부인(남편과 함께 목숨을 걸고 아이들에게 은신처를 마련해 주었다)이 내놓은 단순하고 맛난 식사(갓 잡은 물고기, 감자, 버터, 우유, 둥근 빵)를 즐길 수가 없었다. 담백한 식사, 그래서 좋은 음식을 잔뜩 대접 받으면서도, 아이의 생각은 다른 곳에 가 있다. "터키 과자, 사실 평범하니 좋은 음식 맛을 반씩이나 잃게 하기로는 고약한 마법 음식의 기억만한 것이 없다."5 아이는 스스로를 신으로, 자신은 물론이려니와 그 좋은 참된 즐거움을 파괴하는 신으로 생각했다.

곧 이어, 아이는 터키 과자의 기억에 사로잡히게 된다. 마음에서 그 기억을 떨쳐낼 수가 없었다. 여왕의 마법 병에서 나오는 그것을 더 먹고 싶어, 결국은 아이들 무리에서 슬쩍 빠져 나와, 가족을 배반하게 된다. 탐식은, 음식 자체에 너무나 몰두하므로 음식 앞에서 감사와 겸손을 모른다. 사실, 탐식을 정말로 표나게 하는 것 중 하나가 감사의 결여이다. 터키 과자에 중독된 에드먼드는 식욕을 채우고자 마녀를 찾아가게 된다. 아이를 만난 마녀는 엄청난 양의 마법 과자를 만들어 준다. 에드먼드는 허겁지겁 먹어치우고는 평화로운 포만감을 느낀다.

터키 과자에 대한 욕망은 아이를 마녀의 손바닥에 놓인 마른 흙덩이처럼 무력한 존재로 만들었다. 마녀의 탐문으로 아이 일행의 행방이 드러난다. 아이는 친구들을 배신했다. 아이는, 길버트 메일랜더(Gilbert Meilaender)가 말한 "거짓 조물주의 달콤한 독"의 희생자로 전락하여, 절제하며 살지도, 창조된 것들을 "경배하지도 경멸하지도 못한다." 우리는 「나르니아 연대기」 전편을 통해, 심오하게 재현되는 이 주제와 여러 차례 만난다고 메일랜더는 주장한다. 필요 이상으로 삼키는 에드먼드의 터키과자 중독증은 우리에게 탐식의 채울 수 없는 중독성을 이해하는 '열쇠'를 제공한다.[6] 그는 과자를 더 많이 먹고자 무슨 일이든, 친구와 가족을 배신하는 일조차 기꺼이 하려 했다.

반대로, 감사는 선물보다는 선물 준 이를 공경한다. 음식을 만들어 주는 아내에게 감사하는 남편, 간식을 만들어 주는 남편에게 감사하는 아내, 나무와 작물을 내리사 사과와 콩을 거두게 하시는 하나님께 감사하는 가정... 이 모두가 거룩한 감사의 태도를 보여준다. 그러나 탐식하는 자들은 식사를 앞에 두고 감사의 말을 하지 않는다. 우리에게 음식을 가져다주는 해와 바다, 감자와 가축의 그 순전한 증여와 친절을 탐식하는 자들은 결코 알지 못한다.

사치스럽게 : 값비싼 음식을 요구함

루이스는 「은 의자」(*The Silver Chair*)에서 질 폴과 유스테이스 스크럽이라는 두 아이의 이야기를 들려준다. 이 아이들은 악한 마녀에게 유괴된 나르니아의 왕자 릴리안을 구출하고자, '마쉬 위글'과 함께 모험을 떠난다. 모험 초기에, 거의 얼어죽게 된 아이들은 '하르팡의 집'이라는 곳에 당도하여, 어떤 거인 가족의 성으로 추위를 피해 들어간다. 거인 여왕은 하인들에게 나르니아의 안락을 제공하라고 명령한다. "아이들에게 음식과 포도주을 주고, 목욕을 시켜라... 여자아이에게 막대사탕을 주고, 인형을 주고, 약을 먹여 치료하라. 데운 우유와 과일 사탕, 자장가, 장난감, 너희들이 생각할 수 있는 모든 것을 주라." 그리고 거인은 질이 이해할 수 없는 말을 덧붙였다. "울지 마라, 소녀야, 안 그러면 잔치가 벌어질 때 결코 좋을 것이 없단다."[7]

질은 "거대한 발 목욕통"이 있는 거인의 방으로 인도되어, 따뜻한 목욕물과 깨끗한 옷으로 안락에 잠겼다. 그리고 "뜨겁게 구운 칠면조, 찐과자, 구워낸 밤, 먹고도 남을 정도의 과일" 등을 위시하여 갖은 진미로 꾸며낸 식사를 즐겼다.[8] 이 모든 과정을 끝내고 부드러운 이부자리에 들어간 아이는 이제 업어가도 모르게 곯아떨어질 참이었다. 사자 아슬란이 극적으로 나타나, 아이가 날마다 반복하게 되어있는 '신호'를 상기시키지 않았다면, 아이는 아마 너무 깊은 안락에 떨어지고, 그것으로 아이 자신과 친구들은 거인들이 바라던 대로 그들의 잔칫상에 올라 한 입에 삼킴을 당했을 것이다.

질과 그 친구들은 우리가 너무도 흔히 무시하는 것을 알게 되었다. 우리는 너무 편하고 너무 쉽게 음식과 술에 취해, 빈번히 하나님의 뜻에 따르지 못하며 우리들을 잡아먹으려는 영적인 거인들의 손아귀 속으로 미끄러져 들어간다. 사치스러운, 값비싸고 낭비스럽고 호화로운 식사와 생활이 도덕적으로 살려는 우리의 의지를 교묘히 무너뜨린다고 기독교 전통은 경고한다. 우리는 이 경고를 잊고 있다.

너무 많이 : 과도한 양

분명히 우리는 식욕을 억제하려고 애를 쓰고 있다. 많은 사람들이 과체중이다. 전문가들은 체지방률 30퍼센트가 넘는 사람들을 비만으로 규정한다. 그리고 현재 25세가 넘은 사람들 가운데 4분의 3이 비만이다. 버스로 통학하고 컴퓨터 게임에 몰두하는 아이들이 과체중인 경우는 우리의 상상을 넘어선다.

　비만은, 제5열(내부 첩자)처럼, 안에서부터 우리를 배신하며 심장병, 뇌일혈, 당뇨병을 일으킨다. 어떤 사람들은 흡연, 조악한 식사, 알콜 남용, 운동 부족 등의 이유로 젊어서 죽는다. 우리는 스스로를 서서히 살해한다. 그러나 기가 막히게도, 오늘날의 이 풍요로운 사회에서 또 어떤 사람들은 거식증, 주로 자신에게 필요한 영양분을 거부하는 식사 장애로 고통받고 있다. 그리고 TV수상기를 켜보라. 기아 난민을 위한 특별 자선쇼다 뭐다 하는 행사들, 전세계적으로 날마다 수천만 명이 굶주리네 어쩌네 하는 뉴스들이 즐비하다.

　크리스채너티 투데이(Christianity today)에서 실린 "살찐 신앙인들"이라는 글에서 버지니아 스템 오웬스(Virginia Stem Owens)는, 일반인에 비해 종교인들이 더 비만하다는 한 연구를 다룬다. 비록 명확한 근거를 제시하지는 않지만, 이 연구의 저자는 기독교인들이 음주나 흡연에 대해서는 분명한 선을 그으면서도 탐식은 죄로 여기지 않는다고 주장한다. 특히, 무조건적인 사랑과 만인에 대한 편견 없는 수용이 요청되는 이 시대에, 탐식은 우리의 영혼을 위험하게 하는 것이라고 주장하는 설교자들이 있을리 만무하다!

　흥미롭게도, 오웬스 자신도 위 연구의 저자가 말하는 기독교인의 태도에서 크게 벗어나지 않는다. 기사 말미에서 자신의 원래 논지를 간단히 망각한 그녀는 비만 정도가 상당히 심각한 한 교인 친구를 언급하며, 뚱뚱하다고 해서 그 친구가 지금까지 그리스도와 동행하는 데 지장을 받은 바 없으므로, 비만은 결코 염려할 문제가 될 수 없다고 결론짓는다.[9]

　오웬스는 엄격한 절제와 같은 덕목에는 대체로 관심을 두지 않는 현대복음주의의 정서를 반영한다. 그러나 C.S. 루이스는 이처럼 이기적인 주장을 경고했으며, 이 은근한 회피가 참된 신앙에 얼마나 해가 되는지 알고 있었다. 사탄은 오늘날의 세계에서 거의 승리를 목전에 두고 있으며, 성도들마저, 탐식은 기껏해야 사소한 결점일 뿐 영원한 문제들과는 아무상관이 없다는 사탄의 기만적인 설득에 넘어가 있다는 것이 루이스의 생각이었다.

「악마의 편지」에 나오는 한 통찰력 있는 대목을 보자. 스크류테이프는 탐식의 죄를 별 것 아니게 취급했다는 이유로 조카 웜우드를 심하게 질책한다. 사실, 탐식의 파멸적 성격에 대한 사람들의 무감각이야말로 사탄이 공들여 이룩한 성과 중 하나였다. 아무리 자유분방하고 열린 설교자라 해도 풍채 좋은(?) 교인들에게 심한 말을 하려 하지 않으며 비만에 대한 언급을 꺼려하므로, 탐식은 쉽게 중독되며, 그만큼 교활한 유혹이다.[10]

인종주의, 성차별, 사회적 불의, 경제적 불평등 따위에 대한 비난은 정전기가 튀듯 따끔하게 지속적으로 제기된다. 근심 걱정에서 벗어나기, 행복 추구, 자긍심 갖기, 일과 가족의 적절한 균형 도모 등을 위한 여타의 방법론들 또한 넘쳐난다. 그러나 너무 많이 먹고 마시는, 영화나 TV를 너무 많이 보는, 문제와 관련하여 사람들의 양심을 찌르려는 예언자가 있다면, 그는 아마 조만간 강단을 내려와야 할지도 모른다.

탐욕스럽게 : 음식을 요구하는 때와 장소

우리는 분명히 음식이 필요하며, 그것도 올바른 음식, 인간에게 맞는 음식이 필요하다. 우리는 아무것이나 먹을 수 없다. 염소는 종이, 나뭇가지, 내버린 양말, 그러니까 아무거나 먹어치운다. 내가 아는 어떤 학생들은 이처럼 잡식성에 가깝지만, 결코 우리는 염소가 아니다. 우리에게는 음식이 필요하지만, 현대적이라는 오늘날의 음식은 지방, 당분, 기타 첨가물 따위로 빈번히 우리를 해롭게 한다.

　말의 깊은 의미에서, 우리는 우리가 먹는 것 자체이다. 올바로 살기 위해서는 올바른 음식이 필요하다. 그리고 좋은 음식은 얼마든지 있다. 목마를 때 찬물 한 잔만한 즐거움이 있을까. 더위나 운동으로 수분이 부족하면, 우리의 몸은 마실 것을 찾는다. 우리가 배고플 때, 우리의 세포들은 신호를 보내고, 그 때의 식사는 비할 바 없는 즐거움이다. 우리는 영양이 되는 음식은 물론 맛있는 음식 또한 좋아한다. 우리 몸에 좋은 것을 먹을때 대체로 우리의 입맛은 충족된다. 단 것을 먹고 싶다는 욕구도 우리의 세포에 탄수화물이 필요하다는 뜻이다. 그래서 이따금씩 먹는 파이 한 조각이 우리에게 즐거움이 되고, 우리 몸에 필요한 열량, 지방, 비타민, 미네랄을 공급한다.

　그러나 사과나 오렌지보다 파이를 더 좋아한다면, 그리고 저녁마다 파이 한 판씩을 먹어치운다면, 20년 정도 뒤에는 우리의 동맥이 회반죽 같은 기름 덩어리로 막혀 혈액순환 장애를 야기할 것이다. 결국, 파이에 대한 이 지나친 사랑으로 우리는 죽어 구급차에 실려갈 수도 있다. 먹는다는 것은 우리의 입을 즐겁게 하지만, 주로 필요한 영양분을 공급받는다는 한도 내에서 절제하지 않는다면, 먹는 즐거움은 파멸적인 결과로 이어진다.

　루이스는 탐식의 본질, 그것이 근본적으로 죄악인 까닭을 철저히 인식하고 있었다. 빈번히 특정 행위, 과식이나 과음에 대한 논의로 제한되는 이 탐식은, 그러나 사실 선한 것의 남용을 말한다. 탐식은 행위라기보다는 태도이며, 자신의 그릇에 퍼담는 고기나 국의 양에서보다는 생활의 우선순위를 통해서 명백히 드러난다. 탐식가들의 그 '탐'이란 입을 만족시키는 정도를 넘어선다. 그들은 아예 먹고 마시는 과정 자체를 즐긴다. 누가 보더라도 먹고 마시는 것 자체에 열중하는 사람, 그래서 음식의 그 건전한 맛이나 풍성한 양에 감사를 표하지 않는 사람은 탐식이 의심된다 할 수 있다. 영양이나 친목 도모의 필요성이 아니라 먹는 즐거움에 이끌려 탐식가들은 식탁에 앉는다. 그들의 식사는 먹는 즐거움 자체에 있다. 다른 사람들을 수단으로 자신의 성적인 욕망을 채우려는 성욕이 호색이듯, 상대방을 무시하고 자신의 식욕 충족에만 몰두하는 태도는 탐식이다.

까다롭게 : 완벽하게 준비된 음식

오늘날은 넘치는 것이 음식이라, 이제는 탐식가들 대다수가 루이스의 표현대로 "과식의 탐식이 아니라 미식의 탐식"에 더 탐닉할 수 있다. 하나님으로부터 우리를 갈라놓는 사탄의 기술이 얼마나 교묘한지는 「악마의 편지」에 등장하는 한 여인을 통해 알 수 있다. 여인은 악마가 실습대상자로 삼은 "환자의 어머니"인데, 그녀의 탐식은 먹어치우는 음식의 양이 아니라 까탈스러움에서 드러난다. 새처럼 적게 먹음에도 결국 그녀는 음식의 노예였음이 조만간 드러날 터였다. 자신의 취향에 완벽하게 맞는 음식을 먹고자 하는 강박이 그녀 자신을 악마 글루보스(Glubose)의 수중에 떨어뜨려, 자신만이 잘났다는 망상에 빠지게 한다.

사실, "접대하는 자나 시중드는 자들이 볼 때 그녀는 공포 그 자체이다. 그녀는 주문한 음식이 나오면 언제나 고개를 외로 틀고, 점잔빼는 듯한 한숨과 미소로 말한다. '어머나, 나는 약하게 그렇다고 너무 약하게 타지는 않은 차 한 잔과, 최대한, 최대한 가늘게 썬 빠삭빠삭한 토스트 한 조각이면 되는데.'"[11] 그녀는 아주 적은 양을 원하지만, 그것이 주변 사람들을 고통스럽게 한다. "북적이는 식당에서 그녀는 종업원들이 애써 만들어낸 음식을 보고 옅은 비명을 지르며 말한다. '어머, 너무 너무 많아요! 도로 가져가서 다 덜어내고 4분의 1만 가져오세요.'"[12]

루이스의 지적에 의하면 "그녀의 배(腹)가 그녀의 모든 삶을 지배하는" 사태가 발생한 것이었다.[13] 탐식이 그토록 파멸적인 까닭이 여기에 있다! 무엇이든, 배든 성욕이든 교만이든, 우리를 지배하게 되면 우리는 모든 것을 잃는다.

탐식은 음식에 대한 욕망 충족을 인생의 지배적인 목적으로 만든다는 것이 루이스의 생각이다. 소비하는 음식의 양도 가짓수도 진정한 핵심이 아니다. 탐식은 우리의 삶에서 식욕 충족을 다른 어느 것보다 더 중요하게 여기도록 한다. 그리고 전반적인 죄악 가운데서도 가장 전형적인 것은, 이 탐식이 하나님과 우리, 우리와 우리의 사랑하는 관계를 단절한다는 점이다. 오늘날의 사회에서 탐식은 음식의 과도한 소비보다는 까탈스러움에서 명백히 드러난다. 건강식품 애호벽이나 몸매 만들기 중독증 따위도 최악의 경우 흔히 탐식이 될 수 있다.

채식주의자로서 자신의 섭생 습관을 가족이나 친구들에게 강요하는 사람들도 쉽사리 탐식에 경도된다. 헨리 페어리(Henry Fairlie)가 지적하듯이, "자신에 대해 너무도 조목조목 까탈스러운 사람들은 다른 사람들을 신경 쓸 여유가 없다. 그들은 자기 사랑에 빠져 있다. 그들의 눈은 목욕탕 체중계 아니면 거울만 본다."[14]

오늘날의 체육관이나 헬스클럽 혹은 살빼기 교실 같은 곳을 가보라. 수많은 젊은이들 (그리고 스스로 젊다고 생각하는 사람들)이 몰려드는 이 장소들은 하나같이 사방 벽면을 거울로 장식해 놓고 있다. 분명히 회원들은 자신들의 움직임을 보고 싶어한다. 흔히 불로장생을 보장하는 희귀한 외제품목으로 그득한 건강식품 가게들을 가보라. 엄청난 가격에 엄청난 장광설이 이 가게들의 특징이다. 건강에 적당히 관심 가질 때는 꾸준한 운동과 영양가 있는 음식으로 이어지지만, 섭생과 몸매 만들기가 인생의 목적이 될 경우는 흔히 무절제의 유혹이 따를 수 있다.

탐식의 '딸들'

그레고리에 따르면 탐식에도 '딸들' 즉, 그로 인한 결과가 있다.[15] 토마스 아퀴나스는 이 악덕의 영적인 해악을 탐구하면서, 탐식은 "분별력의 마비"를 유발한다고 생각했다. 반대로 절제는 명민한 지혜를 산출한다. "내 마음에 궁구하기를 내가 어떻게 하여야 내 마음에 지혜로 다스림을 받으면서 술로 내 육신을 즐겁게 할까"(전2:3;참고로 공동번역은 다음과 같다. "지혜를 깨치려는 생각으로 나는 술에 빠져 보기도 하였다. 이런 어리석은 일들을 붙잡고 늘어져 보았다."–역자주).[16]

음식을 섭취하면 우리의 위는 소화를 위해 더 많은 에너지를 요구하게 되고, 그만큼 우리의 뇌 기능은 저하된다. 밥을 먹고 흔히 낮잠을 자는 이유도 여기에 있다. 너무 많이 먹으면 뇌의 움직임이 둔화될 수 있다. 그리고 우리의 정신을 쉽사리 망가뜨린다는 점에서 술이나 약물은 한층 심각하다. 루이스의 「은 의자」에 질과 스크럽 일행이 지하의 "검은 성"으로 들어가는 장면이 나온다. 마녀는 나르니아의 왕자 릴리안을 이

곳에 가두어두고 있었다. 그들은 은 의자에 묶인 릴리안을 풀어주지만, 마녀는 그 방에 있는 불 속으로 "녹색 가루"를 던져 넣어 그들의 탈출을 방해한다. "그 불은 그다지 맹렬하지 않았지만, 대단히 감미롭고 나른한 냄새를 발산했다."[17] 냄새를 맡은 그들은 "점점 더 생각하기 어려워지는" 상태를 경험하고, 마침내는 무감각에 빠진다. 냄새에 제대로 취한 그들은 근본적인 진리들을 의심하게 되고, 심지어 나르니아라는 곳이 실제로 있기나 했던 것인지 의아해하기까지 한다. 결국, "그러한 세계는 없었다"라는 마녀의 주장에 아이들은 동의한다.[18]

너무 배부르고 너무 취하면, 우리는 우리의 진정한 고향을 잊는다. 우리가 하나님에게서 왔으며 이제 곧 그분을 다시 뵐 것임을 잊는다. 음식과 술과 안락에 너무 깊이 잠겨 살아서 우리는 우리의 영원한 정착지를 바라보지 못한다. 다시 아퀴나스로 돌아가서 우리가 읽게 되는 것은, 극단적으로 먹고 마시기 즉, "무질서한" 식욕이 우리의 이성을 마비시켜 우리가 뭔가 좋은 것을 찾았다고 착각하게 한다는 점이다. 그의 언급에 따르면, 술은 "누구나 자신감이 생기고 기분이 좋아진다"라는 그릇된 생각을 심어준다.[19]

잠언은 말한다. "술을 즐겨하는 자와 고기를 탐하는 자로 더불어 사귀지 말라 술 취하고 탐식하는 자는 가난하여질 것이요 잠자기를 즐겨하는 자는 헤어진 옷을 입을 것임이니라"(잠23:20-21). 우리는 이성적인 피조물임이 당연하고, 따라서 우리의 이지력(理智力)을 떨어뜨리는 것에는 어떻게든 대항해야 한다. 탐식과 빈번히 연관되는 악덕으로서 과도한 음식과 술, 약물 따위는 우리의 이성을 손쉽게 일탈시킨다.

그런데 흥미롭게도 아퀴나스는 "탐식의 딸들"을 통찰하면서, 우리의 말에서도 탐식의 징후를 읽어냈다. 그는 음식 및 술의 욕망에 대한 통제력 상실과 다른 사람들을 해롭게 하는 말에 대한 통제력 상실에는 긴밀한 관련성이 있다고 주장했다. "무절제한" 말과 "수다"는 음식과 술만큼 치명적이다. 결론적으로 아퀴나스는, 탐식이, 이성의 결여에서 오는 모종의 경솔함, 말을 다스릴 수도 없거니와 외양적 품행 또한 절제하지 못하는 "상스러움"을 촉진한다고 생각했다.[20] 다른 사람들이 고통받는 것은 생각하지 않고 농담의 가치만을 추켜세우는 사람들이 있다. 농담은 당사자를 돋보이게 하고 인기인으로 만들기까지 하지만, 쉽사리 죄악으로 이어질 수 있다. 과도한 언사, 너무 많은 말, 다른 사람들을 즐겁게 하려고 아무 말이나 해대는 행태 따위는 우리의 영혼을 마비시키며, 따라서 탐식의 한 형태로 이해될 수 있다.

과소비 : 환경적 해악

현대라고 하는 이 징후의 기반은 철학적 물질주의, 집단적 탐식이며, 이로 인해 우리는 끔찍스러운 어떤 것, 다시 말하면 소비자로 전락했다. 우리는 우리가 지방을 소비하는 방식으로, 생명보다는 즐거움을 위해 창조 세계를 소비한다. 기술 혁명의 소용돌이 속에서 루이스는 톨킨(J. R. R. Tolkien)과 같은 로맨티스트들과 연대하여, 불도저와 포크레인이 지구를 재정비하겠다고 나섬으로써 야기된 어이없는 사태에 강력히 반발했다.

「그 무서운 힘」(*That Hideous Strength*)에서 루이스는, 유토피아를 건설하고자 지구 행성을 게걸스럽게 먹어치우려는, 극단적으로 부패한 탐식 집단을 묘사했다. 등장인물로 나오는 한 악당 로드 피버스톤은 과학적으로 조정되고 정부적 차원에서 지원되는 유토피아를 꿈꾼다. 그는 젊은 조수 마크에게, 새로운 세계가 필요하며 자신과 같은 인간들이 그 일을 할 수 있다고 말한다.

위생학적 멸균 프로그램이 이제 쓰레기 같은 인간들, 모자라는 사람들을 지구에서 박멸할 터였다. '새로운 인간'이 등장하여 모든 식물이 제거된 행성을 지배할 참이었다. 그 새롭다는 세계는 기독교 문화가 간직해온 덕의 전통으로 고양되는 것이 아니라, 루이스가 '조정자들'이라 명명한 사람들의 지배를 받을 것이다. 그 지도자들은 사람들의 육체적 욕망을 이용하여 "어떤 순간의 감정적인 갈망"에 부응해주고, 가려워하는 곳을 긁어줄 것이다.[21] 지도자들에게 교육받은 그 사람들은 객관적인 기준을 상실한 채, 순간적인 충동에 대한 주관적인 반응만을 진리요 도덕으로 여기게 될 것이다. 역사를 잘 알고 있던 루이스는, "전통적인 도덕에서 벗어나고도" 과연 "그러한 권력을 선하게 사용한" 지도자들이 있을까 의심했다.[22]

호색과 마찬가지로, 탐식도 창조의 선함을 남용, 오용한다. 탐식은, 먹을 것과 마실 것을 그저 하나님께서 주신 좋은 선물로 받아들이지 않고, 자신들이 원하는 대로 사용할 수 있는 권리라도 되는 양 움켜쥔다. 이러한 태도는 하나님으로부터 등을 돌리도록 우리를 유혹할 뿐 아니라, 그분에게 이르는 여정 내내 간직해야 할 우리의 성품을 훼손하므로 치명적인 죄악이기도 하다.

"선한 자는 살기 위해 먹지만 악한 자는 먹기 위해 산다"(잠13:25, TLB).

6. 게으름

게으름으로 인해 생각하기가 어려웠다.

그렇게 된(그가 답신을 지체한) 까닭은

전혀 다른 데 있지 아니하고

다만 나의 이 끝없는 글쓰기 노동과

(나 자신을 너무 좋게만 말하면 안 되므로 한 가지 더 지적하자면)

모종의 나태(게으름)로 인한 것일 따름이었습니다.

이 나태는 사악한 질환이며,

내가 믿기로, 일곱 가지 치명적인 죄악 가운데

내게 있는 가장 강력한 죄입니다.

내게도 이런 죄가 있으리라고 믿는 사람은 거의 없을 것입니다.[1]

대다수 기독교인의 삶에 영적인 건강과 거룩함이 부족한 것은 대체로, 근육을 움직이지 않듯, 자기 훈련에 게으르기 때문이다. 많은 사람들이 그럭저럭 수긍하는 미끈한 구호들을 우리는 익히 알고 있다. 느슨하게! 순리대로! 뻣뻣하게 굴지 말고! 나도 살고 너도 살고! 나도 괜찮고 너도 괜찮고! 걱정 붙들어매고 기분 좋게!

"나는 내 일을 하고 당신은 당신 일을 하고," 프릿츠 펄(Fritz Perls)이 형태심리학에 도취되어 노래부르듯 하는 말이다. "당신은 당신이고 나는 나다. 그리고 우연히 서로 만난다면 그것은 좋은 일이다."[2] 이런 따위 경구들을 주문처럼 중얼거림으로써 우리의 모든 근심 걱정을 깨끗이 도배하라는 얘기다. '대중 심리학'의 기치 아래 모여든 대다수 처세론은 대단한 철학이나 있는 듯 건들대는 태만으로 널리 퍼지는데, 그도 그럴 것이 "우리 자신을 있는 그대로 받아들이라"는 이 구호가 그럴 듯하다고 여겨지면, 우리는 언제나 탁월한 삶에 도전하기를 회피하고 곧 게을러지기 때문이다. 우리의 결점을 고치려고 노력하기보다, 안전지대에 정착하여 "우리 자신을 있는 그대로 받아들이는" 행위는 나태하고 위험한 안전에 기만당하는 것이다.

그러나 제자 된 이의 삶에는 훈련이 있어야 하고, 우리는 게으름을 극복하고 거룩에 이르러야 한다. 하나님과 사람에 대한 사랑에 근원을 둔 영적인 훈련이 없다면, 거룩이란 사막의 신기루처럼 허망한 것이 되고 만다.

미스터 어중간(Mr. Halfways)의 방식

루이스의 「순례자의 귀환」(*The Pilgrim's Regress*)의 주인공 존은, 자신이 그리던 '섬'을 찾아 여행을 시작한 지 얼마 안 되어 이것을 알았다. 미스터 어중간(Mr. Halfways)은, 존을 영원히 사로잡은 기쁨의 근원인 그 섬은 어디서든 찾을 수 있다고 말한다. 약속의 땅을 향한 그 험난한 여정에 올라 몸과 마음을 훈련할 필요가 없다는 것, 그저 관점만 바꾸면 된다는 것이었다. 미스터 어중간에 따르면, 지상의 것이 아닌 듯

영묘한 기쁨이 "모든 곳에서, 아무것도 없는 곳에서" 발견된다. 그것은 오로지 마음의 상태이므로, 쉽게 도달할 수 있는 내적인 실재이므로, 누구라도 발견할 수 있다.

존이, 관념적인 평화가 아니라 객관적인 '진리'를 요구하며 이의를 제기하자, 미스터 어중간은 빌라도의 회의주의를 내세우며 "진리가 무엇이냐?"고 묻고는 주관주의의 장막에 투사된 사적인 관념을 도피처로 삼는다. 그리고 여행을 하면서 좀더 후에 존과 그의 동료 버츄(Virtue, 덕)는 미스터 감각(Mr. Sensible)을 만나는데, 미스터 감각이 내놓는 좋은 삶의 처방은 끝없는 방종이었다. 감각씨의 처방을 듣고 난 버츄는, 그의 "기술"이라는 것이 결국 괴로움 없는 환경과 한없는 즐거움을 행복으로 여기고 있음을 간파한다. 그는 순례자들에게 마지막 말을 던지며 헤어진다. "*Viva la bagatelle!...* 그대가 원하는 것을 하라."[3] 그에 따르면, 모든 사람은 자신만의 방식이 있고, 자신만의 서체로 글을 쓴다. 모든 사람은 나름대로 옳으며, 불관용만이 관용되지 않는다.

"불관용을 제외한 그 어떤 것이라도 관용하라!" 참으로 귀에 익은 말이 아닐 수 없으며, 실제로도 우리는 여러 집단 내에서 관용이 중요한 덕목으로 손꼽히는 현상을 안다. 그러나 우리가 보는 대부분의 관용은 게으름과 크게 다르지 않다.

"그것은 세상에서 관용이라 불리지만 지옥에서는 절망이라 불린다"고 루이스의 친구 도로시 세이어스(Dorothy Sayers)는 말했다.

"그것은 아무것도 믿지 않고, 아무것도 상관하지 않으며, 아무것도 알려 하지 않고, 아무것에도 개입하지 않으며, 아무것도 즐기지 않고, 아무것도 미워하지 않으며, 아무것에서도 목적을 찾지 않고, 그 무엇을 위해서도 살지 않는데, 죽음을 불사하고라도 추구할 만한 것이 전혀 없으므로 그저 생존해 있을 뿐인 그러한 죄이다."[4]

교부 다마스커스의 요한에 따르면, 나태는 뭔가 "대단히 답답한 슬픔"이다.[5] "그것은 일에 대한 지겨움으로서… 결코 선한 것을 시작하려 하지 않는 마음의 게으름을 의미한다"고 토마스 아퀴나스는 덧붙였다.[6] 게으름은 하나님의 기쁨을 거부하며, 그의 선하심에 저항한다. 돈 많은 부모 밑의 못된 자식처럼, 게으름은 가족이라는 구조보다는 빈곤을 더 좋아한다. 그래서 게으름은 주로 태만죄, 영원한 목적지에 이르기까지 우리가 해야 하는 일들을 지체시키는 영혼의 무감각으로 나타난다. 하나님과 이웃 사랑의 의무를 알고 있는 우리는 태만이나 영혼의 무감각에 빠지지 않는 방법을 찾고 증명한다.

게으름 : 안전

사랑은 일한다! 사랑은 행동한다! 사랑에는 노력이 요구된다는 사실을 놓고 볼 때, 스캇 펙(Scott Peck)이 「아직도 가야할 길」에서 주장한 바대로 "사랑 없음의 본질은 게으름이다."[7] 그는 영혼의 성장과 유용한 삶의 주된 장애물은 게으름이라고 믿는다. 인간의 실패에 대한 탐구를 통해 스캇 펙은 "도처에 존재하는 게으름의 본질을 점점 더 명료히 인식하게 되었다."[8] 그의 환자들(그리고 스스로 인정하듯, 스캇 펙 자신)은 삶을 책임져 나가는 도전들을 끝없이 회피한다. 스캇 펙의 이어지는 진술에 의하면, "게으름의 주된 형태는 두려움이다."[9]

우리는 삶의 고속도로에서 고속질주를 두려워한다. 우리는 높은 산에 오르는 모험을 두려워한다. 우리는 전문가용 슬로프에서 기술을 연마하기보다는 안전한 초보자용 슬로프에서 스키를 탄다. 우리는 군중 앞에 서기를 두려워하며, 악을 고발하고 대항할 때 돌아오는 비난을 두려워한다. 그래서 우리는 어떤 상투성에 매몰되고, 순응함으로써 편안해지는 우리의 수동성을 합리화한다.

우리는 너무도 흔히 안전한 길, 보장된 길을 택한다. 하지만, 「순례자의 귀환」에서 존이 깨달았듯, 선함에 이르는 길에는 위험과 고생이 따른다. 천국에 이르는 길은 좁고, 빈번히 우리를 옥죄며 불필요한 짐들을 떨구어낸다. 여행 막바지에 이르러 존이 "교회가 우리를 너무 심하게 대했다"고, 우리를 '좁고 위험한 길'로 인도했다고 언급하자, 안내자는 "인간의 가장 큰 적은 안전"이라고 말한다.[10]

안전에 대한 이 욕망이 우리의 영적, 도덕적 삶을 쉽사리 위협한다고 루이스는 생각했다. 그의 두 번째 우주 공상 소설, 「페르란드라」 (Perelandra)에서 루이스는 상상의 행성, 오염되지 않은 원시의 "따뜻하고 모성적이며 대단히 멋진 세계"[11]로 우리를 끌어들인다. 이곳에서 그린레이디(새로운 행성의 이브)와 랜섬은 대양의 품에 안겨 넘실대는 섬들을 건너다니며 시간을 보낸다.

그 여러 섬들 중 한 섬에 올라선 지 얼마 안 되어 랜섬은 신비한 "거품 나무"의 열매를 맛보고, 그 단맛에 매혹된다. 맛이 몹시 좋았으므로 이 둥근 열매를 하나 더 먹고 싶었던 그는, "어떤 것들을 다시 한 번 더 소유하고자 하는 욕망"이 "만약의 뿌리"가 아닐까 의심하게 된다. 성서는 그것을 "돈에 대한 사랑"이라고 밝히고 있음을 그는 알았지만, 돈은 단순히 어떤 목적을 위한 수단, "만약을 위한 대비책, 어떤 것들을 다시 소유할 수 있도록 하는 안전 장치, 필름이 풀리는 사태를 방지하는 수단으로"[12] 그 주요한 가치를 갖는 것이 아닐까 생각한다.

그는 곧 그린 레이디를 만나, 악의 밀사 물리학자 웨스턴과 필사의 전투를 벌이게 된다. 웨스턴의 말에 솔깃한 그린 레이디는, 그녀의 주님 메일렐딜(Maleldil)에 거역하고자 하는, 그녀의 필요를 제공해주던 떠다니는 섬들을 떠나 안정된 땅에서 즐거움을 누리고 싶은 유혹에 빠진다. 그녀는 유혹과 씨름한다. 결국 랜섬이 승리하자, 그녀는 랜섬에게 '악한 자'가 패배하는 순간 그녀 자신이 맑은 정신으로 깨어나 크게 놀랐다고 말한다. 안정된 땅에 대한 그녀의 욕망은, 자신의 삶을 스스로 통제하고자 하는, 주님에게서 벗어나고자 하는, 그분의 섭리와 사랑에만 의지해 살 때 흔히 만나는 삶의 불확실성을 피하고자 하는 욕망일 따름이었다.

그녀는, 영적인 싸움이 의심과 불확실성의 소용돌이를 헤엄쳐 나가면서 믿음을 얼마나 강하게 하는지 깨닫는다. 그러나 우리들 대다수는 궁극적인 문제들을 탁상 앞에 두고 제법 진지한 듯 숙고하기만 할 뿐, 이 싸움에는 좀체 뛰어들지 않는다. 우리는 편안한 감상주의 혹은 냉소주의로 안착한다. 영원한 문제들에 대한 무관심 아래, 우리를 도덕적인 인간으로 성장하게 할 진지한 생각과 임무를 회피하려는 그릇된 욕망이 있다.

"토론이 아니라 현학"

역설이 아닐 수 없는데, 우리는 우리의 가장 깊은 욕구를 채워주는 것을 오히려 회피하고 싶은 유혹에 시달린다. 우리의 영혼에 화농하는 근심은 궁극적인 무(無)에 대한 두려움이며, 우리를 먹어치우는 나태한 암종이다. 우리는 경구나 잠언류 따위의 처세론으로 그 검은 구멍을 가리며, 그러한 말들이 우리의 존재에 큰 보탬이 되는 듯 가장한다. 그러한 말들은 현실과 접하면 허망하게 터져버리는 비눗방울에 불과하지만, 우리는 쉽사리 현혹된다.

「악마의 편지」에서 스크류테이프는 조카 웜우드에게 현학적인 말을 사용해서 환자를 유혹하라고 이른다. 이전 세대는 '토론'을 추구했으며, 자신들이 왜 어떤 것들을 믿는지 충분히 알고 있었다. 현대의 매체 (분석적이라기보다는 일화적인)는 "양립할 수 없는 여러 철학들"을 한데 묶으라고 대중들을 부추기는데, 그래야 개념은 참이냐 거짓이냐의 문제가 아니라 "학문적이냐 실제적이냐," 구식이냐 현대적이냐, 유용하냐 특권적이냐의 문제가 된다는 것이다. "그를 교회와 차단하는 데는 토론이 아니라 겉만 번드르르한 현학이 너의 가장 중요한 협력자임을 명심하라."[13]

이 지시에 이어, 스크류테이프는 웜우드에게 "이제 그가 모든 것에 대해 막연한 생각을 갖도록" 하라고, 그리고 그가 "지옥이 제공하는 돌이킬 수 없이 명백한 사태"에 눈 떠 즐겁게 된 이후로도 영원히 그를 모호하게 하라고 가르친다.[14] 성적인 유혹으로 대상자를 타락시키라고 지시할 때 조차 스크류테이프는 웜우드에게, 정신적 혼란이 도덕적 일탈의 지름길이며, 비논리가 도덕적 기준을 와해한다는 사실을 명심하라고 강조한다. 나르니아 이야기 「은 의자」(The Silver Chair)에서 아슬란은 두 어린이 질과 유스테이스("진보주의 학교"라는 감옥에서 구출된)를 보내어 유괴된 왕자 릴리안을 구해내도록 한다.

아슬란은 질에게 임무 완수에 필요한 네 가지 신호를 잊지 말고 늘 반복하도록 세심하게 지시한다. 그 신호들은 아침마다 그리고 밤마다 가

슴 깊이 간직되어 있어야 했다. 무슨 일이 있든 아이는 신호에 따라야
했다.

이 지시는, 약속의 땅이라는 장도에 오른 이스라엘에게 말씀을 가슴
판에 새기라 하신 야훼의 말씀을 생각나게 한다.

물론 우리는 이스라엘이 얼마나 빈번히 이 지시를 어겼는지 알고 있
다. 나태에 사로잡힌 질은 아슬란의 신호를 외우는 일을 잊고, 따라서
신호 자체에 대한 기억을 중단한다. 수많은 모험에 주위가 분산된 아이
는 나태에 빠지고, 지시된 규칙들을 무시한다. 흔히, 생각하기보다는 행
동하기가 쉽고, 무엇이 옳은지 숙고하기보다는 바로 반응하기가 쉽다.
우리는 대체로 어떻게 행동해야 하는지 숙고하지 못하기 때문에 위기
대처에 실패한다. 그래서 질은 계시된 진리에 마음의 안테나를 맞추지
못했다고 루이스는 말한다.

결국 아이들은 지하실에 갇혀, 릴리안 왕자와 함께 악한 마녀의 포로
가 된다. 마녀는 그들을 거의 설득하여, 태양도 아슬란도 사실은 상상으
로만 존재하는 허구일 뿐이라고 믿게 한다. 이어서 마녀는 불 속에 녹색
가루를 던져 놓고 만돌린을 켜서, 그들의 정신을 이완시키고 수면 상태
에 빠지게 한다. 그들은 마녀의 주술에 걸려 무기력해진다.

그러나 고집 센 마쉬위글, 즉 "퍼들글럼은 끝까지 남아 싸우고 있었
다. 그는 공기가 부족해 숨을 헐떡거리는 사람처럼 말했다. '한 세계라
는 너의 말이 무슨 뜻인지 나는 잘 모른다. 손가락이 끊어지도록 그 만
돌린을 쳐보아라. 나는 결코 나르니아를 잊지 않을 것이다. 이 세계 너
머의 그 완전한 세계 또한 잊지 않을 것이다.'"[15]

그가 주술에 저항하자 마녀는 재빨리 심리적 합리화라는 방책을 들고

나온다. 마녀에 의하면, 태양과 사자에 대한 그들의 생각은 단순한 관념에 불과하다는 것이었다.

"너희들은 램프를 보았으므로, 더 크고 더 좋은 램프를 상상했으며, 그것을 태양이라고 부른 것이다. 너희들은 고양이를 보았으므로, 이제는 더 크고 더 훌륭한 고양이를 원하며, 그것을 사자라 부를 것이다. 하지만, 이는 진리를 말하기 위한 거짓 술책일 뿐이다. 어리면 어릴수록 이 술책은 더 잘 들어맞는다."[16]

퍼들글럼은 있는 힘을 다해, 그리고 용감하게 자신의 손을 불 속에 집어넣는다.[17] 그가 예상한대로 불은 고통스러웠다! 그러나 그 고통이 그의 머리를 맑게 했으며, "그는 자신이 진정으로 생각하고 있던 것이 무엇이었는지 알게 되었다."[18] 그의 살이 타는 냄새로 동료들이 깨어나고, 그들은 곧 아슬란이 맡긴 진리들을 기억하기 시작했다. 해방된 노예들처럼, 그들은 오로지 아슬란의 가르침만을 기억하며 빛을 향한 여행을 시작했다. 그들 자신이 주도적으로 나서서 마녀의 지배를 벗어나려 할 때에야 그들은 구원을 향해 움직이게 되었다. 그들은 치명적인 태만의 죄를 극복했다. 그들의 정신은 활기를 되찾았다!

교육적 태만

악마는 우리의 정신을 마비시키고자 한다는 것, 그래서 질과 유스테이스가 다녔던 것과 같은 학교들에 영원히 침투한다는 것이 루이스의 생각이었다. 흔히 '진보적인 교육'의 깃발을 내건 이 학교들에서는 학생들을 제멋대로 풀어놓고 스스럼없이 행동하도록 부추기며, 그것이 학생들의 '자아 발견' 혹은 자긍심의 고양을 가능케 하는 것인 양 가장한다. 교사들은 학생들이 좋아하는 것을 하도록 방임한다. "그리고 불행하게도 가장 덩치 큰 남녀 학생 열댓 명이 가장 좋아하는 것은 다른 아이들을 괴롭히는 일이었다."[19] 그 불량배들을 피하는 법을 배우느라, 그리고 "그 학교의 유별란 교수법 때문에, 학생들은 불어나 수학, 라틴어 따위를 별로 배우지 못했다."[20]

결과적으로, 1945년 학생들의 어휘력은 25,000 단어에 육박했지만, 1992년의 학생들은 불과 10,000 단어 수준에 그쳤다.[21] 1964년에서 1976년 사이에 교육비 지출이 세 배로 증가했다는 사실에도 불구하고, 학업수행능력, 특히 언어 수행능력은 급격히 감소했다. 대학 졸업생들조차, 버스운행 시각표나 신문 사설 등을 읽고 분석하는 시험에서 형편없는 결과를 보였다.[22]

C.S. 루이스는 교육에 관해 깊이 생각하고 빈번히 글을 썼으며, 학습의 노고와 어려움을 제거하려는 사람들을 늘 비난했다. 언제나 논리적으로 생각하도록 도전적인 질문을 던져준 은사 커크패트릭(W.T. Kirkpatrick)에 대한 그의 기억은 애정이 넘친다. .

커크 선생님은 비록 불가지론자였지만, 루이스는 언제나 그를 우호적으로 기억했다. 선생님의 부음을 접하여 쓴 편지에서, "한 인간이 다른 인간에게 빚지듯(자신은 진정으로 그에게) 지적인 영역을 빚졌다"고 그는 밝혔다. 커크 선생님 밑에서 그는, "명료하고 정직한 사고의 엄격한 추구라는 분위기"에 접했으며, "이로써 나는 살아가는 동안 더 많은 덕을 볼 것"[23]이라고 진술했을 정도로 강하게 영향을 받았다.

"그리고 대다수 사람들의 결점, 허세, 모호성 등을 보면 볼수록, 엄격하고 외로웠던 옛날의 그 인물에 감복하지 않을 수 없다. 그는 근교에 사는 현대의 철학자라기보다는, 로마의 퇴폐에 결연히 맞선 고대의 스토아 철학자에 가깝다. 실로, 우리는 그를 위대한 인간이라 부를 수 있을 것이다."[24]

일평생을 부지런히 연구하고 사고함으로써 이룩한 커크패트릭의 표현의 명확성은, 루이스의 우주 소설 삼부작 마지막 권 「그 무서운 힘」에 나오는 나이스(N.I.C.E.)의 '학자' 집단과 극적으로 대조된다. 이 사람들은 대학 학위가 있고 현학적인 용어들을 사용할 줄 알지만, 결국은 협잡꾼들에 불과하다. 단 하나의 진실한 학자 빌은 그 조직에 남기를 거부했다는 이유로 살해당한다. 사실, 나이스의 학자들은 말 그대로 기만의 안개 속에서 살고 있었으며, 그 기관의 주요 목적 가운데 하나는 선동으로 대중을 호도하는 것이었다.

나이스에는 명료해 보이는 것이 전혀 없었다. 모든 경계가 모호했고, 모든 구분이 흐렸다. 장소는 명백한 기준이 없었다. 절대적인 진리도, 지속적인 법도 없었다. 두 눈의 동공이 영원히 팽창하여 초점을 맞출 수 없는 것과 같았다. 불행히도, 젊은 마크는 나이스에 만연한 악에 대항할 준비가 되어있지 않았다. 그가 받은 교육이 그를 망쳤는데, 고전 혹은 기독교 사상에 대해서는 아는 바가 전혀 없었으므로 그럴 수밖에 없었다. 그는 단편적인 정보와 정치적으로 올바른 태도를 갖춘, 더할 데 없이 현대적인 인간이었으나, '허수아비'에 불과했다.[25]

영적인 태만
한층 더 태만한 것은 뉴에이지 세미나를 열고 자아실현, 초월명상, 요가식 마사지, 정신요법 따위를 가르치는 지도자들의 경우이다. 근본적으로 태만이란 게으른 학생들과 관련된 것이기보다는 아무런 고통 없이 영적인 성장과 완전에 이를 수 있다는 가르침 때문이다. 태만은 거룩에 이르는 손쉬운 방법을 거래한다. 이런 식의 '영성'은 일상의 어려움, 훈련, 진정으로 영적인 건강에 필요한 희생 따위는 없어도 된다고 말한다. 신성(神性)으로 직통할 수 있다는 것, 주말의 카타르시스 한 번이면 영원한 정결이 보장된다는 것, 순식간에 천상의 지복에 이를 수 있다는 것.

번창하는 교회들도 흔히 청중들의 마음을 들뜨게 하는 메시지들을 좀 많이 선포하는 편이다. 데이비드 프럼(David Frum)은 최근의 미국을 평가하며, 복음주의와 오순절 계통의 교회들이 번성했다고 언급했다. 그러나 그들의 성공에서 그는 "엄격의 윤리에서 용서의 윤리로의 전환"을 본다. 그들은 좀더 쉽고 빨리 천국에 이르는 길을 찾았다.

"그들은 신앙의 단맛을 추구했지만, 신앙의 훈련은 거부했다. 어려움에 빠져 신앙의 도움을 원했지만, 어려움에 빠지지 않게 할 신앙의 견고함은 원하지 않았다. 신앙의 도취를 기대했지만, 신앙의 윤리는 거부했다. 구원은 요구했지만, 저 유구하고 엄격한 옳고 그름의 이분법은 거부했다."[26]

마샤 위튼(Marsha G. Witten)이 자신의 연구 '모든 것이 용서된다. 미국 개신교의 세속적 메시지"(*All Is Foreigven. The Secular Message in American Protestantism*)에서 주장한 바도 그렇다. '복음'은 다른 것이 아니라 교회가 "1990년대에 사람들의 필요에 부응할" 준비가 되어 있다는 것이라고 그녀는 말한다.[27] 위튼은 여러 편의 설교를 연구하고, 우리 세속 사회와의 근본적인 타협이 현격히 드러나 있음을 발견했다. 하나님은 더 이상 거룩하고 절대적인 존재로 보이지 않는다. 단순히 "아빠, 고난받는 자, 사랑하는 자" 따위로 그려지며, 우리의 안녕에 '적극적으로' 기여하는 자로 찬양 받는다. 그는 우리의 영혼을 위로하는 치료사일 뿐이다.

따라서, 하나님은 이제 우리가 잘못 나갈 때 마음 아파하는 '아빠' 로 호명된다. 그는 우리의 고통을 느끼고 동정한다. 그가 우리의 죄로 인해 정말로 분노할 수 있다는 사실은 더 이상 현대 설교자들의 안중에 없는 듯 하다. 그가 우리를 무조건적으로 사랑하며, 우리의 죄로 인해 슬퍼하되 결코 분노하지는 않음을 우리는 확신해도 좋다. 그는 우리를 "공과에 상관없이, 똑같은 방식으로, 자유롭고 공평하게 사랑한다."[28]

하나님은 회개하지 않는 죄인을 벌하시는 '심판자' 이기도 하다는 설교가 없는 것은 아니다. 그러나 대부분의 강단에서 "초월적이고 엄위하시며 두려운, 루터와 칼빈의 하나님"은 결정적으로 사라져가고 있다.[29] 주로 '내적이고 이해심 많다' 는 측면으로만 관계되는 오늘날의 하나님은 바야흐로 심리학 시대 앞에서 호의적인 웃음을 보인다.[30]

각 사람은 본래 선함을 타고났으며 하나님의 형상대로 창조되었으므로, 태초부터 계획된 자유와 기쁨을 누리기 위해서는 율법주의로부터 해방되어야 한다는 것이 현대 설교자들의 주장이다. 물론 우리의 참된 자아를 찾기 위해서는 하나님의 도우심이 필요하지만, 그렇다 해서 하나님의 구속자보다 조력자의 측면이 더 강조될 수는 없다.

"회개는 죄의 본성과 치열하게 싸우는 모습으로는 거의 그려지지 않으며, 하나님과 개인 상호간의 친밀한 관계의 회복이라는 심리학적 재조정의 측면에서만 대체로 강조된다"라는 것이 위튼의 결론이다.[31]

통탄스럽게도, 이러한 태도가 '싸구려 은혜' 를 양산하고, 네 십자가를 들고 그분을 따르라는 예수의 부르심을 타락시킨다. 기억하자. "게으른 자의 정욕이 그를 죽이나니 이는 그 손으로 일하기를 싫어함이니라"(잠 21:25).

7. 탐욕

이 견디기 어려운 소유욕

안내자는 말했다.
"안전은 인간의 가장 큰
적임을 너희는 모두 안다."[1]

바울의 잊기 어려운 탄식 가운데 하나는, 한때의 친구요 같이 그리스도를 따르던 동료 데마에 관한 것이다. "데마는 이 세상을 사랑하여 나를 버리고" 데살로니가로 갔다(딤후 4:10). 세상과 그 안락에 대한 데마의 사랑은 일곱 번째 치명적인 죄악, 탐욕을 보여준다. 탐욕은 재물에 대한 욕심 그리고 다른 사람에 대한 재물의 지배력을 금하는 열 번째 계명이 정죄하는 죄이다.

물질에 대한 사랑은 사람에 대한 사랑을 쉽사리 배제한다. 그래서 탐욕은 박테리아처럼 돌아다니며 악한 모든 것을 전염시킨다. 사랑은 선한 모든 것을 퍼트리는 방향제이다.

탐욕에 해당하는 히브리어는, 자신의 만족을 위해 뭔가를 "욕망하고, 바라고, 갈망한다"는 뜻이다. 탐욕은, 스스로 단단히 동의(작정)하고서 목적 달성의 과정을 시작해야 하는, 그런 만큼 대단히 강한 말이다.

그 과정은 어떤 계획에 대한 동의로부터 시작된다. 라틴어 아바리치아(*avaritia*)는 욕심을 뜻하며, 이를 간단히 설명하는 라틴 어구는 리비도 도미난디(*libido dominandi*)로서, 권력 의지, 자신의 것이 아닌 물건을 지배하고 사용하려는 욕구를 말한다. 탐욕은 배신한 카우보이처럼 소유주가 누구냐에 상관없이 눈에 띄는 모든 소에 낙인을 찍으려 한다.

토마스 아퀴나스가 썼듯, "다른 사람의 재산을 훔쳐 계속 소유함으로써 부당하게 돈을 획득하고" 가질 권리가 없는 것을 불의하게 얻을 때, 탐욕은 명백하다. 그러나 부를 터무니없이 갈망하는 마음 또한 탐욕에 든다고 아퀴나스는 말했다. "훔치려는 마음이 없다 해도, 너무 많은 부를, 부를 통해 과도한 쾌락을 얻고자" 마음이, 양방향에서 타들어 가는 초처럼 불붙듯 할 때 탐욕은 드러난다.[2]

탐욕은 일시적인 꿈이나 생각만으로 그치지 않고, 우리가 바라는 것을 얻기 위해 비록 마음으로일지라도 구체적인 단계를 밟아간다. 호색이 그렇듯, 생각 속에서 번진 욕구를 실현하기로 작정하는 것 역시 탐욕이다.

"욕심"은 집이나 땅과 관련된 것일 뿐이라고 우리는 흔히 생각하지만, 그것은 우리 삶의 모든 부분, 부의 축적은 물론이려니와 사람과 조직에 대한 지배력과 특히 더 관련된다. 탐욕은 우리의 영혼을 위협하는 치명적인 죄악이며, 조지 맥도날드의 언급도 탐욕의 위험성을 적시한다. "우리를 죽이는 것이 물질일진대, 그것을 소유했느냐 안 했느냐가 무슨 상관이란 말인가?"[3]

그 무거운 것을 지니고

「거대한 결별」에서 루이스는 탐욕이 얼마나 치명적인지 보여준다. 지옥에서 소풍을 나온 '유령들' 가운데 '중절모를 쓴' 아이키(Ikey)라는 자가 있다. 아이키는 황금사과가 열린 나무를 발견한다. 상상해 보라, 순금으로 된 사과라니! 아이키는 갖은 장애를 극복하고서, 나무 아래 그 늘로 다가갔다. 일순 돌풍이 일었고 사과 열매 몇 개가 떨어지며 그에게 부상을 입혔다. "그러나 그는 곧 다시 일에 열중했다. 그는 미친 듯이 사과를 주워 제 주머니에 넣으려 했다. 물론 쓸데없는 일이었다."[4]

사과는 너무 무거웠고, 유령인 그는 허깨비에 불과한지라 많은 것을 지닐 수가 없었다. 주머니에 가득 채우는 일이 불가능해지자, 그는 사과 두 개를 집어들고자 했지만 그마저 실패한다. 그래도 여전히 애쓰며 그 중 큰 사과 하나를 들어보려 했지만 역시 무리였다. 마침내 그는 눈에 보이는 가장 작은 사과 하나를 간신히 주워들고, 그 무게와 싸우며, 발걸음을 떼 "버스에 이르기까지 자신의 비아 돌로로사(고난의 길)를 간다. 그 무거운 것을 지니고."[5]

루이스가 아이키의 (그리고 우리의) 탐욕을 얼마나 적절하게 묘사하는지 보라. "그 무거운 것을 지니고"라니! 이어서 한 "위대한 음성"이 아이키에게 그의 황금 수집물을 포기하라고 명령한다. "우레와 같았지만 부드러운 음성"이 근처의 폭포에서 들려왔다. 황금 사과를 내려놓고, 돌아서서 낙원의 진짜 사과를 즐거이 취하라는 천사의 부름을 무시한 아이키는, 노획물의 무게로 발을 질질 끌며 지옥으로 가서 금붙이를 상상해 보아야 허사일 뿐인 그 지옥으로 돌아가고자 애쓴다.

죽음의 물

루이스는 「새벽 출정호의 항해」(*The Voyage of "The Dawn Treader*)에서도 비슷한 이야기를 한다. 모험에 나선 일행은 나르니아의 사라진 "일곱 영주들"을 찾고 있었다. 어떤 섬을 수색한 그들은 "깊고 작은 산지 호수"를 발견한다. 호수 앞에는 나르니아 물건이 몇 점, 투구 하나와 동전들이 떨어져 있었다. 그리고 일행은 호수 바닥에 "분명히 금으로 된 실물 크기의 인간 상" 하나가 가라앉아 있는 것을 본다.[6]

생쥐 리피칩은 일행이 물 속으로 뛰어들어 바닥의 인간 상을 건져내야 한다고 주장한다. 그러나 에드먼드는 먼저 창으로 수심을 조사해보기로 결정한다. 그가 창을 꺼내들자, 그것은 손에서 미끄러져 물 속에 잠겨버리고 만다. 이어서 그는 자신의 장화 끝을 본다. 장화 코는 물에 닿는 순간 이미 금으로 바뀌었던 것이다. 일행은 물이 마술을 부린다는 사실을, 그래서 실종된 이 영주도 사람을 금으로 바꾸어버리는 호수의 치명적인 능력을 예상하지 못한 채, 갑옷을 벗어놓고 물 속으로 뛰어들었던 것임을 알게 된다.

탐험대의 지도자 카스피안은 그 섬을 나르니아의 것으로 선언하고, '황금 물의 섬'이라 명명한다. 그는 그토록 무한정한 재물이 가져다 줄 권력을 생각하고는 일행 모두에게 비밀을 지키라고 다짐을 놓는다. 그러나 카스피안의 말이 떨어지기 무섭게, 일행은 사분오열하고, 애드먼드와 카스피안은 서로 칼을 맞대는 상황까지 간다. 바로 그 순간, 일행은 "이제껏 인간이 본 가장 거대한 사자"를 목격한다.[7] 사자는 한 마디도 하지 않았으나, 일행은 그 모습을 보고 제정신으로 돌아온다. 리피칩은 정중한 태도로, 그 장소를 두고 저주를 선언한다. 말하자면 그는 이렇게 선언했다. "제게 이 섬의 이름을 짓는 영예가 허락된다면, 감히 죽음의 물리라 이름하겠나이다."[8]

황금의 물이 아니라 죽음의 물이었다! 탐욕이 불러오는 차이는 이와 같다! 탐욕은 지상의 생명력 넘치는 선한 것을 죽음의 무덤으로 바꾼다.

시대정신의 점유자

오늘날의 세계는 당당한 '소비자' 문화를 기리며, 「순례자의 귀환」에 나오는 '영리한 자들'과 같이 사치스러운 속물들의 말을 따른다. 영리한 자들과 마찬가지로 우리의 이웃도 맘몬(배금주의)의 노예가 되어 있다.

맘몬은 "시대정신의 점유자이며, 우리의 적을 직접 거느리고 있다."[9] 그 적은 루이스의 「악마의 편지」에서 당당하게 드러난다. 스크류테이프는 조카 웜우드에게, "천국에서나 지옥에서나" 하찮게 여기는 것이지만 지상의 속인들은 심각하게 여기는 환자의 '소유의식'을 부추기라고 가르친다.[10]

내 옷에서 내 부모, 내 나라에 이르기까지 모든 것을 이 "내"라는 소유의식에 가두어버리면 우리는 인색하게 된다. 이 점은 아리스토텔레스가 방탕과 인색을 구분하면서 분명히 밝힌 바 있다. 방탕한 자들은 육신의 쾌락을 위해 허비하려고 부를 탐한다. 인색한 자들은 스스로는 결코 사용하지 않는 그 부를 획득한다는 사실 자체에서 즐거움을 누린다. 훌륭한 사람은 금전적으로 자유롭다고, 그러니까 합당한 때에 합당한 사람에게 합당한 액수를 내놓는다고 아리스토텔레스는 가르쳤다.

아리스토텔레스도, 그의 신실한 해석자 토마스 아퀴나스도 금전에 대한 건전한 욕망 혹은 금전의 적법한 취득을 비난하지 않았다. 예컨대,

가정을 이루는 한 장소로서 집을 욕망하는 것은 건전하다. 우리들 대다수가 그렇듯, 가족은 지상에서 가장 중요한 사회이며, 우리는 그 가족을 위한 안전한 장소를 필요로 한다. 토마스 아퀴나스가 주장한 바대로, "각자 삶의 조건에 맞추어 사는 데 필요하다면, 일정한 기준에 따라 외적인 부의 소유"를 추구하는 것은 좋은 일이다.[11]

루이스는 자서전 「예기치 못한 기쁨」(Surprised by Joy)에서, 변호사로서 부유했던 아버지가 벨파스트 근교에 지은 그 크고 넓은 집을 자신이 얼마나 사랑했는지 표현한다. "우리가 몇 년을 두고 '새 집' 이라 부른 그 집은 우리 부모님의 기준으로 보더라도 컸다. 아이의 눈에야 집이라기보다는 도시에 가까웠다." 그 집은, 뭔가 그의 아버지처럼, 구조적으로 결함이 있었지만, "어느 것도... 아이에게는 문제가 되지 않았다. 내게는, '새 집으로' 이주함으로써 내 삶의 배경이 더 커진다는 사실만이 중요했다. 새 집은 내 이야기의 중요한 특징이다."[12]

루이스처럼 우리도 잘 살기 위한 집이 필요하다. 집 없는 사람들은 고통스럽다. 스스로 원해서 집 없는 사람이 되었다 해도, 집이 없다는 것 자체는 잘못이다. 우리는 우리의 집을 안전하게 지킬 권리가 있다.

건강한 분재 나무가 그렇듯, 좋은 삶은 가정이라는 토양에 영구히 뿌리 내린다. 제임스 오티스(James Otis)의 주장에 따르면, "한 인간의 집은 그의 성이다. 평상시에 그는 자신의 성의 한 군주로 보호를 받는다." 그래서 사람들은 이 소중한 집을 지키고자 거의 전쟁이라도 치르듯 필사적이다. 집이라는 구조물 자체는 가정이 아니지만, 집 없이 가정을 유지하기는 어렵다. 우리는 물질로 된 피조물이고, 따라서 들어가 살 물질적 구조물이 필요하다. 우리가 집을 짓고 꾸며, 지키고 보존하고 싶어하는 것은 당연하다.

아내와 나는 우리의 분수에 넘치지 않는 샌디에이고의 한 연립주택에 산다. 아내는 몇 년에 걸쳐 도배와 칠과 장식을 다시 하며, 이 집을 구석구석 자신의 서명이 들어간 '가정'으로 만들었다. 그것은 우리의 집이고, 우리는 그 집으로 인해 주님께 감사한다.

집의 소유와 관련하여 잘못된 점은 그것이 "절대적으로 내 것"이라는 전제이다. 탐욕의 중심에는 우리가 물질을 영원히 소유할 수 있다는 전제가 있다. 우리는 지상의 물질을 하나님께서 주신 선물로 받아들여 지혜롭게 사용하기보다는, 그저 움켜쥐고, 모으고, 쌓기만 하려 한다.

온전한 인간성의 단절

「새벽 출정호의 향해」에서, 유스테이스 스크럽은 여행 내내 거의 모든 것에 대해 투덜거린다. 그 아이는 말 안 듣는 아홉 살이었다. 탐험대 일행이 용의 섬 해변에 좌초하게 되자, 유스테이스는 일을 하지 않으려고 슬며시 빠져나간다. 그렇게 사라진 아이는 우연히 용의 동굴로 들어가게 되고, 거기서 보물 더미를 발견한다.[13] "왕관... 반지, 팔찌, 금괴, 잔, 쟁반, 보석 같은 것들이 있었다."[14]

그 보물로 왕처럼 으리으리하게 살 생각을 한 아이는 그것들을 가져갈 궁리를 한다. "얼마나 많이 가져갈 수 있을까? 다이이몬드가 박힌 것 같은 저 팔찌는 손목에 차면 되겠는데. 너무 크지만 팔꿈치까지 올려 끼면 맞을 거야."[15] 그리고 나서 아이는 기나긴 잠에 빠지고, 잠은 용의 생각으로 가득 차게 된다. 아이가 깨어났을 때 그는 이미 용으로 변해 있었다.

아이는 팔이 아팠다. 용의 다리는 아이의 팔보다 훨씬 컸으므로, 잠들기 전에 낀 팔지, 그 소중한 '보물'이 팔을 압박하여 피의 흐름을 방해하고 있었다. 아이는 자신이 한 인간으로서의 참된 정체성을 상실했음도 알았다. 돈을 사랑하면 인간답게 살 능력을 상실하는 것이다.

나중에 아이는 아슬란의 도움을 받아 괴물 상태에서 벗어난다. 용이 된 아이의 피부는 아슬란의 발톱에 의해 고통스럽게 벗겨진다. 지혈 작용을 하는 호숫물이 아이의 상처를 낫게 한다. 보물에 대한 욕심으로 생긴 팔의 통증도, 아슬란이 아이를 물 속으로 던져 넣는 순간 사라진다. 어느 정도 지나, 아이는 아슬란이 옷을 입히고 마법의 물로 다시 태어난, 어린 소년으로 돌아온다. 아이는 용의 '보물' 중 단 한 점도 계곡 밖으로 가지고 나오지 못했지만, 더 좋은 아이가 되어 있었다.

안전 대피소

C.S. 루이스의 견해에 따르면, 우리는 주로 안전 대피소를 세우려 하기 때문에 탐욕에 굴복한다. 우리는 의존 상태, 특히 하나님에게 의지하는 상태에서 벗어나 살고 싶어한다.

이 주제는 「페리란드라」(Perelandra) 전반에 걸쳐 되풀이된다. 그린 레이디가 직면한 유혹은, 피조물의 상태를 인정하지 않아도 되는 "안정된 땅"의 추구라는 점에서 그렇다. 랜섬은 그 신세계를 숙고해 보면서 인생의 으뜸가는 원리 하나를 이해한다. "돈에 대한 사랑은 만악의 뿌리"이지만, 역경과 불행을 피하고자 하는 안전에 대한 욕망은 돈의 유혹이 얼마나 지독한 지 보여준다.

시각을 달리해, 「인간폐기」(The Abolition of Man)에서 루이스는,

교외에 살며 중산층쯤이나 되는 사람들이, 심지어는 2차 대전의 와중에서도, 영원한 진리보다는 안락과 안전을 만끽했다고 언급했다. "사람은 빵장수가 배달하는 빵으로만 산다. 평화가 명예보다 훨씬 중요하며, 지휘관 장교들을 비웃고 신문이나 읽으면서도 유지될 수 있다."[16]

우리들 대다수는 끊임없이 일함으로써 그러한 안전을 추구한다. 분명히 우리는 일할 필요가 있다. 그것은 인간 됨의 한 부분이다. 그리고 자신에게 가장 잘 맞는 일, 가장 좋은 직업을 찾으려는 노력은 훌륭하다.

열심히 일하고 더 좋은 일을 찾음으로써 스스로를 향상시키는 것은 훌륭하다. 우리의 직업을 잘 수행하고 진보를 이루겠다는 바람은 탐욕이 아니다. 그러나 우리의 일은 흔히 경쟁적으로 변하고, 남들을 능가하고자 한다. 우리는 다른 사람의 지위와 권위를 빼앗기 위해 술수를 부릴 수도 있다. 우리는 루이스가 "핵심 일원"이라 부른, 어떤 조직을 움직이는 권력있는 사람들의 집단에 들어가고자 무슨 일이든 하겠다는 유혹에 빠진다. 루이스는 말했다.

> 우리가 먼저 핵심 일원에 대한 욕망을 깨뜨리지 않으면 그 욕망이 우리의 심장을 찌른다. 그러나 우리가 그 욕망을 깨뜨리면, 놀라운 결과가 뒤따른다. 일하는 시간에 일 자체를 우리의 목적으로 삼으면, 우리는 곧 우리 스스로가 우리 작업에서 진정으로 중요한 단 하나의 집단 내에 속해 있음을 알게 될 것이다. 그리고 우리는 건전한 장인들 중 한 일원이 될 것이며, 다른 건전한 장인들도 그 점을 알 것이다.[17]

나는 지금까지 대학 교수로 살았다. 내 일에 최선을 다 하고, 내 지위를 높이고 싶다는 바람은 좋다. 나는 전임에서 조교수, 부교수로 그리고 마침내는 정교수로 지위를 높였으며 그에 준하는 보수도 받게 되었다. 그러나 학과장이라는 지위가 나보다 더 영향력과 지위가 높아서 내가 단순히 보수와 명성을 높이겠다는 목적으로 그 자리를 원한다면, 나는 탐욕스러운 것이다. 내가 학장을 밀어내고 그 자리에 앉고 싶어한다면, 나는 탐욕스러운 것이다.

바울이 증거한 바와 같이, 나는 어떠한 형편에든지 자족하기를 배웠다(빌4:11). 번영에 대한 우리의 욕망은 제한되어야 한다. 그 욕망이 우리 마음에 세상의 식민지를 세우기 때문이다. 번영하고 유명해지고 영향력있는 사람이 될 수 있다는 이 욕망의 식민지에 길들여지면, 우리는 세상이 고향처럼 여겨져서 정작 우리의 영원한 고향은 잊고 만다.

그럼에도 많은 사람들이, 소유물이 빠듯하다는 이유로 고통스러워하며 살아간다. "우리는 하나님을 신뢰한다"(미국 동전에 새겨진 글자—역자주)라는 글씨가 새겨진 동전을 수집할 줄만 알았지, 그 글씨의 진정한 뜻, 말하자면 돈이 아니라 하나님만이 우리 신뢰의 대상이라는 그 참된 의미에 대해서는 거의 되새겨보지 않는다. 오히려 우리는 모호한 목표를 추구한다. '재정적 성공', '경제적 안정', '좋은 삶', '완전한 소유'. 그러나 이 모든 것은 듣기 좋게 표현한 탐욕에 불과하다. 이른바 아메리칸 드림을 꿈꾸는 우리 대다수는, 저 유명한 성경 말씀을 변조한 마크 트웨인을 이의 없이 추종한다. "돈을 사랑함이 만악의 뿌리가 아니다. 돈이 없는 것이 만악의 뿌리이다." 그리고 「개정된 신조」(*Revised Catechism*)에서는 한층 더 심한 말을 한다. "인간의 주요 목적은 무엇인가? 부자가 되는 것이다. 어떻게? 가능하면 부정직하게, 꼭 필요한 경우에만 정직하게. 유일하게 참된 하나님은 누구인가? 돈이 하나님이다. 금, 지폐, 증권이 성부, 성자, 성신, 삼위일체이다. 이들이 유일하고 참된 하나님, 전능한 최고의 신이다."[18]

돈은, 거대한 전기자석과도 같이, 우리 마음에 박힌 금속 파편들을 끌어당긴다. 돈의 자력이 얼마나 강한지는 다음의 시쳇말들이 보여준다. "내일은 내일 돈으로," 돈이 그날에 의미를 부여한다. "돈 내는 대로 받는다", 재화와 서비스의 가치는 돈으로 환산된다. "돈이 최고", 돈이면 안 되는 게 없다. "돈이 말해준다", 우리들 대부분은 리차드 아머의 말에 동의한다. 그는 이렇게 말했다. "돈이 말해준다는 사실을 나는 부정하지 않을 것이다. 나는 언젠가 돈이 말하는 것을 들었다. 안녕!"

우리의 영웅들은 돈을 많이 번다. 운동해서 돈벌고, 웃겨서 돈벌고, 권투선수들은 몇 분간 두들겨 패서 돈벌고, 두들겨 맞아서까지 돈번다. 우리는 한 인간의 가치가 부로 결정되는 세상에서 살아, 거의 절대에 가까운 돈의 중요성을 쉽게 인정한다.

그러나 성경을 읽어보자. 거의 변하지 않는 것들이 있다. 욕심, 탐욕은 영원히 우리의 신으로 남아있다. 탐식가들은 너무 많이 먹지만, 먹어치우는 데도 한계가 있는 법이다. 그러나 우리가 은행에 쌓아두는 돈은 한계가 없다. 그래서 돈은 무한정으로 욕망된다. 조금 더 조금 더 하다가 완전히 빠져들고 만다. 우리는 돈이 조금만 더 있으면 고대하던 바 행복을 붙잡을 수 있으리라는 생각에 속는다.

돈을 사랑함이 우리를 하나님과 갈라놓는다. 그분을 우리 사랑의 중심에서 밀어낸다. 하나님이 아니라 우리가 행복을 얻지 못한다. 참된 행복이란 우리가 그분과 올바른 관계를 맺을 때에만 오기 때문이다. 돈은 우리를 망치는데, 돈이 본래적으로 악해서가 아니라 "하나님을 섬김"이라는 우리 삶의 참된 소망을 저버리게 하기 때문이다. 그래서 돈은 우리의 거룩함을 위협한다고 C.S. 루이스는 생각했다. 탐욕과 거룩은 한 이불을 덮고 잘 수 없다. 인색한 자는 성도가 아니고, 성도는 인색하지 않다. 바로 그렇기 때문에 탐욕, 욕심은 치명적인 죄악이다.

"탐내지 말지니라"(출20:17).

제2부

일곱가지
도덕

분별
정의
용기
절제
믿음
소망
사랑

8. 분별

"지적인 태만자들은 출입금지"

하나님은 게으름뱅이들을 좋아하지 않지만
지적인 게으름뱅이들은 더더욱 좋아하지 않는다.[1]

내 사무실 안쪽에 포스터가 한 장 붙어있다. 포스터의 인물은 저 유명한 수우족 추장 '앉아있는 황소,' 나의 영웅 중 한 사람이다. 다음의 선언이 그의 얼굴을 가로지른다. "우리 함께 머리를 맞대어, 우리 아이들을 위해 어떤 미래를 만들어낼 것인가 생각하자." 그는 한 세기 전에 이미, 우리 시대의 위대한 기독교 사상가 중 하나라 할 수 있는 라비 제커라이어가 주장하는 바, "어느 문명이든 궁극적인 시험대는 아이들을 어떻게 하느냐에 달려 있다"[2]는 점을 깨닫고 있었다.

지난 수십 년 간 우리가 우리 아이들을 형편없이 만들어 놓았다는 사실은 이제 우려의 수준을 넘어선다. 너무나 많은 우리 아이들의 빗나간 행동에서 이 점은 충분히 증명된다. 학생들의 무서운 폭력 행위는 이제 모종의 야만스러움이 아이들마저 삼키고 있다. 이러한 문제 행동의 심부에는 경제적 빈곤, 혹은 형편없는 학교들이 아닌 근본적인 원인이 놓여 있다고 윌리엄 바넷은 말한다. "옳고 그름을 가르쳐주는 따뜻하고 유능하며 책임감 있는 어른들 없이" 자란 아이들에게서 도덕적 빈곤이 발생한다.[3] 미국의 빈곤은, 훨씬 더 가난해 보이는 '길거리 사람들'의 삶에 있지 않다. 오히려 아이가 열쇠를 가지고 다니는 먹고 살만한 맞벌이 가정에 있다.

그러므로 우리는 바른 길을 찾아야 한다. 우리는 아이들에게 어떻게 살아야 하는지 가르치기 위해, 옳고 그름이 무엇인지 알아야 한다. 우리는 도덕적 결단 앞에서 대체로 '양심'에 호소한다. 그러나 양심은 무엇인가? 기본적으로 그것은 옳은 것을 하려는 내적 충동과 옳다고 생각하는 것에 대한 인식의 혼합이다. 우선, 우리는 언제나 양심에 따라 옳은 일을 하려고 노력해야 한다. 그러나 또한, 실제로 옳은 것을 정확히 구분해야 한다. 따라서 우리는 올바로 생각하고 헤아리는 법을 배워야 한다.

올바른 이성 : 판단력

「사자와 마녀의 옷장」 앞부분에서 수잔은, 루시가 옷장을 통해 들어가 봤다는 신비한 나라의 이야기를 의심한다. 대학을 소유한 그 교수는 수잔의 의심에 응대하여, 생각을 깊이 해보라고 한다.

어느 경우에도 대단히 정직했던 사람을 두고, 그 사람이 거짓말을 한다고 비난하는 것은 "심각하게 생각해 볼 문제, 정말로 심각하게 생각해 볼 문제"라고 그는 말한다.[4] 루시가 혹시 미친 것이 아닐까 하고 수잔이 의심하자, 교수는 상대방의 얼굴만 보기만 해도 미쳤는지 안 미쳤는지 알 수 있다고 반박한다. 수잔은 교수의 확신을 의심한다. 어른의 말조차 믿지 못하는 것이다.

"논리!" 교수는 혼잣말하듯 중얼거렸다. "요즘 학교는 왜 아이들에게 논리를 가르치지 않나? 가능성은 세 가지밖에 없다. 루시는 지금 거짓말을 하고 있거나, 미쳤거나, 진실을 말하고 있다. 너는 루시가 거짓말을 하지 않는다는 것을 안다. 그리고 루시는 지금 미치지도 않았다. 그렇다면, 다른 증거가 없는 한 우리는 루시가 진실을 말하고 있다고 가정해야 한다."[5]

논리! 올바른 이성! 증거를 중시하고 진실에 따라 행동함! 그것이 도덕적 행위를 이끈다고 루이스는 생각했다.

「순례자의 귀환」에서 루이스는, 여러 길을 거치고야 올바른 길 위에 올라선 젊은 주인공 존을 그린다. 이야기 앞부분에서 존은 '미스터 계몽주의'에 의해 구금 당해 '블랙 홀'이라는 곳에 앉아 있게 된다. 주변에는 '앵무새 증상'에 시달리는 다른 죄수들이 있다. 뭔가 번쩍 하는 순간, 그는 자신을 구금한 그 간수의 말이 '난센스'에 불과함을 깨닫는다.[6] 간수는 사실상, 소의 분비물은, 우리가 일단 그렇게 보기로 결정하면, 우유든 똥이든 다를 바 없다고 주장하고 있었다. 간수의 억지에 분노한 존은 이의를 제기한다. "자연이 찌꺼기로 버리는 것과 음식으로 보관하는 것도 구분하지 못하는 당신은 거짓말쟁이인가 아니면 바보일 뿐인가?"[7]

우리는 세계에 대한 우리의 관념을 '투사하고' 우리의 의도에 맞게 만들어 낸다고 하는 사람들에게, 루이스는 언제나, 세계는 있는 그대로의 세계이지 우리의 생각으로 바라는 세계는 아니라고 반박했다. 결과적으로 존은 이성의 힘으로 풀려나게 될 것이다. 이성은 진리를 파악하게 하고, 우리의 사고는 문화적 제약에 갇히거나 전래적인 편견에 사로잡힐 수 없음을 깨닫게 하는 하나님이 주신 선물이다. 여행 내내 존에게 필요했던 것은, 올바른 행동을 처방하는 실제적인 지혜, 즉 분별이었다.

이 지혜는 흔히 '이성'이라 불려온 것, 아리스토텔레스와 토마스 아퀴나스가 합리적 정신(rational soul)이라 부른 것이다. 루이스는 초서의 교구 목사의 말을 인용한다. "하나님은 이성을, 이성은 감각을, 감각은 인간의 몸을 지배할 것이다."[8] "하나님의 직접적인 행위로" 창조된 이 합리적 정신은 두 가지 방식으로 거룩한 진리들을 분간할 수 있다. 그 두 가지란 인텔렉투스(intellectus, 지성)와 라치오(ratio, 이성)이다. 루이스에 따르면, "인텔렉투스(intellectus)는 인간에게 있는 천사적 지식에 가장 근접한 지식," 말하자면 진리를 즉각적이고 직관적으로 파악하는 능력이다. 반면, 라치오(ratio)는 어떤 진리에서 또 하나의 진리를 추론하는 과정이다. 성공회 신학자 리차드 후커는, "이성은 인간 의지의 감독자이며, 행위의 측면에서 어떤 것이 좋은지 발견한다"로 말했다.[9] 그러므로 감정이 아니라 이성이 도덕적 행위를 이끌어야 한다.

루이스가 언급하듯, "18세기 이전의 거의 모든 모랄리스트들은 이성을 도덕성을 파악하는 기관으로 여겼다."[10] 이것은 "그들 거의 모두가 근본적인 도덕적 원리들은 지적으로 파악될 수 있다고 믿었기" 때문이었다.[11]

"의무를 안다는 것은 ―진리를 인식한다는 것이라는― 심성이 훌륭해서가 아니라 지적인 존재이므로 믿음은 고대에 뿌리를 두고 있었다." 플라톤, 아리스토텔레스, 스토아 철학자들, 바울 모두는 올바른 이성을 올바른 행위의 안내자로 기렸다. 이방인들에게도 '마음에 새긴' (율)법이 있다는 바울의 언급에서 우리는 스토아 철학의 자연법 개념을 읽어낼 수 있으며, "그것은 수세기 동안 그와 같은 식으로 이해될 것이다." 그리고 '마음'이라는 단어 역시 단순히 감정적 연관성만 갖는 것은 아닐 것이다. "바울이 '카르디아'라는 말로 표현한 히브리어 단어는 거의 '정신'(mind)이라는 뜻에 더 가깝다고 할 수 있다. 그리고 라틴어에서, 코르다투스(cordatus, 심성)한 사람은 감정적인 사람이 아니라 사려분별이 있는 사람이다."[12] 이성이 없이는 도덕성을 상실한다.[13] 예를 들어, "우리가 '정말로' 따위의 단어들을 앞세워 표현하는 어떤 확신의 느낌이, 우리 마음 너머의 실재에 대한 참된 통찰이 아니라 우리 마음의 단순한 느낌에 불과하다면, 그러니까 단순히 우리 마음이 작동하는 방식을 표현하는 것이라면, 그것은 결코 지식이라 할 수 없다."[14] 그렇다면 우리는 도덕적 지침이 없는 상태가 될 것이다. 루이스는 다음과 같이 주장했다.

"다른 모든 사람들이 의지하는 주요한 도덕적 원리들은 이성으로 인식된다. 내 행복을 위해 내 이웃의 행복이 희생될 이유가 없음을 우리는 '그냥 안다.' 동일한 현상에 똑같이 적용되는 것들은 서로 같은 것임을 '그냥 아는' 것과 같다."[15] "우리가 어떤 사람에게 올바른 행위를 하도록 환기하려 할 때 '이성적으로 행동하라'고 말하는 것은, 모든 도덕성이 이처럼 자명한 원리에 입각해 있기 때문이다."[16]

분별의 덕

우리가 이성적이 되면, 진리를 보고 올바로 행동할 수 있는 능력, 즉 분별력을 갖게 된다. 아리스토텔레스의 정의, 렉타 라치오 아기빌리움(recta ratio agibilium, 단련된), '수행된 올바른 이성'은 분별의 본질을 예리하게 밝혀낸다. 행동할 준비를 지적으로 하는 것이다. 우리가 정확히 어떻게 행동해야 하는지 망설인다면, '덕의 전통'이 합리적인 답을 보여준다. 보눔 호미니스 에스트 세쿤둠 라치오넴 에세(*Bonum hominis est secundum rationem esse*, 인간의 선은 이성에 다음가는 자리다), 혹은 "인간의 선은 인성에 일치해야 한다." 바르게 판단하고, 실재의 구조를 이해하며, 그 이해에 따라 사는 것이 올바로 사는 것이다. 어거스틴이 말한 대로, "분별은 추구해야 할 것과 피해야 할 것에 대한 지식이다."[17]

분별은 뛰어난 덕이다. 그것이 없다면, 선함의 근본이 되는 진리를 알지 못한다면 윤리적인 노력은 꺾이고 만다. 토마스 아퀴나스가 세운 지(知)의 구조는 이렇게 말한다. "존재는 진리에 선행하고, 진리는 선에 선행한다."[18] 선을 행하려면, 우리는 먼저 진리를 보아야 하고, 선한 것이 무엇인지 알아야 한다. 그러므로 "분별은 정의의, 견인의, 절제의 '척도'이다.'[19] 분별력 있는 사람은, 참된 모든 것에 드러나는 하나님의 진리에 겸손히 마음을 연다.

'덕의 전통'은 여러 가지 면에서, 아리스토텔레스에 의해 결정적으로 출발했다. 그는 인간의 본성에 덕의 전통이 뿌리 박혀 있다고 믿었다. 그가 '분별'이라 부른 것은 실천적인 지혜, "인간에게 좋은 것들 혹은 나쁜 것들과 관련하여" 우리가 어떻게 우리의 참된 본성에 따라 행동해야 하는지 가르쳐주는 지식이다.[20] 올바로 행동하려면, 우리는 작정해야, 무엇이 선한지 이해하기로 작정해야 한다. 도덕적으로 선한 사람들은 분별력이 있는데, 그것은 그들이 어떻게 하면 선하게 되는지 알기 때문이다. 아리스토텔레스는 말했다. "이러한 삶은 인간이 도달하기에는 너무나 높을 것이다. 그러나 우리는 할 수 있는 한 영원성을 늘려야 하며, 우리 안의 그 가장 지고한 것에 일치되는 삶을 위해 모든 노력을 경주해야 한다. 왜냐하면 그러한 삶이 비록 크지도 않고 권력도 없으며 귀하지 않아도, 여타의 모든 삶을 훨씬 능가하는 것이기 때문이다. 진정 그러한 삶이야말로 한 개인의 참된 본성일 것이다."[21] 그것을 우리는 "행동의 근본이 되는 진리"라고 부를 수 있다. 우리가 왜 행동하고, 우리의 행동이 우리를 어디로 이끌어갈 것인지 세심하게 사고하는, 실천적인 지혜이다.

하나님께 뿌리를 둠

진정으로 선한 것을 안다 함은 궁극적으로, 참되신 하나님을 아는 것이다. 거룩한 삶은 거룩한 사고에 뿌리를 두어야 한다. 이 거룩한 사고란 마천루의 강철 대들보들처럼 복잡하게 얽힌 철학, 고전적인 기독교 정신을 말한다. 거룩함은 참된 것으로 드러나는 선한 것을 사랑하고, 그것을 실행하려 한다. 거룩한 삶은 우리가 행하는 바에서, 예수님이 간명하게 요약하신 율법, 하나님과 이웃을 사랑함을 실천하는 데서 명백하게 드러난다.

하나님을 사랑한다 함은 우리의 모든 마음을 다하여 그분을 사랑함이다. 건전한 거룩의 윤리는 따뜻한 마음과 냉철한 정신을 아우른다. 참된 사랑은 지혜를 기르고 실행한다. 확실성을 주장하기보다는 부정하는 데 더 열심을 내는 듯한 현대 사상가들에 대항하여, 기독교 철학자들은 무엇이 됐든 존재하는 것은 인식 가능한 것이라고 주장한다. 그러므로 조지프 파이퍼(Josef Pieper)가 토마스 아퀴나스를 따라가며 명명한 "실재에 대한 침묵의 묵상"의 세 구성 요소를, 루이스의 작품들을 참고하며 살펴보자. 그 세 구성 요소는 (1)메모리아(*memoria*, 기억), (2)도킬리타스(*docilitas*, 가르침), (3)솔레르치아(*solertia*, 영리함)이다.

메모리아(Memoria, 기억)

분별의 기초는 기억(*memoria*), 즉 윤리적 행위의 필수 사항에 대한 정확한 기억이다. 조지프 파이퍼에 따르면, 아퀴나스는 "있는 그대로의 기억을 완전한 분별의 첫번째 전제조건으로 제시한다. 그리고 사실상 이 요소가 다른 무엇보다 가장 위험에 처하기 쉽다."[22] 나르니아 이야기 제5권, 「은 의자」(*The Silver Chair*)는, 실종된 나르니아의 왕자 릴리안을 찾아 떠나는 질과 유스테이스의 모험을 기록한다. 시작 부분에서 아슬란은 질에게, 아이들이 여행을 어떻게 지속해 나아가야 하는지 말하면서, 네가지 중요한 신호를 기억하라고 이른다. 유스테이스가 그의 오랜 친구 카스피안을 알아보지 못해서 아이들은 첫번째 신호를 지키지 못한다. 사실 카스피안은 아이들이 「새벽 출정호의 항해」에서 처음 만났을 때보다 훨씬 나이 들어 있었던 것이다.

나중에 아이들은 네번째 신호를 기억하고, 지하 감옥에 갇힌 릴리안의 결박을 풀어주는데, 이는 아무리 위험해 보여도 신호에 따라야 한다는 마쉬 위글의 강력한 권고 덕택이었다. "봐, 아슬란은 폴에게 어떤 일이 일어날지는 말하지 않았어. 어떻게 하라고만 말했을 뿐이야." 무슨 일이 일어나든 "우리는 반드시 신호에 따라야 해."[23] 물론, 기억으로 우리는 과거를 보존한다. 우리의 관심을 실제 세계보다는 꿈의 세계에 고정하도록 하고, 실제로 존재하는 것을 경멸하고 존재할 것 같은 것을 욕망하도록 하는 것이 사탄의 전략이다. 죄의 유혹에 다가서면 우리는 시대에 뒤진 것들을 쉽사리 경멸한다. 스크류테이프는 웜우드에게, "결코 변한 적 없는 저 옛것들에 대한 반감을 유발하여"[24] 인간 환자들을 유혹하라고 가르친다. 그러면 그들은 "이것은 의로운 일인가? 이것은 분별력 있는 일인가? 이것은 가능한가?" 하는 따위의 질문들을 중단한다는 것이다.

그러나 우리는, "이것은 우리 시대의 일반 경향에 일치하는가? 이것은 진보적인가 보수적인가? 이것은 역사가 진행하는 방식인가?" 따위와 같이 대답할 수 없는 질문들을 의심해 보아야 한다. 사탄의 밀정들은, "그들의 마음이 이러한 진공 상태로 웅웅대는 한, 우리가 몰래 잠입하여 그들을 우리가 정해놓은 행동에 동조하도록 포섭할 가능성이 많아진다"는 것을 알고 있다.[25] 과거의 교훈을 잊고, 미래에 대한 우리의 욕망에 따라 삶의 지도를 그리면, 우리는 불가피하게 길을 잃는다.

사탄의 공격에 대항하는 데는 훌륭한 역사보다 좋은 것이 없다. 현대인들은 거의 역사를 읽지 않으며, "학자들이나 옛날 책들을 읽는다." 그러나 읽는다 해도 거의 배우는 바가 없어 보인다고 스크류테이프는 말했다.[26] 학자들은 과거 사상가들의 견해가 흥미있음을 알지만, 옛것이라는 이유만으로 폐기해버린다. 그래서 지금 그들은 "역사는 수면용이라는 무지한 직공처럼 과거로부터 거의 아무런 양분을 공급받지 못한다."[27]

역으로, 훌륭한 사람들이 생각하고 쓴 것들을 우리가 주의 깊게 공부하는 데서 분별이 온다. 성서의 말씀에, 플라톤과 아리스토텔레스 혹은 어거스틴과 아퀴나스의 사상에 잠기는 것은 우리 마음의 문을 여는 일이다. 도덕적 가치를 강조하고 가르치는 저 옛 방식이 아이들을 어른스럽게 한다. '분별'의 근원이 되는 고전 교육의 실종으로 현대인들은 더 나빠졌다. 루이스는, 기독교인이 된 이후 가장 먼저 출간한 「순례자의 귀환」(The Pilgrim's Regress)을 "저 유구한 고전 교육의 쇠퇴"에 대한 탄식으로 썼다.[28]

루이스를 키운 이 서구 전토에서, 지식인들은 도덕적 삶에서 분별이 차지하는 역할을 알고 있었다. 그들 모두가 동의하는 바, "존재는 진리에 선행하고... 진리는 선에 선행한다. 실로, 이 언명의 심부에 기독교 신학 최대의 신비가 불꽃처럼 빛나고 있음이다. 아버지께서 영원한 말씀을 낳으셨고, 아버지와 말씀으로부터 성령께서 나오셨다는 것이다."[29]

존재를 비추는 진리를 우리는 분간할 수 있다. 우리의 죄성 및 유한성에도 불구하고, 우리에게는 아직 하나님께서 우리 마음에 심으신 본래적인 선함이 남아 있다. 토마스 아퀴나스가 '분별'의 의미를 간명히 밝히며 주장한 바에 따르면, 우리가 참된 인간이 되는 것은 우리의 모든 행동이 "진리의 인식으로 완전해지는 이성"의 지도를 받들 때이다. 진리와 실재는, 들을 귀 있는 자들에게, 예수께서 말씀하신 대로 눈 밝은 이들에게, 사물을 있는 그대로 볼 줄 아는 사람들에게 드러난다.

도킬리타스(Docilitas, 가르침)

사려 깊은 사람들은 마음을 열어 놓고, 진리를 이해하고자 하며, 진리가 요구하는 바에 기꺼이 순종하려 한다. 그들의 가슴은 머리가 확신하는 것들을 실행한다. 그들은 양심을 위로하는 이론을 세우기보다는 진리를 발견하고 싶어한다. 예수의 발 아래 앉은 마리아와 같이, 그리고 살림살이에 분주한 마르다와는 달리 사려 깊은 이들은 골똘한 침묵을 익힌다. 묵상의 본질은 이와 같다. 거짓 철학자들은 텔레비전의 '수다쟁이들' 처럼 주고받는 말을 강조하지만, 진정한 철학자들은 말없는 묵상을 강조한다.

그리스어 테오리아(*theoria*, 이론)는 라틴어에서 콘템플라치오(*contemplatio*, 경관, 묵상)로 번역되었고, 여기에서 다시 영어 콘템플레이션(*contemplation*)이 왔다. 그래서 이 묵상은 "사랑의 시선, 사랑하는 자를 바라봄" 이라는 뜻으로 새기는 것이 올바르다고 파이퍼는 말한다.[30] 결과적으로, "참된 철학자들로서... 과제는 이와 같을 것이다. 모든 것, 세계, '존재' 그 자체. 그렇다, 존재하는 모든 것, 그리고 존재 자체, 말하자면 실재는 그 자체로 선하다는 사실을, 어느 특정 사안에 대한 고려에 앞서 그리고 유용성과는 상관없이, 인정하는 것."[31] 토마스 아퀴나스가 말한 '이성' 의 의미는 이와 같다. 이성은 '실재에 대한 관심과 개발' 이며 '실재를 받아들임' 이다. 그리고 '진리' 는 그가 보기에 자연적, 초자연적 실재의 드러냄이자 계시와 다르지 않다. "진리의 인식으로 완전해지는' 이성을 따라서 인간 정신의 예민한 이해력이며, 이 인간 정신에 자연적, 초자연적 계시는 실체를 부여해왔다.[32]

「순례자의 귀환」에서, 존이 여행하는 동안 교회(Mother Kirk)는 그에게 그가 사랑하는 섬을 찾으려면 어떤 규칙들을 지켜야 한다고 이른다. 그는 유독성 음식으로 가득한 땅을 지나가야 하며, 따라서 생존하고자 한다면 규칙을 지키고 올바른 것을 먹어야 한다고 교회는 경고한다.

루이스가 환기하는 대로, 우리는 하나님에 의해, 그리고 하나님을 위해 계획되었다. 그분은 우리의 음식이며 음료이다. 우리의 존재 자체가 유지되는 것은 그분의 존재로 인함이다. 「그 무서운 힘」(*That Hideous*

Strength)에서 우리는, 필사의 전투를 벌이는 경쟁 관계의 두 공동체를 볼 수 있다. 나이스(N.I.C.E.)의 기술자들은 모든 식목을 말살하고 창조 세계를 뒤바꾸려 한다. 이른바 '인간'을 위하여 그들은 선동을 획책하고, 살인마저 서슴치 않는 온갖 종류의 악행을 저지른다. 근원을 따지면, 그들은 자신들의 이익에 따라 세계를 개조하려는 전체주의적 영지주의를 대표한다. 한편, 랜섬을 중심으로 모인 반대편 공동체는 하나님이 주신 좋은 세계의 보전을 위해 일하며 기도한다.

지도자와 처음 만난 제인은 "내가 옳다고 생각하는 것을 해야" 하는 의무에 대해 깊이 생각한다. 지도자는 제인의 관심사에 부응하여, "사려 분별은 깊을수록 좋다"고 언급한다. 그는 목적이 좋으면 비열한 수단이라도 괜찮다는 식의 주장은 할 수가 없었다. 그것은 적들의 전략이었다. 그들에게는 '지도자들'(Masters)이 부여한 '규칙'이 있다고 랜섬은 말한다.[33] 올바른 선택을 위해서는 올바른 규칙을 찾아야 한다고 그는 말한다.

솔레르치아(Solertia, 영리함)

셋째, 분별에는 솔레르치아(soletia)가 요구된다. 옳고 그름을 분간할 수 있는 '완전한 능력', 명확한 판단이다. 「그 무서운 힘」(That Hideous Strength)에서 제인은 세인트 앤의 공동체의 중요한 존재로 입증된다. 계시적인 꿈을 꾸는 재능이 있기 때문이다. 그 꿈이 위대한 우주적 투쟁과 관련된 진실을 밝혀준다. 지도자는 제인의 '활약'을 칭찬한다. 사악한 세력과 우두머리들이 "일찍이 인류를 대상으로 한 가장 위험한 공격"의 음모를 꾸몄고, 제인의 꿈은 벨버리의 나이스 집단이 그 모

든 세력의 수뇌부임을 밝혀냈던 것이다.[34]

지도자 랜섬은 루이스의 우주 소설 중 앞의 두 권에 등장한 바 있는데, 그는 분명히, 무엇을 해야 하는지 아는 '완전한 능력'으로서의 분별을 상징한다. 「고요한 행성으로부터」(Out of the Silent Planet)에 묘사된 말라칸드라에서 그는 그 행성의 신비한 거주자들의 말을 주의 깊게 듣고 배운다. 「페리랜드라」에서는 삶을 있는 그대로 보고, 그린 레이디와 그녀의 주님 메일렐딜에게서 배운다. 그는 자연법에 심겨진 원리들, 곧 우주의 법을 배운다. 도덕적 규범의 기초가 되는 '자연법'을 이해하기 위해, 우리는 자연법의 근간이 되는 실재를 분간할 수 있어야 한다. 인간 역사의 시초부터 우리는, 대양의 깊이를 측정하는 선원들처럼, 물질 세계의 일시적 현상 너머의 실재를 알아내고자 노력했다. 유신론자들은 이 실재가 우주적 정신, 우리에게도 정신이 있으므로 부분적으로는 알 수 있는 놀라운 지성적존재라고 믿는다.

「인간폐기」(The Abolition of Man)에서 루이스는 이 궁극적 근원 혹은 자연법 혹은 전통적 도덕성을 타오(the Tao, 道)라고 불렀다. 이것은 윤리적 규범의 뿌리가 자라는 토양이며, 이것 없이는 잎들이 마르고, 가지가 떨어져 나가며, 도덕적 삶이 없는 황무지가 된다. 타오는 하나님 자신처럼 영원하므로, 그 어떤 '새로운' 도덕적 진리도 나타나지 않을 것이다. 우리는 도덕 규범을 만들어 낼 수 없다. 평화를 상상하는 것으로 전쟁이 사라질 수 없는 이치와 같다.

루이스가 보기에, "각 인간의 정신에 있는 이성적이며 도덕적인 요소는, 자연이 제시하는 조건들을 매 순간 이용하며 그 조건들이 가망 없는 곳에서는 거절당하고 그 조건들이 호의적이지 않을 때는 방해를 받기도

하면서, 어렵고도 고통스럽게 자연으로 진입해 들어오는 초자연적 존재의 힘의 중심점이다."[35]

이러한 신성에 기반을 둔 '분별'의 필요성은, 예일 법대 교수 스티븐 카터의 최근 저작, 「예절:민주주의의 매너, 도덕, 에티켓」(*Civility:Manners, Morals, and the Etiquette of Democracy*)에서도 찾아볼 수 있다. "종결부:침묵의 예절"에서 그는, 우리는 너무 바빠서, 시계와 달력에 너무 몰두해서, 소음에 너무 빠져 있어서 근원적인 진리들을 분간하지 못한다고 말한다. 통탄스럽지만, "우리가 깊은 침묵을 상실한다면, 그래서 그 침묵의 골을 타고 들려오는 소리를 듣지 못한다면, 우리는 초월을 감지하는 능력을 잃어버린다."

우리 자신의 소리로 귀먹은 우리는, 우리가 존재하는 모든 것의 근원이라고 간단히 상상한다. "저 침묵의 공간으로 우리는, 우리가 진정으로 누구이며 누구의 소유인지 상기할 수 있다. 깊고 고요한 밤에 등을 대고 누워, 별이 빛나는 창공을 바라보라. 하나님께서 잡아당기시는 힘에 저항할 수 없다."[36] 그분께서만 우리의 문명을 구원하고 예절을 회복하는 데 필요한 지침을 줄 수 있다.

묵상을 통해 존재자에 대한 진리를 알았다면, 이제 올바로 행동해야 한다. 우리가 추구해야 할 목적과 그 목적을 실현할 올바른 수단을 아는 데는 분별이 요구된다. 예수께서 말씀하신 바와 같이, "진리를 좇는 자는 빛으로" 온다(요3:21 ; 참고로 공동번역은 "진리를 따라 사는 사람은 빛이 있는 데로 나아간다"이다–역자주). 그의 주님을 따라서 배드로도 독자들을 권면했다. 분별에 대한 가르침으로 이 말씀 이상은 없다. "그러므로 너희 마음의 허리를 동이고 근신하여"(벧전1:13).

9. 정의

"공정함의 옛 이름"

정의는 동일한 자에게는 평등을,
동일하지 않은 자에게는 불평등을 의미한다.¹

루이스의 나르니아 연대기 마지막 권 「최후의 전투」는, 나르니아를 다
스리는 왕 티리안이 나무의 요정의 보고를 받는 장면에서 시작한다.
"'심판자, 왕이시여,' 요정은 외쳤다. '오셔서 우리를 도우소서. 당신의
백성을 보호하소서. 저들이 랜턴 웨이스트에서 우리를 베어 넘기고 있
나이다. 나의 형제 자매들이여, 40여 그루가 이미 땅에 쓰러졌나이다.'"
² 자신의 신민들에 가해진 무도한 공격에 놀란 티리안은 격하게 반응한
다. "'뭐! 랜턴 웨이스트를 벌목해? 말하는 나무들을 죽이고 있다고?'
왕은 고함을 지르며 벌떡 일어나 검을 빼어 들었다. '그 자들이 감히?'"³
분노에 사로잡힌 티리안은 칼로멘 무리가 나무들을 베고 있는 곳으로
달려간다. 거기서 그는 일각수 주얼의 도움을 받아, 나무를 베는 것은
물론 말하는 말들 몇에 마구를 채우고 채찍질하던 칼로멘 무리 둘을 죽
인다. 왕은 무고한 자들을 보호하고 칼로멘의 침략을 저지하겠다는 결

의에 넘쳐, 격렬하게 칼을 휘두른다. 그러나 중과부적에 밀린 왕은 일각수를 타고 안전한 곳으로 달아난다.

달아나던 왕은 갑자기 일각수에게 정지를 명령하고는, 내려서 자신의 행위를 곰곰이 생각해 본다. "왕은 말했다. '우리가 끔찍한 짓을 저질렀어.'"[4] 칼로멘의 무리를 죽인 것은 아주 정당한 일이었다고 일각수가 이의를 제기하자, 왕은 대답한다. "그러나 무장하지 않은 그들을, 선전포고도 없이 불시에 기습했어! 우리 둘은 살인자야. 나는 이 수치를 영원히 지우지 못할 거고."[5] 양심을 견디지 못한 티리안은 발길을 돌려 칼로멘 무리에 항복할 준비를 하고, 그들에게 "나를 아슬란 앞으로 데리고 가, 공정한 평가를 받게 해달라"고 청한다.[6]

공정함

티리안과 마찬가지로 우리는 공정함이 얼마나 중요한 문제인지 체험적으로 안다. 플라톤의 대화편들 중 하나, 고르기아스에서 소크라테스는, "악 중의 악, 불공정에서 해방되려면" 무엇이든, 투옥, 고통, 유형, 죽음마저, 감수해야 한다고 말한다.[7] 따라서 그는 우리의 가장 뿌리깊은 신념들 중 하나, 남에게 대접받고자 하는 대로 남을 대접하라는 황금률의 교훈을 표현한 것이다. 그것은 선을 행하고 악은 행치 말라는 자연법의 기본 전제이다.

대부분의 사람들이 처음 하는 말은 '엄마'이다. 그리고 '아빠'라고 말한다. 그 다음에는, 몇 단어를 조합하여 말한다. "불공평해!" 아이들 노는데서 이 불평보다 더 자주 등장하는 말은 드물다. 우리가 공의를 유지하고 확산하려면, 남들에게 공정해야 한다. 우리는 끊임없이 정의의 저울의 균형을 도모하려는 작은 나침반을 가지고 태어난다. 루이스가 선언한 바대로, 정의는 약속을 지키고 정직하게 거래하며 서약을 엄수하는 '공정함'이다.

소크라테스에 이어, 서구 전통의 위대한 사상가들은 빈번히 정의를 가장 높은 덕의 자리에 놓았는데, 그것은 주로 정의가 다른 사람들 그리고 그들의 복지를 향한 것이기 때문이다.[8] 그러므로 아리스토텔레스가 내린 정의(定義)를 반복하여[9] 토마스 아퀴나스는 말한다. "정의는, 지속적이고 영구한 의지로 각 사람을 공정하게 대하는 습관(habitus)이다."[10]

선하고 거룩한 사람의 증표

성서에서 '선한' 혹은 '거룩한' 사람은 '의로운' 사람으로 인정된다. 그는 '정의' 혹은 '의'를 지지한다. 십계명은 우리가 남들을 어떻게 대해야 하는지 가르친다. 십계명은 사실상, "도덕 사상 전 분야의 대개요(Summa)이다."[11] 산상수훈을 통해 예수께서는 말씀하셨다.

"너희는 먼저 그의 나라와 그의 의를 구하라"(마 6:33). 제롬은 의를 뜻하는 그리스어(디카이오쉬네)를 정의(justicia)로 번역했고, 따라서 이 단어는 성서에서 흔히 '의'와 상호 교환해서 사용된다. 그러므로 거룩하고 의로우려면, 정의를 분간하고 행함으로써 하나님의 의도에 따라야 한다. 각 개인은 진리를 이해하고 행할 때, 하나님께서 각자에게 의도한 존재가 된다.

이러한 '정의' 혹은 '의'로 우리는 하나님과 같은 태도를 취하며, 그분께서 만드신 것들을 존중하게 된다. 「고요한 행성으로부터」(Out of the Silent Planet)에서 랜섬은 말라칸드라의 세 피조물을 존중하는 법을 배운다. 각기 다른 재능을 부여받은 이 피조물들은, 그 행성의 주님 오야르사를 섬기며 그들의 계획을 성실히 수행하고 있었다. 그들은 각자 그들의 창조자를 섬겼지만, 그들 서로를 섬기기도 했다. 여러 면에서 그들은, '정의로운 사회'에 대한 플라톤의 동경을 보여준다고 할 수 있다. 다양한 집단의 사람들이 모여 한 몸의 여러 지체와 같이 공동의 선을 위해 협력하는 곳이 정의로운 사회이다. 루이스가 명확히 보여주듯, 그러한 협력은 모든 집단이 한 주님에게 순종하는 곳에서만 가능하다.

상호적인, 가정적 정의

위와 같은 형태의 협력은 행복한 가정에서 명백히 볼 수 있다. 이러한 가정에는, 남편과 아내, 부모와 자녀가 자신의 역할을 충실히 수행함으로써 오는 평화와 기쁨이 있다. 아리스토텔레스는 이를 '가정적 정의'라 불렀으며, 이는 훌륭한 가정 생활의 기초이다. '약속을 지키는 일도' 정의의 한 부분이므로[12], 남편과 아내는 서로 '한 몸'임을 깨달아 서약을 엄수하며, 주님의 가르침에 따라 살아야 한다. 남자와 여자는 하나님이 부여하신 각각의 역할이 있다. 남자는 외부인을 공정하게 대함으로써 그 가족의 '대외 정책'을 가장 훌륭하게 수행한다고 루이스는 말한다. 여자는, 자신의 아이들을 위해서라면 누구보다 더 강인하게 싸우는데, 아이들을 위한 '특별 수탁자'의 역할을 할 수 있다. 각 역할은 중요하며, 존중되어야 한다.

그래서 루이스는 그의 소설 「그 무서운 힘」(*That Hideous Strength*) 을 이렇게 시작한다. "'혼인이 제정된 것은 셋째로,' 제인 스터독은 중얼거렸다. '배우자로부터 얻지 않으면 안 되는 상호간의 교제와 도움과 위로 때문이다.' 그녀는 학창시절 이후로는 교회에 다니지 않았다. 그러다가 6개월 전 결혼식을 올리기 위해 거기에 갔고, 주례의 말씀에 깊은 인상을 받았던 것이다."[13] 제인의 불만은, 제인 자신도 남편 마크도 결혼 생활의 여러 의무들을 받아들이지 않는 것이다. 그들은 처음의 서약에 일치하는 삶을 살지 못했고, 서로를 바르게 대하지 못했다.

이야기가 진전되어, 그녀가 세인트 앤의 공동체에서 위로를 구하며 결국 지도자의 권위를 인정하게 되자, 자신의 결혼 생활에서 남편의 권위 또한 인정하지 않을 수 없었다. 지도자 랜섬과 처음으로 면담을 할 때, 그녀는 공동체를 들어오려면 먼저 남편의 허락을 구하라는 말을 들었다. 결혼 관계에서 자신의 권리를 강하게 고수하던 그녀는, 자신과 지도자의 결혼관이 다른 모양이라고 반발했다. 사랑은 평등과 개인의 자유를 수반한다고 그녀는 생각했지만, 랜섬은 그녀의 착각을 바로잡아 준다. 정치나 경제에서 평등을 말할 수는 있지만, 궁극적으로 그것은 그렇게 중요하지는 않다.

랜섬을 만나고 나오면서 그녀는 랜섬과 만나 느낀 바를 깊이 생각했다. 그녀는 뭔가 말할 수 없는 내적인 평화를, 앤의 공동체가 바로 자신이 있어야 할 곳이라는 확신을 경험했다. 그녀는, 명시적인 것은 아니었지만, 내면에서 예기치 않게 '도덕적인 자아'를 만났던 것이다. 들어보기는 했지만 "실생활과는 연결된 적이 없었던" 진리들을, 전에는 결코 그녀 스스로 "실생활과 연결해보지 않았던" 것들을 양심의 소리가 깨우쳤다.[14] 이 내면의 소리가 "남편 마크에 대한 새로운 감정, 죄의식과 연민의 감정"을, 지도자 앞에서 처음 느꼈던 그 감정을 불러 일으켰다. 그녀는 지도자가 진심으로 말했음을 마음으로부터 알았다. 그리고 놀랍게도, 남편에 대한 그녀의 생각은 지도자 랜섬에 대한 느낌과 교차되었고, 그녀는 결국 남편에 대한 순종이 지도자에 대한 순종과 다르지 않음을 인식했다.[15]

상호적인 보복적 정의

한 개인의 의, 심성의 거룩함은 내적인 마음의 상태를 말하는 것이기도 하지만, 시민 된 사람으로서 각자의 사회적, 정치적 행위의 지침이 되기도 한다. 묘하게도 우리가 행하는 모든 것은, 의도했든 안 했든, 사회적 여파를 야기하며, 따라서 우리에게는 정의의 유지와 확장의 의무가 요청된다. 우리가 개인적, 사회적 도덕성에 관심을 두지 않다가도 늘 되돌아와 균형을 유지하려 애쓰는 이유도 여기에 있다.

위법자의 처벌은 언제나 정의의 최우선 관건 중 하나였다. 루이스 시대의 영국을 뒤흔든 것은 사형제도에 관한 논란이었다. 몇몇 '인도주의자들'은 비인간적이고 야만적이라며 사형제도에 반대했다. 루이스는 「인도주의적 처벌 이론」이라는 소론에서, 교정 기술을 통해 살인자를 재활시키는 것보다는 목숨을 빼앗는 것이 더 '정의롭다'고 논박했다. '과거의 견해'로는, 죄수에게 내리는 판결은 현실에 대한 도덕적 이해를 실행하는 것이었다. 이제 '새로운 견해' 하에서, 판결은 범죄를 묵과하고 범인을 복귀시키려 한다. 새로운 견해는 "정의를 폐하고, 그것을 자비로 대체"하려 했다.[16] 그러나 "정의 없는 자비는 무자비하게 된다."[17] 루이스는 그러한 "인도주의"를 염려했는데, 그도 그럴 것이 "모든 형태의 전제정치 중에서도, 국민을 위해서 이 체제를 시행한다고 정색을 하는 전제정치가 가장 폭압적일 수 있기 때문이다. 심심풀이로 도덕적 참견을 일삼는 절대 권력자들 밑에서 사느니 산적 두목들 밑에서 사는 것이 더 나을 것이다.”[18] 그러므로 그는 주장했다.

> 인도주의적 처벌 이론에 반대하는 것이 중요하다. 어디에서 이 이론과 마주치든 철저히 반대해야 한다. 이 이론은 완전히 거짓에 불과한 사이비 자비를 전면에 내세운다. 그것으로 선량한 사람들을 기만한다. 잘못은 아마, 자비와 정의의 구별은 폭군들의 법정에서 고안되었다는 셸리(Shelley)의 주장에서부터 시작되었을 것이다... 그러나 그 구별은 중요하다.[19]

「순전한 기독교」(*Mere Christianity*)의 한 대목에서 C.S. 루이스는 도덕성을 선단의 배들과 비교한다. 항해를 하려면 우선은 개별적인 배들이 튼튼해야 한다. 하지만 각 배들은 다른 배들과 일정한 간격을 유지하며 항해해야 한다. 각기 다른 항로를 고집하며, 협력을 거부하거나 다른 배를 향해 돌진하면 문제가 발생한다. 도덕성에는 다른 사람들을 정당하게 대하는 일도 포함된다.[20]

기독교인의 입장에서 모든 행위는 사랑에서 나오지만, 우리가 전혀 모르는 다른 사람들과의 관계는 ‘정의’ 곧 공정성의 기준을 따라야 한다. 남에게 대접받고자 하는 대로 남을 대접하는 ‘황금률’이 ‘사랑의 윤리’의 기초이다.

이상하게 들리겠지만, 이것은 사랑하는 사람들을 처벌해야 할 수도 있다는 뜻이다. 어거스틴은 요한일서를 주석하면서 이렇게 말했다.

“하인을 때리지 않으니 그대는 하인을 사랑한다고 생각지 말라. 아들을 벌하지 않으니 아들을 사랑한다고, 이웃을 비난하지 않으니 이웃을 사랑한다고 그대는 생각지 말라. 이는 자비가 아니라 나약함일 뿐이다."[21]

루이스의 생각도 그렇다. 원수를 사랑한다 해서 행악자를 벌하지 않을 수는 없다. 나는 나를 사랑하지만, 잘못이 있을 경우 합당한 처벌을 받아 들여야 한다. 그러므로 전쟁에서 살인하는 군인들, 범죄자에게 형을 선고하는 재판관들은 정의를 추구하는 것이다. 이들의 행위가, 그 자체로, 사랑이 없음을 뜻하는 것은 아니다.

불평등의 정의

전통적으로, 정의는 각 사람이 받아 마땅한 것을 받는 공정성을 의미했다. 최근 들어, 하버드 대학의 존 롤스(John Rawls)같은 영향력 있는 사상가들은 「정의론」(A Theory of Justice)에서 정의를 평등과 동등시했다. '정의로운' 세계에서는 모두가 모든 것을 똑같은 양으로 소유한다고 그들은 생각한다. 현대 자유주의는, '복지국가'와 함께, 이 철학을 실행하고자 노력한다. C.S. 루이스는 여러 가지 면에서 정치와는 거리가 멀지만, 이러한 견해들에 반대했으며, 대단히 전통적인 정의론을 견지했다. 그의 주요 관심사는 우리 주변 사람들을 공정하게 대하는 '상호적인 정의'였다. "정의는 동일한 자에게는 평등을, 동일하지 않은 자에게는 불평등을 의미한다"고 그는 말했다.[22] 또한 이렇게 언급했다.

"평등은 수량적 용어이며 따라서 사랑은 그러한 것과는 거리가 멀다... 아무리 사랑의 삶을 살아도, 더구나 아무리 그리스도의 몸을 입은 우리라 해도, '나는 당신과 다를 바 없다'고 말하는 세계와는 불화할 수밖에 없다... 우리는, 체스터론이 말한 대로, 낮아질 때 더 높아진다. 우리는 가르칠 때 더 겸손해진다."[23]

정의는 모든 사람이 그 능력에 따라 정당하게 받아야 할 바를 주는 것임을 정치 지도자들은 기억해야 한다고 플라톤은 권고했고, 루이스는 이 권고에 동의한다. 정치적 혼란이 가중된 위기의 순간에만 플라톤은 "정의 대신 평등, 플라톤이 명명한 바에 의하면, '소위' 평등이라는 '것'이 불가피하다."[24]

플라톤의 관점을 취해 '불평등'의 정의를 강력히 옹호하면서 루이스는 현대주의가 가장 폭넓게 수용하고 있는 '정의'의 개념, 그리고 그에 따른 평등주의적 수사 및 유토피아적 계획에 도전했다. 어떤 요구들은 "공정성에 대한 욕구"에서 오고 이것은 바람직하지만, 대다수의 요구들은 "우월성에 대한 시기심"에서 오며 대단히 그릇된 것이다.[25] 사실 공정한 구분은 존재하며, 이것은 인간에게는 차이가 있음을 반영한다. 모든 학생이 A학점을 받을 수 없고, 모든 선수가 우승할 수 없으며, 모든 직장인이 같은 임금을 받을 수는 없다.

어느 사회든 합법적인 서열이 있다. "아리스토텔레스에 따르면, 정의롭고 합법적인 사회는 시민들이 재산 혹은 지위 혹은 권력의 불평등을 공익을 위해 필요한 것으로 널리 받아들이는 사회이다."[26]

배분적 정의 : 생명, 자유, 재산

정의를 연구하고 정의롭게 살고자 할 때는, 사회 경제적 정의를 올바로 이해하고, '정의 이론의 핵심'[27]이라 할 수 있는 분배 정의(*justitia distributiva*)를 이해하는 일이 중요하다. 어느 사회에서든, 어떤 사람들이 그 외의 사람들보다 더 많은 권력을 소유한다. 권력을 가진 사람들, 특히 정치적 권력을 가진 사람들은 공익을 올바로 배분할 모든 사람의 생명을 지키고 인간의 자유를 존중하며 사유재산을 보호할 책임이 있다. 우리 모두는 인간이라는 이유만으로도 그러한 공익을 분배받을 권리가 있다. 그러므로 권력의 자리에 있는 사람들은 뭔가 거룩한 임무를 부여받은 셈인데, 그것은 "세상사 모든 일이 통치자의 정의로움에 달려있기" 때문에 그렇다.[28]

루이스의 나르니아 연대기 전편을 지배하는 것도 바로 이 진리이다. 지구에서 나르니아로 여행하는 아이들은 지도자의 지위를 부여받기에 앞서, 그들의 용기와 품성을 보여야만 했다. '왕들'과 '여왕들'로서, 그들은 신민들에게 정의를 배분하는 거룩한 임무를 맡는다. 그리고 그들의 선함과 성실성으로 칭송을 받는다. 정의로운 지도자는 "백성들을 향한 왕의 거룩한 직무를 성실히 수행했다면 그 상급으로 하나님 가까이에, 그분 곁에 서게 될" 것이라고 토마스 아퀴나스는 선언했다.[29] 좋은 지도자들은 국민들의 복리를 보전하는 법의 지배를 존중한다. 법은 합법적으로 시행되어야, 모든 사람을 보호한다. 악한 정권은 국민을 보호하지 못할 뿐 아니라, 오히려 그들에게서 생명, 자유, 재산과 같이 좋은 것들을 강탈한다.

권리(entitltments)가 아니다

우리는 '정의'라는 차원에서 자신들의 '권리'(*rights*)를 요구하는 이른바 피해자라는 사람들의 이야기를 흔히 접한다. 권리를 침해당했다는 사람들의 수많은 감상적인 사연들에서 이 점은 명백히 드러난다. 권리를 요구할 때, 우리는 공정함의 궁극적인 기분이라 할 수 있는 정의에 호소한다. 우리는 사람들이 자신에게 없는 것을 남에게서 빼앗는 방식으로 취하는 권리(entitlements)를 점점 더 많이 요구하는 세상에서 살고 있다. 이러한 욕구는 그들이 자신들의 절대 권리(rights)라고 여기는 것에서 비롯되는 듯하다. 하지만, 루이스는 이렇게 언급한다.

> 모든 사람들이, 마스트에 올라가거나 하수도에 들어가거나 화로에 불을 때거나 군대에 들어가지는 않고, 한결같이 일어서서 제 권리만 주장한다면, 우리는 모두 멸망할 것이다. 그리고 제 권리만 주장한다면, 그들은 결코 이러한 기술들을 배울 수 없을 것이다… 자신의 권리에만 골몰하는 사람은 비참할 뿐 아니라 꼴사나운 인간이다. 사실, 우리가 한 사람을 정당하지 않게 대함으로써 야기하는 최대의 해악 중 하나는, 그처럼 권리에만 골몰하도록 그 사람을 조장하는데 있다.[30]

명백히 정의는 합법적인 권리를 인정한다. 사람은 받아 마땅한 것을 받아야 하지만, 그러자면 먼저 확고한 권리를 소유해야 한다. 전통적으로 권리는 창조 시에 우리에게 주어진 것으로, 미국 독립선언서에 표현된 바 '양도할 수 없는' 것으로 이해되었다.

권리는 우리가 창조되었으므로 우리에게 온다. 하나님께서만 우리에게 권리를 허락하신다. 그러나 권리에 대한 현대의 수사는 서구 도덕 전통의 중대한 전환을 반영한다. 인간은 본질적으로 죄인이라는 기독교적 이해에서 인간은 근본적으로 선하다는 인본주의적 신념으로의 전환 말이다. 자신이 죄인임을 아는 사람은 분명 도우심의 필요성을 고백하며,

자신의 권리는 하나님이 주신 것임을 인정한다.

그러나 인본주의자들은, 자신들은 환경의 희생자들이고 자신들이 구금된 것은 인종적 편견 때문에, 성, 나이, 기타 등등의 차별로 억압받았다는 주장과 함께 권리(entitlement)를 요구한다.

정의는 이제, 진정으로 자신이 받아 마땅한 것을 받는다는 뜻이 아니라, 그저 원하는 것을 받는다는 뜻이 되어버렸다.

재분배적 사회 정의도 아니다

그 결과, 사회 정의가 대다수 사람들의 관심사가 되었다. 단순히 어떤 집단의 일원이라는 이유만으로 당사자에게 부여되는 권리(entitlements)의 목록이 지난 몇 십년 간 확대되었다. 한 가족에서 국가에 이르기까지, 여하한의 사회를 막론하고 경제적 형평성이 대단히 중대한 문제로 대두된다. 자본주의 경제의 특징이며, 크게 보아 산업혁명의 결과라 할 수 있는 부의 불평등은 특별히 더 정의롭지 못한 것이라고 (마르크스와 같은) 많은 사람들이 생각한다. 그래서 사회 정의는 부의 재분배에 대한 외침을 옹호한다.

부의 재분배 과정에서 국가는 점점 더 많은 권력을 소유하게 된다. 루이스가 보기에, 이러한 진전은 위험스러운 것이었다. 국가가 소유한 권력은 개인, 가족, 자발적 공동체들을 억누를 위험성이 있다고 루이스는 주장한다. 「인간폐기」(*The Abolition of Man*)와 「그 무서운 힘」(*That Hideous Strength*)같은 작품들에서 그는 한 편지에서 이렇게 썼다. "우리는 국가에 대해 너무 많이 듣는다. 정부는 기껏해야 필요악일 뿐이다."[31] 그리고 국가가 전체주의적이 될 때는, 전적으로 악하다!

전체주의의 본질을 아는 한 사람이 바로 피아노 연주자 발린트 바츠소니(Balint Vazsonyi)이다. 그는 자유의 투사들이 1956년 소련의 압제자들을 몰아내는 데 실패하자, 조국 헝가리를 탈출했다. 그는 미국에서 자유롭고 개방적이며 활기찬 한 나라를 추구했고 찾았으며, 그 나라를 자신의 나라로 받아들였다. 그는 진정 다른 행성에 발을 들여놓은 듯 느꼈으며, 모든 것이 공산주의 유럽과는 비교가 안 될 정도로 좋았다. 그는 미합중국과, 모든 시민에게 동등하게 보장되는 법의 지배와 특별한 사랑에 빠졌다.

그러나 세월은 변했고, 「미국의 30년 전쟁:누가 승리자인가?」(*America's 30 Years War:Who is Winning?*)에서 바츠소니는 자신이 선택한 나라에 대해 점증하는 우려의 소리를 명백히 표명한다.[32] 1944년에는 나치가, 1948년에는 소련이 부다페스트에 그들의 체제를 강요하는 것을 목격했던 그로서, 나치나 소련 두 체제는 전체주의의 잔인한 변종이었다.

그는 특히,'사회 정의'라는 수많은 수사가 전체주의적 사회주의의 계획(이른바 다수의 '이익'을 위해 약삭빠른 소수가 나라의 권력을 잡고 유지하면서 자신들만의 이익을 추구한다)을 얼마나 교묘히 포장하고 있는지 알고 있었다. 그래서 미국에 온 지 10년 후, 그는 자신이 조국 헝가리에서 20년 전에 들었던 경구들을 자신의 훌륭한 음악과 학생들이 다시 반복하는 장면을 경악스럽게 목도했던 것이다. 학생들은 평화와 사랑을 노래했지만, 그것은 그가 나치와 소련의 점령기에 들었던 사탕발림에 지나지 않았다.[33]

오랜 시련과 검증을 거쳐 확립된 미국의 전통과 결별한다는 구실이

고작 '사회 정의'라는 순진하기 짝이 없는 주장이었으며, 바츠소니는 이를 "일찍이 고안된 가장 성공적인 속임수의 하나"라고 믿는다.[34]

"공산주의의 본질은 사회 정의, 빈곤의 제거, 고통의 제거, 사람들 사이에 장벽을 세우는 모든 차이의 제거이다."[35] 사실, 미국에서 '공산주의자'니 '사회주의자'니 하는 명찰을 공공연히 달고 다니는 사람은 없지만, 우리는 '전 계층의 의료 서비스'와 '부의 재분배'를 시행하고, 빈곤 계층은 국가적 차원에서 보호해야 한다는 압박을 받는다. 강요되는 사안은 이뿐 아니다. "언어예절 교육, 인간관계 교육, 부모의 권리 제한, 산학 연대 프로젝트, 사안은 끝이 없다. 공산당이라는 이름만 없을 뿐, 내용은 전부 그쪽 얘기다."[36] 매력적으로 보일지 모르겠지만, 결국 이 모든 목표는 "사회 정의"라는 허울을 쓰고 다양한 불의를 기도한다.

이 모든 사안들을 우리는 올바로 규정되고 지켜지는 정의라는 관점에서 취급해야 한다. 미가 선지자의 주장도 그렇다.

> "사람아 주께서 선한 것이 무엇임을 네게 보이셨나니 여호와께서 네게 구하시는 것이 오직 공의를 행하며 인자를 사랑하며 겸손히 네 하나님과 함께 행하는 것이 아니냐"(미6:8).

10. 용기

모든 덕의 형식

불굴의 정신이란 두 종류의 용기를 말한다.
위험과 맞서는 용기가 그 하나요, 고통 아래에서
"끝까지 견디는" 용기가 또 하나이다. 근대 영어에서는
아마 "Guts"라는 말이 그 뜻에 가장 가까울 것이다.[1]

그린 베이 패커 팀의 전설적인 코치 빈스 롬바르디는 이렇게 말했다. "영리하면서도 열의가 있는 선수를 찾는다면, 틀림없이 그는 언제나 제일 먼저 운동장에 나오는 선수일 것이다." 의도했든 안 했든, 롬바르디가 말한 것은 아주 중요한 고전적인 두 도덕, 분별(영리함)과 용기(열의)라 할 수 있다. 이 두 덕의 조화가 아쉽다는 것은, 어떻게 해야 하는지 아는 사람들은 흔히 행동으로 옮기지 못하고 행동할 용기가 있는 사람들은 빈번히 그릇 행한다는 뜻이다! 그러나 덕성스러운 사람들에게서는 분별(실용적인 지혜)과 불굴의 정신(지혜로운 일을 행하는 용기)이 조화를 이룬다. 언제나 그렇듯이, 오늘날에도 용기는 중요하다.

용기는 극단적인 죽음의 공포를 벗어나게 한다. 용기 있는 병사는 전

투중에 달아나거나 어리석은 모험을 감행하지도 않는다. 용기 있는 사람은 이유가 정당할 때 생명을 건다. "용감한 사람이 죽음의 위험을 무릅쓰는 것은 선을 위함"이라고 토마스 아퀴나스는 말했다.[2] 다른 덕의 경우에도 그렇듯이, 속으로 느끼기만 하는 것이 아니라 밖으로 행동하는 것이 중요하다. 스크류테이프도 이렇게 말한다. "기억해라. 비겁한 행위 자체가 무엇보다 중요하다. 두려움이라는 감정은, 그 자체로는 죄가 아니고, 우리도 그것을 즐기지만 결코 도움이 되지 않는다."[3]

우리는 흔히 전쟁 영웅들을 예로 용기의 덕을 설명하지만, "전쟁보다는 세상 살아가며 겪어내는 인내가 용기의 본질에 더 가깝다"고 아퀴나스는 주장한다.[4] 온갖 비난과 역경 가운데서도 묵묵히 견디고 인내함이야말로 진정한 용기가 무엇인지 보여준다. 순교로 이어지는 순간적인 영웅적 행위들보다는 힘들게 아이들을 키운다든가, 애써 직업에 종사한다든가, 묵묵히 목회를 수행한다든가 하는 일들이 더 많은 용기와 불굴의 정신을 필요로 할 수도 있다.

루스 그레엄(Ruth Graham)은, 어린 시절 자신은 종종 선교사로 순교하는 꿈을 꾸곤 했다고 말했다. 그러나 그녀는 이제 '노년의 순교'를 담담히 받아들이는 80대가 되어 있다. 노년의 순교라 해서 쉬울 것인가. 전혀 그렇지가 않다. 악마 스크류테이프가 웜우드에게, 젊은 기독교인들을 계속 살아가게 하라고 한 수 가르친 사정이 여기에 있다. 더 오래 살아야 안락과 부에 파묻혀 신앙을 지키기 힘들다는 것이다. 그렇게 나이 먹고 늙어, 꿈은 사라지고 희망은 꺼풀만 남아 절망만이 늘어갈 때, '한 영혼을 마모시켜' 죽일 수 있는 기회가 찾아온다.[5]

명백한 비겁

오늘날에도 용기가 중요한가 하는 문제는 쉽게 단정하기 어려운 듯하다. 우리는 이른바 영웅 없는 시대에 살고 있다. 흔히 승리자들보다는 희생자들이 더 주목을 받고 더 박수를 받는다. 뉴스위크지는 1995년도의 어느 호에 "꼴찌의 나날들"이라는 표제로 아동 도서에 대한 특집 기사를 게재했다. 이제 어디를 둘러봐도 숟가락으로 떠먹여야 하는 아이들뿐이다. "징징대는 마마보이, 수학 못하는 낙제생, 도망부터 가는 겁쟁이, 아동 도서들은 이 소심한 주인공들에게 찬사를 보낸다." 이를테면, 겁쟁이 에드워드는 늘 소심하고 심약한 마마보이인데, 부모는 노상 빵을 구워대고, 안아주고, 얼러서 이 아이를 보호하기로 결심한 듯하다. 이제 책임감 강하고 성취력이 높으며, 아무 데서나 넘어지고 다시 일어나 씩씩하게 뛰어 다니는 아이들은 아동 문학에서 영원히 자취를 감추었다. 왠지 그렇게 보인다.

이러한 용기의 실종, 영웅들의 소멸은 시대의 징후가 되었다. 알렉산드르 솔제니친은 이렇게 썼다.

"용기의 쇠락이 아마 이방인의 시각으로 본 오늘날 서구의 가장 놀랄 만한 특징일 것이다. 서구 세계는 일개인으로든 사회 전체로든 시민적 용기를 상실했다. 이것은 서구 각 나라, 각 정부, 각 정당, 그리고 물론 유엔에서도 공통된 현상이다. 이러한 용기의 쇠락은 지도층과 지식인들에게 특히 현저해서, 전체 사회의 용기의 상실이라는 인상을 야기한다."[6]

루이스는 「인간폐기」(*The Abolition of Man*)의 한 대목에서 이미 솔제니친의 탄식을 예상했다. 전투에 나선 군인들을 고취하는 것은 결코 삼단논법이 아니라는 것이다. 사실이 그렇다. 군기와 소속 부대와 고향의 사랑하는 사람들에 대한 모종의 북받침이 병사들을 더 강하게 자극한다. 우리는 영웅을 그리워한다. 그러나 최근 공립학교에서 십계명 액자들을 철거하는 조치들을 포함하여, 한결 현대적이라는 교육이 기백을 무너뜨리고 '가슴 없는 인간들'을 양산한다. 머리는 정보로 부풀어도 가슴은 영양결핍에 걸려있다.

"우리는 극도로 단순하게 기관을 제거하고는 기능을 요구한다. 우리는 가슴 없는 인간을 만들어놓고는 그들에게 덕과 기상을 기대한다. 우리는 명예를 비웃고, 그렇게 하지 않는 배반자가 있을 경우 어이없어 한다. 우리는 짐승을 거세해 놓고 새끼를 낳으라 한다."[7]

하지만 우리는 이것이 잘못임을 안다. 셰익스피어의 시저가 말한 것처럼 우리는 가슴으로 이미 안다. "비겁한 자는 죽기 전에 여러 번 죽는다. 용감한 자는 단 한 번 죽는다."[8] 그리고 우리는 여전히 용기 있는 사람, 영웅이 되기를 꿈꾼다. 그래서 우리는 극장으로 몰려가, 최소한 자신의 신념을 위해 싸우고 죽을 줄 아는 현대판 영웅들의 영화를 본다.

전쟁터의 비유

그러한 싸움이 루이스의 「페리란드라」(Perelandra)에 생생하게 묘사되어 있다. 어윈 랜섬이 비너스 행성에 파견된다. 악의 세력으로부터 그 행성을 구해내기 위함이었다. 이 악의 세력은 그린 레이디를 유혹하는 편집광 웨스턴('반인간')으로 대표된다. 행성에 도착한 랜섬은 웨스턴을 상대로 기나긴 토론에 들어가, 의의 명분을 지켜낸다. 그러나 결국 말만 가지고는 승리할 수 없음이 명백해진다.

랜섬은 웨스턴의 계략과 싸우며, 왜 주님(메일렐딜)이 기적적으로 간

섭하지 않는지 의아해 한다. 그러나 어둠 속에서 그는 메일렐딜이, 나침반이 향하는 자극점과도 같이 확고부동하게 거기 계심을 알게 된다. 랜섬은 거룩한 땅위에 서 계신 신의 임재에 잠긴다. 그러나 자신은 섭리에 의한 명령으로 그곳에 왔다는 사실을 자각하는 순간 내적인 토론은 미약해진다. 그에게는 그 곳에 있어야 할 이유가 있었고, 그의 출현은 하나님의 일을 하는 데 필요한 '기적'이었던 것이다.

처음에 그의 시도는, 신발끈을 매려는 아이들처럼 서툴러 보였다. 그러나 어떤 압도적인 확신이 일기 시작했다. 그 곳에 그가 온 것은 "도덕심의 발휘도, 흉내 정도에 그치는 싸움도 아니었다." 그 행성의 미래가 그에게 달려 있었다. 그는 싸워야만 했다. 모든 것이 그 싸움에 달여 있으므로 싸워야 했다.[9]

그가 보기에 이 문제는, 고대 로마의 다리를 사수하기 위해 싸운 호라티우스의 문제(적들이 이 다리를 건너올 경우 나라가 위험했으므로 호라티우스는 여기서 배수의 진을 치고 방어했다–역자주)이며, 혹은 기독교를 받아들이고 그것을 지키기 위해 제국의 힘을 쏟아부은 콘스탄틴의 문제에 비견될 만한 것이었다. 랜섬에게 요구되는 것은 결코 추상적인 것이 아니었다. 행성의 운명이 그의 두 어깨에 달려있지 않은가. "음성이 말했다. '아무 뜻도 없이 네 이름을 랜섬(구속, 해방)이라 한 것이 아니다.'"[10] 그럼에도 그는 두려운 임무 앞에서 떨었다. 하지만 그는 전에도, 한번은 전쟁에서 그리고 또 한번은 참담한 실패를 고백했을 때, '불가능한 일'을 수행했음을 거듭 기억하게 된다. 이제 다시 한번 도전에 대처해야만 하는 순간이 왔다.

그리고 결국 그는 훈련되지 않았지만, 웨스턴과 싸우기로, 그 '반인간'을 죽이기로 결심한다. 싸움이 시작되자, 그는 자신의 능력에 스스로 놀란다. 아예 목숨을 내놓고 싸우기로 작정한 까닭이었다. 싸움터에 결연히 선 "랜섬은 두려움이 아니라 일종의 기쁨이 가득했다."[11]

그가 느낀 '기쁨'은 참된 인간의 증표라 할 수 있는 용기로부터 나온 것이었다. 윈스턴 처칠 경은 이렇게 선언한 바 있다. "용기가 없다면 다른 모든 덕은 가치를 잃고 만다." C.S. 루이스도 「악마의 편지」에서 비슷한 경고의 말을 했다. 이상하게도 어떤 사람이 비겁한 행동을 하게 되면 그는 필시 사람답지 못한 그 행위에 가책을 느끼게 되고, 그 다음에는 회개하며 하나님께 자신을 중심이 곧은 인간으로 변하게 해달라고 부탁한다는 것이다. 그래서 악마 스크류테이프는 웜우드에게, 하나님 (악마의 입장에서는 원수)이 세상을 위험과 시련으로 가득 채운 것은 아마도 인간의 가슴에서 용기를 이끌어내기 위함일 것이라고 가르쳤다. 그분이 보시기에 "용기는 단순히 여러 덕 가운데 하나가 아니라, 가장 어려운 시점, 말하자면 실체를 검증 받아야 하는 가장 본질적인 시점에 드러나는 모든 덕의 형식이다."[12]

비겁이 우리를 유혹 앞에 무방비 상태로 서게 하는 것이라면, 용기는 '모든 덕의 형식'으로서 우리는 훌륭하게 행동하고 거룩에 이르도록 하는 것이다. 어떤 악덕(예를 들면, 탐욕)에는 옹호자가 있어서 좋은 측면을 더러 내세우기도 하지만, 비겁이라는 악덕을 옹호하는 경우는 없다고 해도 된다. "죽느니 공산당이 되자"(*better red then dead*)와 같은 1960년대의 구호들은 예외다. 하지만, 토마스 아퀴나스가 역설했듯이, "용감한 사람이 죽음의 위험을 무릅쓰는 것은 선을 위함이다."[13]

거룩함은 빈번히 유약하고 온유한 쪽으로만 취급되어 왔다. 거룩한 사람들은, 결코 화내지 않는 예수, 악한 자들에게도 결코 대항하지 않는 "부드럽고 온유한 예수"와 비슷할 것이라고 막연히 연상된다. 그러나 루이스가 인용하는 키케로의 말은 전혀 그렇지가 않다. "추함과 나약함과 호색에 대해서는 일체의 행위와 생각도 허용하지 말 것을 본성과 이성이 명령한다."[14] 거룩함을 부드러움과 같은 것으로 취급하는 사람들은 대개, 원수가 오른편 뺨을 치거든 "왼편도 돌려대라"라는 예수의 명령을 오해하고 있다.

자신의 요한복음 주석에서 토마스 아퀴나스는 어거스틴의 견해를 따라, 우리는 예수의 말씀을 "그리스도와 성도들이 실제로 보여준 행동에 의거하여" 해석해야 한다고 말했다. "그리스도께서 언제나 왼편 뺨을 돌려대신 것은 아니며, 바울 역시 그렇게 하지 않았다."왼편 뺨도 돌려대라는 말씀을 너무 문자적으로 해석하면 곤란하다. "반드시 그래야 할 이유가 있거든, 그런 일은 물론 그보다 더한 일도 가해자에게 적개심을 품지 말고 기꺼이 참아야 한다"라는 뜻으로 예수께서는 말씀하셨다. 예수께서 모범을 보이신 대로, 우리는 하나님의 뜻이면 "십자가에 못 박힐" 용기가 있어야 한다.[15] 그러나 왼편 뺨을 돌려대는 그 행위가 싸움을 회피하고, 사악한 원수들로부터 달아나며, 무고한 이들이 해를 당할 때 외면해도 된다는 말은 아니다.

루이스의 작품에 등장하는 가장 의로운 등장인물들의 특징이 바로 용기이다. 중세적 삶과 중세문학에 대한 그의 애정에는 당연히 기사도 정신에 대한 깊은 사랑이 포함된다. 「기사도의 필요성」이라는 글에서 그는 전설의 기사 랜슬롯을 예찬하는데, 이 랜슬롯이 말로리(Malory)의 「아서왕의 죽음」(*Le Morte d'Arthur*)에서는 "궁정의 숙녀들 사이에서 성장한 가장 온순한 남자. 그리고 불구대천의 원수에게는 옆구리에 창을 끼고 돌진하는 가장 준엄한 사나이"로 묘사된다.[16]

루이스의 언급대로, 이 기사도 정신의 추종자들에게는 간절의 의무가 부과된다. 기사는 전투에 임하여 두려움 없이 적을 섬멸할 태세를 갖추어야 하고, 싸우다가 죽을지언정 결코 달아나지 않아야 한다.

옳은 일을 위해 단호한 태도를 취한다는 것은 당사자를 죽음의 위협에 노출시키기까지 한다. 그래서 "모든 불굴의 정신은 죽음과 관련된다."[17] 물론 기독교 신앙의 궁극적인 용기는 죽음으로써 믿음과 사랑을 증거하는 순교이다. "토마스 아퀴나스는, 자신보다 높은 위치에 있는 악한 권력, 그래서 용감한 자라 해도 죽음이나 부상을 각오하지 않고는 물리칠 수 없는 높은 권력에 대항하는 용기를 거의 용기의 본질로 여기는 듯하다."[18] 그러나 전투의 함성을 뒤로하고 돌아와 있을 때는, 특히 숙녀들 앞에서는 한없이 공손하고 유순하며 친절한 것이 또 기사들이다. 기사는 "무한대로 사납고 무한대로 유순하다"로 루이스는 말했다.[19]

그러므로 용기 있는 사람들은 종종 분노한다. 토마스 아퀴나스에 따르면, "용감한 사람은 자신의 행동을 위한 수단으로 분노를 이용한다. '분노에는 악을 향해 미친 듯이 달려드는 특징이 있기 때문이다. 따라서 용기와 분노는 직접적으로 영향을 주고받는다.'"[20]

기사를 양성하라

현대 세계에도 용감한 사람들, 궁정의 기사들이 필요하다고 루이스는 생각했다. "우리가 랜슬롯들을 키워내지 못하면, 인간은 두 부류로 나뉠 수 밖에 없다. 피와 철에는 능숙하지만 '성 안에서는 유순하지' 못한 사람들과 '성 안에서는 유순하지만' 전투에는 쓸모 없는 사람들."²¹ "랜슬롯" 정신은 시대에 뒤진 것이 아니다. 각 세대는 현대의 랜슬롯들을 교육하여 그들의 2차원적 사명을 감당하게 해야 한다.

이러한 확신으로 루이스는 중세의 기사도 정신을 예찬했을 뿐 아니라, 그 가치들을 자신의 작품에, 특히 나르니아 연대기에 투사했다. 「최후의 전투」에서 티리안 왕이 추종자들에게 말한 바와 같이, "전사는 잔소리하지 않는다. 정중한 말 혹은 역경만이 전사의 언어이다."²² 「카스피안 왕자」(*Prince Caspian*)에서 이 기사도적 이상이 현저히 드러난다. 전투의 와중에서 사악한 미라즈가 넘어지자, 피터는 차제에 그를 공격하여 회복불능의 나락으로 떨어뜨릴 수 있었지만, 가만히 서서 그가 다시 일어나 싸울 태세를 갖추기까지 기다린다. 피터의 이 기사도 정신을 목격한 에드먼드는 생각한다. "아, 도대체 뭔가? 저렇게까지 신사적이어야 한단 말인가? 그렇기도 하겠군. 그것이 대 기사이며 높은 왕의 정신일 테니까. 아슬란이 바라는 것도 저러한 정신일 거야."²³ 사실이 그렇다. 그것이 아슬란이 기뻐하는 정신이었다. 죽음을 무릅쓰고라도 기개를 지키는 정신.

용기에 대한 요청은 「사자와 마녀의 옷장」에서 시작된다. 마녀의 지배로부터 나르니아를 구해낸 아슬란은 피터에게, 보좌가 네 개 있는 웅장한 성 케어 패러블을 보여준다. 피터는 여기서 '높은 왕'으로 나르니아을 다스리게 될 터였다. 하지만, 그러자면 우선 그는 '첫번째 전투'에서 '무공을 세우고' 사나운 늑대로부터 그의 누이 수잔을 지켜야 했다.

피터는 용감한 마음이 생기지 않았다. 사실 좀 토할 것 같은 느낌이었다. 하지만 그렇다 해서 그가 해야 할 일이 달라지는 것은 아니었다. 그는 그 괴물을 향해 곧바로 돌진하며, 괴물의 옆구리를 겨누어 칼을 휘둘렀다. 그러나 칼은 늑대를 베지 못했다. 늑대는 번개처럼 빠르게 돌아 피했다. 늑대의 두 눈은 이글거렸고 크게 벌린 아가리는 분노로 으르렁거렸다... 모든 것이 한 순간이었다. 그는 칼을 뒤로 뺐다가 순식간에 앞으로 내밀며, 사력을 다해 괴물의 네 다리 사이로 찔러 넣어 심장을 뚫었던 것이다.[24]

늑대가 죽고, 피터와 누이는 덜덜 떨며 싸움터에 서 있었다. 이어 왕같은 사자 아슬란이 나타나고, 감동적인 의식이 거행된다. 아슬란은 피터의 검을 받아 "날을 눕혀 그를 두드리며 말했다. '일어서시오. 피터 퍼니스 베인 경.'"[25]

이러한 준비 과정을 거쳐, 피터는 군대를 이끌고 마녀의 군대와 싸워 승리하고 나르니아를 구해낸다.

그 다음 편 연대기, 「카스피안 왕자」(Prince Caspian)에서는, 한 어린 왕자에게 비상한 용기가 요청된다. 그의 사악한 아저씨로부터 자신의 의로운 왕국을 탈환해야 했던 것이다. "옛 나르니아 백성들"이라는 충성그러운 군대가 "나르니아에서 미라즈를 몰아내기 위한 중요한 전쟁"을 기꺼이 수행할 참이었다.[26] 그런데 그 군대에는 "카스피안이 전혀 예상하지 못했던 말하는 생쥐"가 끼어 있었다.[27] 루이스의 가장 유쾌한 동물, 리피칩이 이렇게 등장한다. 한 자 정도의 키밖에 안 되는 그것은 "유쾌하고 용감한 생쥐였다. 그 생쥐는 작고 귀여운 칼을 옆구리에 차고, 그 긴 수염을 무사의 수염이라도 되는 양 빙빙 돌렸다."[28]

이어지는 전투에서, 리피칩은 언제나 용감한 행동을 고취했다. 늘 나서서, 때로는 거의 무모할 정도로, 용기와 기사도 정신을 북돋웠지만, 그 스스로도 의를 위해서라면 언제나 칼을 뺄 준비가 되어 있었다. 「카스피안왕자」(*Prince Caspian*)에서 리피칩은 심각한 부상을 당한다. 그 사랑스러운 꼬리를 잘리기까지 한다. 아슬란은 생쥐를 정성껏 치료하고 잘린 꼬리도 다시 회복시켜주며, 용감한 생쥐와 그 동료들의 용기를 칭찬한다. "너는 기백이 대단하구나."[29]

「새벽 출정호의 항해」에서 리피칩, "용기로 똘똘 뭉친 한 자 반의 작은 영웅"이 다시 나온다. 이 책은 '영적인 삶'(특히 리피칩의)을 이야기한다고 루이스는 말했다.[30] 리피칩은 이제 이 책에서는 '대장 쥐'로 불린다. 배의 모험이 시작될 때, 앞서 언급한 못된 아이 유스테이스가 리피칩의 꼬리를 잡고 빙빙 돌리며 무례한 행동을 한다. 아이의 손에서 빠져나온 역전의 용사 리피칩은 조용히 칼을 뽑아, 위협적으로 아이의 몸을 바싹 겨냥하며 흔들어댄다.

아이는 칼을 치우라고 요구했고 생쥐는 결투를 요구했다. 결투 신청을 받은 아이는 말한다. "나는 칼이 없어. 나는 평화주의자야. 나는 싸움을 믿지 않아."[31] 어이없는 반응이었다. 리피칩은 이 무례한 아이의 징계를 결심하고는 칼날을 옆으로 눕혀 아이를 후려친다. "공들여 담금질한 쇠이면서도 자작나무 회초리만큼이나 탄력 좋고 효과적인 칼이었다. (물론) 아이는 체벌 없는 학교에 다녔고, 그런 만큼 리피칩의 체벌은 전혀 색다른 경험이었다."[32]

모험에 나선 선원 일행이 여러 가지 위험에 거듭 직면할 때마다 리피칩은 선두에 서서 악과 싸우며 끊임없이 용기와 기백을 고취한다. 수많은 전투를 거치며 그는 죽음도 불사하겠다는 의지를 보여주었다. 그리고 이야기가 끝나는 지점에서 그는 작은 배를 타고 세상의 끝을 향해 항해한다. 아슬란의 영원한 나라에 들어가리라는 희망을 품고서.

처칠, 대처

윈스턴 처칠은 2차 대전 중 하로우 스쿨의 학생들에게 용기를 말했다. "굴복하지 마십시오. 절대로, 절대로 굴복하지 마십시오. 높든 낮든, 크든 작든 그 어느 것에도 굴복하지 마십시오. 영예롭고 분별력 있는 신념이 아니라면 그 어느 것에도 절대 굴복하지 마십시오."[33] 이것이 악의 세력에 맞서 싸우며, 전쟁을 승리로 이끈 용기였다.

우리는 비록 물리적인 전쟁은 아닐지라도 언제나 "이 세상의 정사와 권세들"을 상대로 전쟁을 벌이고 있다. 그러므로 여호수아처럼 우리는, 우리와 함께 하시겠다 약속하신 하나님으로부터 우리의 힘이 온다는 사실을 기억해야 한다. 처칠의 말대로, 결국 "성공은 끝이 아니다. 실패도 결정적인 것이 아니다. 중요한 것은 용기이다."

이번 세기의 가장 훌륭한 정치가로 꼽히는 마가렛 대처가 처칠의 금언을 실천했다. '철의 여인'으로 알려진 그녀는 깊은 신념에서만 나올 수 있는 용기를 보여주었다. 그녀의 신념은 감리교회에 다니던 어린 시절에 형성되었다. 여론의 향배에 따라 말을 바꾸는 줏대 없는 정치꾼들과는 달리, 대처 여사는 자유와 정의 같은 원칙들이 위기에 처했을 경우에는 결코 소신을 굽히지 않았다. 타협과 '합의'를 촉구하는 사람들에게 그녀는 대답했다.

"내가 보기에 합의는 이렇습니다. 모든 신념, 원칙, 가치, 정책을 포기하고 대신 아무도 믿지 않지만 아무도 이의를 제기하지 않는 어떤 것을 추구하는 과정이 합의입니다. 먼저 동의를 얻어낼 수 없다는 이유만으로, 반드시 해결해야 할 당면 문제들을 회피하는 과정이 합의입니다. 어떤 위대한 이상이 과연 '나는 합의를 존중한다'는 가치 아래에서 싸워 성취될 수 있었단 말입니까?"[34]

대처 여사처럼, 그리스도인들도 합의를, '아무 거'나 좋다는 나약한 다원주의를 지지해서는 안 된다. 우리는 그리스도와 그분의 말씀 앞에 서야 한다. 그리고 여기에는 용기가 필요하다. 여호수아 마지막 장에서 이제 늙은 지도자가 백성들을 향해 마지막 연설을 한다. 그는 하나님께서 아브라함의 자녀들을 어떻게 축복하셨는지 일깨운다. 그리고 당부한다.

"그러므로 이제는 여호와를 경외하며 성실과 진정으로 그를 섬길 것이라 너희의 열조가 강 저편과 애굽에서 섬기던 신들을 제하여 버리고 여호와만 섬기라 만일 여호와를 섬기는 것이 너희에게 좋지 않게 보이거든... 저희 섬길 자를 오늘날 택하라 오직 나와 내 집은 여호와를 섬기겠노라"(수 24:14-15).

11. 절제

적절하게 하라

신약성서는 자기부인을 강조하지만, 그렇다고
그 자체가 목적인 자기부인을 말하는 것은 아니다.[1]

그리스 역사가 투키디데스에 의하면, 우리는 "사람과 사람의 차이는
엄청나다고 믿을 것이 아니라, 어떤 사람이 탁월한 것은 그가 가장 엄격
하게 교육받았기 때문이라고 생각해야 한다."[2] 이 역사가의 전쟁터뿐 아
니라 좀더 작은 전쟁터에서도 같은 교훈을 얻을 수 있다. 고인이 된 달
라스 카우보이 감독 톰 랜드리는 말했다.

가장 훌륭한 선수는 규칙과 한계를 받아들일 뿐 아니라 그 두 가지가
필요하기까지 하다. 선수들은 자신들에게 기대되는 것이 무엇이고 자신
들의 한계가 어디까지인가 알고 있을 때 가장 탁월한 경기력을 수행한
다.[3]

좋은 선수는, 우선 코치들의 지도를 따르는 데서 시작되는 자기 통제
력을 훨씬 더 확장할 줄 안다. 제 아무리 탁월해지고 싶어도, 도움을 받
지 못하면 생각과 행동을 목표에 집중할 수 없다. 죄에서 해방되지 않은

사람들은 자신들만의 힘으로는 대체로, 죄의 유혹이라는 자연적인 본능을 따르게 되는데, 결국 그것이 그들을 파괴한다.

"선은 지속적인 강화훈련이 필요하고, 악은 허용만을 필요로 한다"고 윌리엄 베넷은 말한다.[4] 자기 절제는 우리를 상하게 하지 않는다. 우리를 자유롭게 한다. 운동 선수가 몸 상태를 유지하고 경기력을 발휘하는 것은 절제로 인함이다. 루이스가 보기에,

> 절제는, 그러니까 자유, 거의 무한에 가까운 자유를 오히려 돋보이도록 하기 위해서 존재한다. 춤에 깊이 숨어있는, 너무 깊어서 피상적인 관객은 결코 파악할 수 없는 반복 양식이 오히려, 춤의 전면에 드러난 격하고 자유로운 동작을 아름답게 한다. 10행시라는 절제의 정형성이 시인의 모든 시적 허용과 변용을 더 아름답게 하는 것과 같다. 행복한 영혼은, 행성과도 같이, 방랑하는 별이다(행성을 뜻하는 영어의 그리스어 어원은 "방랑하는 것"이라는 뜻에서 왔다—역자주). 하지만 그 방랑에도 (천문학이 말하는 대로) 불변하는 것이 있다. 그 행성은 예측할 수 없을 정도로 궤도 편차를 보이지만, 그 편차에서도 고정된 것이 있다.[5]

절제의 덕

절제(temperance. 알맞은 비율로 섞는다는 뜻의 라틴어 temperare에서 유래)의 덕은 우리가 온건, 자제를 훈련하는 데 유익하다. 절제는 삶의 모든 면에 적용되며, 모든 것이 적정한 자리에 있도록 질서를 부여한다. 어거스틴에 따르면, "절제의 기능은, 하나님의 법과 그분의 선한

열매에서 멀어지게 하는 것들 쪽으로 우리를 잡아끄는 욕망을 통제하고 가라앉히는 것이다... 그 모든 육신의 미혹과 칭찬을 쫓아내는 것이 절제의 임무이다."[6] 아테네의 전설적인 입법자 솔론은 선언했다. "아무것도 넘치지 않게 하라." 루이스가 정의한 바에 따르면, 절제는 "모든 즐거움에 적용된다. 완전히 금욕하라는 뜻이 아니라, 적절하게 하고 그 이상을 넘지 말라는 뜻이다."[7]

성령의 능력을 받는 거룩한 사람들은 그들의 온전함을 유지하는 힘을 절제에서 찾는다. 하나님께서 "몸을 고르게"(공동번역은, "몸의 조화를 이루게"-역자주) 하셨다고 바울은 말했는데, 그리스 원어 소프로쉬네(sophrosyne)가 암시하듯, "지시하는 이성" 곧 통제력이 있다는 의미이다.

바울의 말은 계속된다. "우리의 아름다운 지체는 요구할 것이 없으니 오직 하나님이 몸을 고르게 하여 부족한 지체에게 존귀를 더하사 몸 가운데서 분쟁이 없고 오직 여러 지체가 서로 같이하여 돌아보게 하셨으니"(고전 12:24-25).[8]

그러므로 절제(temperance)는 몸의 지체들의 일을 조절, 조정하여 각 기능을 올바로 수행하게 한다는 뜻이다. 못 박힌 침대에서 자거나 피골이 상접할 정도로 금식하는 것은 이교도적 훈련일 뿐, 결코 기독교적이라 할 수 없다.

생각하는 습관

「순례자의 귀환」에서 존과 버츄(Virtue, 덕)는 미스터 감각(Mr. Sensible)의 이야기를 듣는다. 이야기의 주제는 좋은 삶이다. "감각은 쉽고, 이성은 어렵다. 그 우아한 순발력으로 감각은 멈춰야 할 곳을 알지만, 이성은 목적지가 어딘지도 모르고 추상적인 논리를 노예처럼 따라간다. 한 편은 안락을 추구하고 그것을 발견하지만, 다른 한편은 진리를 추구하고 지금도 여전히 추구하고 있다. 상식(*le bon sens*)은 번영하는 가족의 아버지이다. 이성은 불임이며 처녀이다."[9] 미스터 감각은 아리스토텔레스의 중용(*golden mean*)을 들먹이며 자신의 주장에 권위를 세우려 한다. 그러나 아리스토텔레스를 전공한 버츄는 이렇게 언급한다. 그의 "원문은 당신 것과 다르다. 내게 있는 그의 원문에서, 중용의 이론은 당신이 말한 의미를 전혀 담고 있지 않다. 그는 특히 선에는 과도함이 없다고 말한다. 올바른 방향이라면 아무리 멀리 가도 지나침이 없는 것이다."[10]

흔히 "우리의 주님께서는 우리의 바라는 바가 너무 강한 것이 아니라 너무 약하다고 생각하신다."[11] 절제는 강한 것이다. 그래서 올바로 살고자 한다면 이성이 우리의 감각을 지배해야 한다고 루이스는 주장했다. 절제는, 우리의 삶에 유익이 되는 한도 내에서만 쾌락을 취한다는 뜻이다. "사람은 그 자체로 이성적인 존재이므로, 사람에게는 의당 이성에 일치하는 쾌락이 어울린다"고 토마스 아퀴나스는 썼다.[12]

절제는, 자기 자신에게만 집중하면서도 "이기심 없는 자기 보존"을 요구하는 유일한 덕, 감각의 독특성을 지혜롭게 유지하고 그 즐거움을 올바로 누리도록 하는 유일한 덕이다.[13]

조지프 파이퍼의 결론에 따르면, "순결, 금욕, 겸손, 정중함, 부드러움, 열심(*studiositas*)은 절제를 훈련하는 방법들이다. 음란, 방탕, 교만, 무분별한 분노, 탐욕(*curiositas*)은 무절제의 표본들이다."[14] 그러므로 파이퍼의 범주를 따라가며 절제를 연구해 보도록 하자.

순결

성적인 통제력 곧 순결이 절제의 기본이다. 순결은 질서가 잡힌 건전한 성이다. 성적인 욕구를 포함하여 하나님이 창조하신 모든 것은 선하다. 그러므로 하나님의 법을 따라가며 우리를 향하신 거룩한 의도를 이해해야 우리의 성본능에 질서가 잡힌다. 한 사람이 '이성에 일치하여' 산다면, "그는 '냉정을 유지할 줄 아는' 사람이다. 음란은 인간의 이 냉정과 억제력을 특별히 더 무너뜨린다."[15]

초대교회는 두 가지 특질, 곧 사랑과 순결을 통해 세상을 그리스도 앞에 데려왔다는 것이 역사가 하르낙(Adolph von Harnack)의 말이다. 그런데 C.S. 루이스의 말은 좀 다르다. "순결은 그리스도인의 미덕 가운데 가장 인기 없는 것이다. 그러나 순결은 회피할 방법은 없다. 저 유구한 기독교 규범은 배우자를 향한 정절이 완전하게 지켜지는 결혼이거나 철저한 금욕이다."[16]

우리의 세계는 성에 대한 기독교적 가르침에 반대하며, 저 무수한 멜로드라마들처럼, 성에 대한 그릇된 인식을 조장한다. 끝없는 잡담과 도발적인 성교육 강좌, 무분별한 잡지 기사, 이 모든 것들이 '금지'와 망설임을 무시하고 성적인 욕망에 탐닉하도록 우리를 부추긴다.

「고요한 행성으로부터」(*Out of the Silent Planet*)에서 램섬은 그 행성에는 인구과잉의 문제가 없음을 알게 된다. 인구가 지원을 초과하면 어떻게 되겠느냐는 램섬의 질문에 휘오이는 의아해 한다. 그곳 피조물들은 출산 적령기에만 성적으로 결합하는데, 왜 인간들은 성적인 결합이 그렇게 빈번한지 이해할 수 없었던 것이다.

루이스가 보기에, 기독교인들의 태도는 말라칸드라에 거하는 사람들의 태도와 같이 절제, 즉 성을 결혼 관계 내로 엄격히 제한하고, 성은 자녀와 관련된 것임을 인정하는 것이다. 이는 마치 우리가 음식을 먹음으로 물에 영양분을 제공하는 것과 같다. 결혼은 하나님이 제정하신 거룩한 연합임을 기억하자. 기독교인들에게 결혼은 거룩한 것이며, 간음은 당연히 악한데, 그것은 간음이 혼인에 의미를 부여하는 당사자들의 영원한 서약에서 성을 단절해버리기 때문이다.

금욕

절제의 두 번째 양상은 금욕, 억제, 쾌락에 대한 욕망의 제한이다. 「페리란드라」(*Perelandra*)에서, 랜섬은 새롭게 창조된 한 행성, "인간의 뇌가 감당하기 어려울"[17]만큼 선하고 웅장하며 아름다운 한 행성으로 간다. 녹음 짙은 숲을 거닐던 그는 나무에 달렸는 "공처럼 생긴 노란 열매들"을 발견한다.

그는 하나를 따서 살펴보고는 구멍을 내어 그 즙액을 마신다. "그것은 완벽하게 새로운 종류의 쾌락, 인간들 사이에서는 듣도 보도 못한, 아예 생각조차 해볼 수 없는 쾌락을 발견한 듯 했다. 이 맛을 한번 보면 지구상에서는 아마 나라가 서로 배반하며 전쟁을 벌일 것이었다. 그 쾌락은 절대 알려져서는 안 되는 것이었다.[18] 하나를 다 마신 그는 하나 더 마시고자 손을 뻗었다. 하나로 충분했음에도 그랬다. 그는 소비의 즐거움을 놓칠 수 없었다.

그리고 그는 다시 '거품나무'를 발견한다. 바다에서 가져온 물을 향수로 변하게 하는 나무였다. 그는 거품나무 열매들을 많이 터뜨려 향수 냄새라는 쾌락을 '열 배'나 더 높이면 어떨까 생각했지만, 뭔가 그 행동을 제지하는 것이 있었다. 필요한 것이 이미 있는데, 왜 더 찾는단 말인가? 그 순간 그는, 더 많이 갖고자 하는 욕망을 제한하는 것이 "더 넓은 경험과 더 깊은 순간의 원리" 아닌가 싶었다.[19]

랜섬은 좀더 멀리 걸었다. 작은 산열매들이 가득한 덤불숲이 나왔고, 열매들은 달았다. 그의 입에서는 그 선한 것들에 대한 찬양의 기도가 흘러나왔다. 산열매들 대부분은, 우리의 양식처럼, 중독성이 없었다. 하지만 "중심이 밝고 붉은" 열매들은 특별히 맛이 좋아서, 그는 그 열매들로만 배를 채우고 싶었다. 그러나 이번에도 여전히 그를 제지하는 같은 음성이 있었다.

랜섬은 그 '음성'으로부터, 선한 것들을 알맞게 즐기고 창조로 인해 생긴 것들을 적정하게 소비하는 법을 배웠다. 우리는 먹고 자고 운동하는 모든 일에 균형을 유지해야 한다. 건강한 삶, 거룩한 삶은 통제, 적정, 절제의 삶이다. 이 불순물 없는 거룩한 삶은 성령께서 쇠를 다루듯 우리의 영혼을 연단하시는 과정에서 나온다.

마음을 다하여 하나님을 사랑함이 거룩한 삶의 본질일진대, '절제'는 결코 모든 즐거움에 반대하는 소모적이고 우울하며 부정적인 정신이 아니다. 절제는 올바른 방식으로 우리의 존재를 사랑하고 우리의 복지에 마음을 쓰는 태도이다. 절제는 자기 보존을 추구하되 이기적이지 않은 방식으로 그렇게 한다. 이것이 '자만'과 다른 점이다.

우리는 모든 것의 근원이신 하나님께 대한 감사의 마음으로 우리의 존재를 지키고 보존하려 한다. 우리는 소속팀에 헌신하는 운동 선수처럼 언제나 최선의 상태를 유지하려 하되, 혼자 유명해지려는 스타 의식에서가 아니라 팀 전체의 목표를 달성하기 위해서 그렇게 한다.

겸손

일찍이 '기사도적인' 사랑과 시에 매혹했던 루이스였다. 따라서 그는 기사도라는 '중세적 이상'을 예찬했다. 이 기사도로 인해 "위대한 전사는 겸손과 인내를 배웠다. 전사에게는 강함만이 아니라 항상 겸손과 인내라는 덕목도 필요한 것임을 경험으로 알고 있었기 때문이었다. 이 기사도로 인해 겸손하고 예절바른 사람은 용기를 배웠다. 겸손하고 예절바르다 하여 유약한 인간일 수 없음을 그들은 알고 있었기 때문이었다."[20]

훌륭한 인간(이상적인 기사)은 강함과 약함을 조화한다. 이것은 "자연이 아니라 예술 작품이다. 캔버스나 대리석 대신 참된 인간을 만들어내는 예술 작품."[21] 이러한 기사도적 겸손의 특징이 바로 절제이다.

겸손은 자기 비하나 열등감과는 상관이 없다. 겸손은 아퀴나스가 예찬한 '고결한 인간'에 부합한다. 이러한 사람들은 편협한 악인을 경멸한다. 그 어떠한 두려움에도, 그 어떠한 아첨에도 이 고결한 사람들은 진리와 정의의 자리에서 벗어나지 않는다. 겸손은 인간이 아니라 하나님을 향한 태도에서 드러난다. 자신의 의지를 내맡김이 참된 겸손의 증표이다.

루이스에 따르면, 겸손은 우리에게 당신을 알리고 싶어하신 하나님께서 명하신 것이다. 우리가 진정으로 그분을 만난다면, 우리는 겸손하지 않을 수 없을 것이다. 우리의 위대함이라는 환영이 태양 아래 드러난 천과도 같이 바래어질 것이므로 그렇다. 겸손하게 되면 우리는 우주의 중심인 양 내세웠던 "그릇된 자기" 이미지를 버린다. 진정으로 겸손한 사람은 자신을 하찮은 존재로 비하하지도 않는다. 겸손한 사람은 눈에 띄게 밝고, 그들의 일과 주변 세계에 열중한다. 스스로의 존귀함을 전혀 자각하지 않는 그 행복함으로 마당에서 열심히 뛰노는 아이들과 같다.

정중함

옥스퍼드 대학 교수들의 반대로 몇 년간 교수직을 거절당한 후, 루이스는 케임브리지 대학에서 교수직을 제의받았다. 그는 좀 빗대어 말했다. "일은 더 적게 하고 급료는 더 많다." 그러나 좀더 자세한 설명에 의하면, 그가 케임브리지에서 일하기를 고대한 이유는 "이 급진적이고, 무신론적이며, 냉소적이고, 매정한 거대 교수 집단과는 달리" 케임브리지는 작고 "고풍스러우며, 경건하고, 정중하며, 보수적이기 때문이었다. 아마 나는 여기[옥스퍼스]서 소심한 구닥다리 취급을 받으니 거기(케임브리지)서 앙팡 테리블[무서운 아이]이 될 것이다."[22]

루이스는 예절 바르고 정중한 분위기를 높이 평가 했으며, 이러한 분위기가 어느 곳이건 좋은 사회, 건전한 집단의 주도적인 특징이라고 믿어 의심치 않았다. 이러한 세계가, 「그 무서운 힘」(*That Hideous Strength*)에서 램섬의 지도력 하에 모인 세인트 앤의 공동체에 의해 그려진다. 우리는 여기서 나이스의 악의 세력에 경건히 맞서는 "좋은' 사람들, 마더 딤블처럼 간명하고 친절한 영혼들을 발견한다.

「나르니아 연대기」 종결편 「최후의 전투」에서, 말 그대로 최후의 전투가 시작되자, 포위된 아슬란의 군대는 티리안 왕을 뒤따르다가 느닷없이 배신자들의 공격에 직면한다. 이 배신자들은 난쟁이 집단으로, 왕의 군대를 지원하기 위해 달려오던 말하는 말들에게 화살을 쏘아대기 시작했던 것이다. 난쟁이들의 배신에 분노한 유스테이스가 비명를 질러댔다. "오리새끼들같이 뒤뚱거리는 놈들… 더럽고 추잡한 배신자들."[23] 그리고 충성스러운 유니콘 주얼마저 난쟁이들을 공격하려 한다. "그러나 티리안은, 바위처럼 엄정한 표정으로, 말했다. '주얼, 한치의 흔들림도 없이 진중하라. 그리고 얘야(질에게 하는 말이다), 울려거든 고개를 돌려 활시위가 젖지 않도록 하라. 유스테이스는 평정을 되찾도록 하라. 부엌에서 일하는 하녀처럼 잔소리하지 마라. 전사는 잔소리하지 않는다. 정중한 말 혹은 역경만이 전사의 언어이다.'"24

'정중한 말' 혹은 '역경'이 루이스가 예찬한 중세 기사들의 특징이었다. 이 중세적 특징이 과연 현대 세계에도 '적합한' 것인가 하는 질문을 받고, 루이스는 대답했다. "더할 수 없이 적합하다." 비록 중세 시대에는 불완전하게 실현됐을지라도, 이 기사도적 이상은 인류를 위한 놀라운 목표였으며 여전히 목표이다. "랜슬롯의 두 기품을 조화롭게 겸비한 수천의 사람들을 양성하는 일은 가능할 수도, 가능하지 않을 수도 있다. 그러나 가능하지 않다면, 우리가 무수히 이야기한 인간 사회의 항구적인 행복이나 존엄은 허구에 지나지 않을 것이다."25

스투디오시타스(Studiositas, 열심)

이제 우리는 절제의 마지막 특징 스투디오시타스(*studiositas*)와 그 반대편에 놓인 사악한 짝 쿠리오시타스(*curiositas*, 호기심)를 비교해야 한다. 쿠리오시타스(*cuiositas*)는 알아서는 안 되는 것을 알고 싶어하는 불건전한 욕망이다. 루이스가 옹호한 영구 철학(*philosophia perennis*)의 한 부분으로서 스투디오시타스(*stuidiositas*)는, "우리가 일관되고 모순 없는 태도를 유지한다면 합리성은 적어도 우리에게 실재의 참 모습을 보여줄 가능성이 있다"는 입장을 취한다.26 루이스의 마지막 우주 소설 「그 무서운 힘」(*That Hideous Strength*)에서, 나이스의 한 독방에 감금된 마크스터독은 프로스트의 심문을 받는다(프로스트는 유토피아를 표방한 기술관료 조직의 '핵심일원'으로서 프로이드적 유형의 인물이다). 어떤 것이 과연 '선한가' 선하지 않은가의 여부를 결정하는 방법에 대해 마크가 언급하자, 프로스타는 현대주의를 역설하며, 마크가 제기한 문제들을 케케묵은 아리스토텔레스적 사고 방식의 잔재로 치부한다. 프로스트 같은 사람들은 이 세계가 끝없이 움직이는 물질로 구성되어 있다고 믿으며, 이 입장으로 모든 것이 설명된다고 생각한다. 이 물질 세계에서는 효과가 있는 것, 결과가 나오는 것이 '선'이다.[27]

프로스트의 철학은, 마술적인 능력 혹은 교묘한 조작술을 획득하고자 우리의 영혼을 악마에게 팔아넘기는 '파우스트의 거래'이다. 괴테는 파우스트를, 도덕적인 지식(*philo sophia*)보다는 실용적인 지식(*libido sciendi*)을 더 원하는 학자로 묘사한다. 도덕적인 지식은 이제 거의 사라졌다. 고전적인 덕이 신봉되어 왔다면, 지식의 탐구는 스투디오시타스(*studiositas*)로 한정되었을 것이다. 그러나 불행하게도, 그 탐구는, 이 살아있는 세계를 밑바닥까지 파헤치고, 찢어발기고, 무너뜨리려는 한없는 호기심의 욕망(*curiositas*)이 장악했다. '안목의 정욕' 쿠리오시타스(*curiositas*)는 보는 것 자체에는 별 관심이 없고, 봄으로써 얻는 이기적인 쾌락에 열중한다.

루이스는 1943년 아서 클라크(Arthur C. Clarke)에게 이렇게 썼다. "테크놀로지는 그 자체로 가치중립적이라는 점에 나는 동의합니다. 그러나 윤리는 완전히 도외시한 채 기술(테크놀로지)로 자신들의 권력을 키우는데 열중하는 집단은 내가 보기에 아무래도 이 우주에서 암적인

존재 같습니다.[28]

200년 전 기술 혁명, 곧 '기계의 탄생'[29]이 삶의 전 분야를 바꾸어버림에 따라 이 세계에 급격한 변화가 초래되었다고 그는 생각했다. 아무 생각 없이 받아들일 경우, 테크놀로지는 '암적인 존재'가 된다. 「그 무서운 힘」(*That Hideous Strength*)에서 사악한 과학주의 심장부 나이스가 바로 이 암적인 존재로 묘사된다. 나이스의 악마적 세계 건설자 로드 피버스톤이 그 기관의 과학적 목표를 설명하는 대목에서 이 점은 분명히 드러난다. 그 과학적 목표란 소수의 엘리트들이 사회 전체의 권력을 잡도록 하는 것이었다. 그래서 어떤 정책을 실행할 것이냐라는 질문을 받자, 피버스톤은 불구자들의 단종, 열등 민족의 제거, 종마와 거세 송아지처럼 인간들에 대한 품종 개량 따위의 정책을 제시한다.

놀랍다는 마크의 감탄에 피버스톤은 고개를 끄덕인다. 마침내 계몽된 한 엘리트가 인간이라는 종을 개량하고 지구를 지배할 참이었다.

그러한 '신 인류'가 드디어 불모의 행성을 다스릴 것이었는데, 왜 불모냐 하면, 나이스의 또 다른 내부자가 행성의 모든 식목이 모든 털을 깎인 삼손처럼 곧 깎여나갈 것이라고 말했기 때문이었다. 이런 따위의 유토피아 사상은 창조를 부인하고 그것을 끝내 인간의 기준에 맞게 재설정하려 한다. 우리의 세계를 괴롭히는 것들 대다수가 바로 이러한 욕망에서 자연의 본질, 곧 창조의 진리를 이해하지 못하는 데서 온다고 루이스는 믿었다.

랜섬과 세인트 앤의 공동체는 지혜(*sapientia*)를 기르고 장려한다. 이것은 루이스가 자신의 저작을 통해 널리 알리고자 했던 덕목이었으며, 여기에는 창조의 남용을 제한하기 위해 필요한 절제가 포함된다. 우리는 스스로를 연단하고 욕망을 억제해야 한다. 그것으로 우리의 강함을 과시하기 위해서가 아니라 그 강함으로 상급을 얻기 위함이다. 절제는 선하고자 함이지 선하게 보이고자 함이 아니다. 그러므로 바울은 고린도인들에게 서신을 보내며 선언했다.

운동장에서 달음질하는 자들이 다 달아날지라도 오직 상 얻는 자는 하나인줄을 너희가 알지 못하느냐 너희도 얻도록 이와 같이 달음질 하라 이기기를 다투는 자마다 모든 일에 절제하나니 저희는 썩을 면류관을 얻고자 하되 우리는 썩지 아니할 것을 얻고자 하노라 그러므로 내가 달음질하기를 향방 없는 것같이 아니 하고 싸우기를 허공을 치는 것같이 아니 하여 내가 내 몸을 쳐 복종하게 함을 내가 남에게 전파한 후에 자기가 도리어 버림이 될까 두려워함이로라(고전9:24-27).

12. 믿음

굽힘없는 신앙의 능력

그리스도에 대한 믿음만이 당신을 구원합니다...

그리고 바로 그 믿음으로부터

선한 행동이 나와야 합니다.[1]

C. S. 루이스는 만년에 옥스퍼드에서 케임브리지로 대학을 옮겼고, 거기서 중세 및 르네상스 문학 강사를 맡았다. 취임 강연을 통해 그는 자신이 예찬하는 '유서 깊은 서구 문화'를 옹호하고, 유럽의 '비기독교화' 경향을 탄식했다. 그는, 현대 세계가 중대한 믿음의 위기에 직면해 있다는 고전 학자들의 주장에 한 목소리를 냈다. 그가 사랑한 중세, 곧 '믿음의 시대'는 거의 잊혀졌으며, '후기 기독교' 문화가 20세기에 개가를 올렸다는 것이 그의 생각이었다. 기술 사회의 도래와 함께 '서구인의 역사에 가장 큰 변화'가 발생했다.[2]

믿음의 시대에 대종합을 이룬, 실재에 대한 기독교적 이해가 인간과 사회를 숭고하게 했다고 루이스는 믿었다. 사람들이 천년 이상 추종했던 그 원리들이 없다면, 어거스틴과 아퀴나스와 초서와 셰익스피어의

세계는 완전히 사라질 것이다. 중세라는 믿음의 시대가 경탄스러운 것
은 그 시대가 보여준 신념에 있고, 그 신념이란, 비가시적인 하나님이
우리에게 신비를 통해 스스로를 계시하사 당신에 대한 구원의 믿음을
이끌어 내신다는 것이다. 어거스틴은 중요한 세 가지(*credere*, 신조) 혹
은 믿음의 형식을 공식화했다.

> 데오 크레데레(*Deo credere*, 하나님이 이끄심), 데움 크레데레
> (*Deum credere*, 하나님을), 인 데움 크레데레(*in Deum credere*,
> 하나님에게로). 데오 크레데레(*Deo credere*)는 하나님이 말씀하시
> 는 바가 참됨을 믿는다는 뜻이다... 따라서 우리는 또한, 사람을 신
> 앙하지 아니하되, 사람의 말이 참됨을 믿든다. 데움 크레데레
> (*Deum credere*)는 구분이 하나님이심을 믿는다는 뜻이다. 인 데
> 움 크레데레(*In Deum credere*)는 믿음으로 그분을 사랑하고, 믿
> 음으로 그분께 나아가며, 믿음으로 그분께 매달려 그분의 권속이
> 된다는 뜻이다.[3]

데오 크레데레(*Deo credere*), 하나님이 말씀하시는 바가 참됨을 믿는
다. 헉 핀(Huck Finn)의 빈정거림처럼, 어떤 사람에게 믿음은 "우리가
알고 있는 것은 사실이 아님을 믿는 것이다."

그러나 그리스도인의 믿음은 분별없는 열광이 아니다. '맹신'은 우리
를 올바로 인도하는 법이 없다. 이것을 '믿음'이라 이른다면 믿음에 대
한 모독이다. 아무것이고 귀에 들어오는 대로 믿는다면 광신에 이른다.
바울이 '지혜없는 열심'이라 부른 이 광신주의는 빈번히 재앙과 죽음을

초래한다.

　믿음과 분별(실천적인 지혜)의 덕은 서로 다투지 않는다. 지혜와 믿음은 천국의 여정에 동행한다. 그럼에도 믿음은 초자연적인 덕이다. 그러한 믿음은 '더 높은 권위', 더 높은 지적인 존재, 신앙의 대상이 되어 마땅한 말씀의 주인이신 이를 인정한다. 그래서 참된 믿음은 일면 지적이며, 실재에 대한 진리들에 정신적으로 동의한다.

　믿음은 '지적인 덕'으로 정의해야 한다고 루이스는 주장했다. 의심과 시련의 시기에도, 우리가 알고 경험한 진리들에 매달려 역경을 극복하도록 하는 것이 믿음이다.

　바로 이 내용을 재미있게 설명하면서 진행되는 작품이 「은 의자」(*The Silver Chair*)이다. 이야기가 시작되는 지점에서 질은 아슬란을 만나는데, 아슬란은 그 아이에게 릴리안 왕자를 찾아서 구해오라는 아주 위험한 임무를 부여한다. 그리고 아슬란은 아이에게, 임무를 완수하려면 네 가지 신호를 기억해야 하며, 그 신호들이 아이들을 인도할 것이라고 말한다.

　"아침에 일어나서, 밤이 되어 누웠을 때, 한밤중에 깨어나서 신호들을 외우거라. 그리고 네게 이상한 일이 닥칠 때는 언제고 신호들을 외우거라. 결코 다른 일에 정신이 팔려 신호를 무시해서는 안 된다."[4]

　불행히도 아이들은 모험의 와중에서 신호를 거의 잊고 만다. 신호들은 언제나, 아이들에게 닥친 상황과 관련이 없어 보였던 것이다. 그러나 마쉬 위글은, '신호'에 따라야 하는 의무를 회피하지 말라고 아이들을 깨우친다.[5] 그래서 아이들은, 상황에 전혀 맞지 않아 보일 때조차, 신호에 따름으로써 역경을 극복하고 릴리안 왕자를 찾아낼 수 있었다. 아슬란의 말은, 언제나 분명한 것은 아니지만, 그럼에도 언제나 귀기울여야 했다. 하나님의 가르침에 귀 기울이고 유념하는 일이 그렇다. 그리고 바로 그것이 나르니아의 영웅들을 구해낸 참된 믿음의 근본 요소였다. 그러므로 우리에게도 하나님의 비밀 신호가 있다. 이 신호가 지시를 내리고, 영혼의 근육을 형성하여, 그리스도인의 믿음에 힘과 유연성을 부여한다. 우리의 기분은 파도처럼 높낮이를 달리한다. 믿음을 유지하자면 우리는 우리가 믿는 바를 날마다 기억해야 한다. 읽고 기도하고 교회에 출석하는 일이 영적인 삶을 유지하게 한다. 이러한 행위들을 통해 우리는 우리가 믿는 것, 우리 믿음의 내용을 일상적으로 상기하는 것이다.

어거스틴은 이렇게 말한다. "믿는다는 것은 동의하는 마음으로 생각하는 것과 같다. 믿는 자들은 또한 생각하는 자들이다. 믿음으로 그들은 생각하고, 생각으로 그들은 믿는다. 믿음에 생각이 없다면, 아무것도 아니다."[6]

토마스 아퀴나스의 말도 비슷하다. "그래서 믿음의 행위는 하나님의 진리에 동의하는 지적인 행위이다."[7]

그리고 루이스는 아퀴나스에 의지하여 이렇게 언급했다. "그가 줌아 콘트라 젠타일레스(*Summa Contra Gentiles*, 이교도대전)에서 우리에게 말하는 계시는 영적인 내면의 빛의 교통이며, 여전히 어둠에 묻혀 안 보였을 어떤 것을 마침내 관찰할 수 있는 인간의 인식이 이 빛의 교통으로 가능해진 것이다."[8]

이를 중세 신학 용어로 말하자면, 믿어지는 믿음(*fides quae creditur*, 믿어지는 것, 즉 신앙의 지향대상, 신앙의 내용을 말한다. 그리고 뒤에 나오겠지만, *fides qua creditur*는 믿는 믿음, 곧 신앙의 지향 행위, 신앙

행위를 말한다. 우리는 신앙의 대상 혹은 내용에 대해 신앙 행위를 한다—역자 주), 우리에게 계시된 진리, 우리를 안전하게 천국으로 인도할 참된 북극성이다. 그러므로 믿음은 어설픈 공상이 아니다. 어떤 사람들은, 그들이 원하는 것을 상상하고 그것을 사실이라고 주장하는 것이 믿음이라고 생각한다.

그렇게 된다고 말하면 이루어진다는 것이다. 그들은 저절로 암이 낫고, 고급 자동차가 생기고, 모든 갈등과 긴장이 해결되는 믿음을 신봉한다. 이것은 다 세간에 유행하는 자칭 영적인 스승이라는 사람들의 기만적인 믿음 때문이다. 이 스승들은 "당신의 현실을 창조하라"고, 세계를 다시 만드는 자기 암시 요법을 실행하라고 부추긴다.

조지 오웰의 「1984년」의 한 장면이 보여주는 바도 이와 같다.

"빅 브라더에 반대하는 반란자 윈스턴 스미스가 잡혀 고문을 받고, 고통스러운 충격을 가하기 위해 계획적으로 비치한 전기의자에 묶였다."

심문관 오브라이언이 말한다. "너는 실재가 객관적이고, 외부적이며, 스스로 존재하는 어떤 것이라고 믿지만.... 실제는 외부적인 것이 아니라고 나는 말하겠다, 윈스턴. 실제는 인간의 마음에 존재하며, 그 외에는 어디에도 없다."

오브라이언은 자신의 주장을 증명하기 위해 손가락 네 개를 펴든다.

"내가 지금 손가락 몇 개를 펴들고 있는가, 윈스턴?" "넷."

윈스턴이 대답한다. 그러자 오브라이언은 급격하게 전압을 높여 윈스턴의 몸으로 흐르게 한다.

"손가락이 몇개?" "넷!넷!넷이 아니면 무어란 말이요?"

윈스턴은 고통으로 몸을 비틀며 비명을 지른다. 마침내 오브라이언은 다이얼을 최대치까지 돌려 전압을 내보내고는, 무기력하게 늘어져 자비를 구하는 윈스턴의 모습을 지켜본다. 오브라이언은 다시 손가락 넷을 들어올리고 몇 개냐고 묻는다. 윈스턴이 대답한다.

"모르겠소. 나는 모르겠소. 넷, 다섯, 여섯, 정말로 말하자면 모르겠소." "좀 낫군." 오브라이언이 말한다.[9]

세상의 오브라이언들(사탄의 거짓말쟁이 부대원들)은, 우리가 실재는 우리 마음에만 있다고 믿는 것을 좋아한다. 궤변에 능한 교수들이 "진리가 없다는 사실이 진리"라고 떠들어댄다. 그래서 이제는 역사적 진실이라는 게 과연 있느냐고 의구심을 품는 학생들마저 심심찮게 눈에 띄는 지경이다. 유대인 대학살은 발생한 사건이 아니라고 주장하는 아이들까지 있다. 윌리암스 칼리지의 한 학생이 그러한데, 우리는 히틀러가 과연 육백만 유대인을 학살했느냐 안 했느냐의 여부를 결코 알 수 없고, 다만 그것은 "전혀 무리가 없는 개념상의 환각"이라는 것이다. 그것이 우리가 상상하는 세계와 부합하면 믿고, 부합하지 않으면 그런일은 발생하지 않았다고 판단하라는 얘기다.

그러나 주님을 위해 싸운다 함은 전심전력으로 객관적인 진리 앞에 선다는 뜻이다. 그것은 C.S. 루이스의 확신에 동의한다는 뜻이다.

"진리가 객관적이라면, 우리가 창조하지 않았으며 단순히 생각만으로 바꿀 수 없는 세계에 우리가 살고 있다면, 세계가 진정 우리의 몽상이 아니라면, 정녕 그렇다면 이 기본적인 사실을 부인하는 일이야말로 우리가 생각할 수 있는 가장 파괴적인 믿음일 것이다. 그것은 눈을 감고 운전하는 행위 혹은 무아지경에 빠져 의사의 경고를 무시하는 행위와 다르지 않을 것이다."[10]

"진리는 태도가 아니다. 진리는 우리가 뭔가를 아는 방법이 아니다. 진리는 우리가 아는 것(내용)이다."[11]

아리스토텔레스 및 아퀴나스와 마찬가지로, 루이스는 철학적 실재론을 옹호하여, 우리가 실제로 알 수 있는, 우리 바깥의 실재 세계의 존재를 당연시했다. 그는 온갖 종류의 주관주의를 거듭 비판했다. 좋게 느껴지는 어떤 것을 믿는다 해서 그리스도인이 되는 것은 아니다. 실제 처방약 대신 위약(플라시보)을 먹어서 기분이 좀 나아질 수 있듯, 그럴듯한 지혜의 말 또한 받아들이면 정신이 고양되는 느낌이 들 수 있다. 그러나 기분이 좋아진다고(설사 예수에 대해 좋은 느낌이 든다 해도) 그것으로 그리스도인이 되는 것은 결코 아니다.

데움 크레데레(*Deum credere*), 그 분이 하나님이심을 믿는다. 무엇보다도, 구원의 믿음은 하나님의 말씀을 그 분이 누구시냐는 문제와 관련한 최종 계시로 받아들인다. 우리의 믿음은 존재하는 그 분이라는 객관적인 초점이 있다고 루이스는 주장했다. 구원의 믿음은 교리적 진술에 동의한다. 중세 신학자들이 정교하게 설명해 놓았듯이, 믿어지는 믿음(*fides quae creditur*, 믿음의 대상, 내용)이 있다. 기독교 신앙은 진리에 근거한 내용을 가지고 있다. 우리는 우리가 참되다고 여기는 것을 믿는다. 믿든 자들은 그들 정신의 렌즈의 초점을 그들보다 더 크고 월등한 실재에다 맞추려고 영원히 노력한다. 우리는 모든 실재들의 근원이 되는 말씀으로 계시된 실재를 바라본다, 믿는다. 우리는 진정으로 하나님의 존재를 알고 싶어한다.

구원의 믿음은, '훌륭한 증거'(이 증거가 형이상학적인 것이든, 역사적인 것이든, 경험에 의한 것이든)에 근거하여 진리 주장에 일관성을 유지한다고 루이스는 썼다. 그리스도인들은 진리를 주장하되, "믿지 않는 자들이 지적인 열등감이나 복잡한 생각이라는 회피 의식으로 믿는 자들과 단절을 느끼지 않도록" 주장한다.[12]

예수와 그의 제자들은 사람들에게 몇몇 사도들의 생각에 안주하라고 재촉하지 않았다. 기독교의 믿음은 언제나 북쪽을 가리키는 나침반처럼 우리의 생각을 하나님의 의도에 일치시키기 때문이다. 믿음은 우리의 구원에 필요한 방법, 지도, 가르침을 마련한다. 궁극적으로 이것은 하나님과의 풍성한 교제로부터 온다.

우리는 음식이 영양을 공급한다고 믿기 때문에, 밖에서 우리 안으로 들어와 몸을 살아있게 하고 체력을 유지하게 하는 어떤 것이 필요하다고 믿기 때문에 먹는다. 그러므로 구원의 믿음 역시, 하나님이 제공하는 영적인 음식인 진리를 동의하고 받아들이고 섭취한다는 뜻이다. 우리 믿는 자들은 많은 것들을 굳게 믿는다. 가령, 우리는 성경의 여러 역사적 사건들이 실제로 발생했음을 믿는다. 우리는 예수의 성육신-"우리의 모든 소망, 믿음, 사랑의 중심에 있는, 더할 수 없이 역사적이고 구체적인 실재"-이 정교하게 만들어진 전설이라는 주장을 믿지 않는다.[13] 또한 우리는 십자가 사건이 희생적인 사랑을 상징하는 놀라운 신화라고 믿지 않는다. 예수께서 골고다라는 돌산에서 실제 로마 병사들에 의해 실제로 십자가에 못박혔음을 그리스도인들은 믿는다. 이블린 워(Evelyn Waugh)의 소설 「헬레나」-콘스탄틴 황제의 어머니로서, 예수가 죽고 3세기 후에 기념비적인 성지(팔레스틴)순례를 떠났다-에 대한 평에서, 조지 웨이젤(George Weigel)은 이렇게 언급한다.

그 성지 순례는, 기독교의 진리는 확실한 장소, 명확한 시간, 실재의 인물들과 연결되어야 한다는 명료하고도 견고한 확신에서 비롯된다. 한 마디로 헬레나는 거룩한 확신 때문에 성지로 갔다. 기독교의 체계로 보아, 구원의 역사는 당연히 관념이 아니며, 오히려 창조된 것들이 우리의 두 눈앞에서 은혜로 말미암아 구속의 도구들로 바뀐다는 거룩한 확신을 말한다.[14]

견고하게 세워진 기독교의 믿음은 회의주의의 무게로는 결코 주저앉지 않는 튼튼한 척추와도 같다.

영원히 확신할 수 없다면 우리는 우리를 향한 하나님의 계획을 알 수 없다. 늘 의심으로 망설인다면 우리는 하나님께서 마련하신 좋은 삶을 맛보지 못한다. 고대 그리스 철학자 헤라클레이토스는 "우리는 불신으로 신성한 것들에 대한 지식을 잃었다"고 말했다. 그러므로 하나님을 알고자 한다면, 그 분의 사랑을 알고 그 분의 생명을 누리고자 한다면, 우리는 강건한 믿음이 필요하다.

"믿음은 안개 속을 뚫고 보는 레이더와 같다. 인간의 눈으로는 볼 수 없는 먼 거리의 사물을 레이더는 본다." 코리 텐 붐의 말이다. 얼마나 적실한가!

토저(A.W. Tozer)의 말도 비슷하다. "믿음은 다만 우리의 마음을 진리에 일치시키는 것이다... 참된 믿음은 하나님의 존재에 의지하므로, 우리의 지력이 닿는 한 그 분이 어떤 분인지 아는 것이 지극히 중요하다. '당신의 이름을 아는 자들은 당신을 의지할 것입니다.'"[15]

"교회는 왜 나가야 하느냐?"고 묻는 어떤 사람에게, 프린스턴 대학의 철학교수 알렌이 대답했다. "기독교는 참되잖아요."[16]

C. S. 루이스는 말했다. "대중 강연을 할 때마다 내가 거듭 느끼는 바가 있다. 말하자면, 나는 기독교의 주장이 객관적으로 참되다고 생각하기 때문에 사람들에게 기독교를 권하는데, 이 점을 대중들에게 이해시키기가 매우 어렵다."[17]

그러한 믿음은 '합리적인 믿음'이라고 알렌은 주장한다. 우리의 지식에는 확실히 주관적인 면이 있다. 하지만 그렇다 해서 우리의 세계에 심겨진 진리를 알 수 있는 가능성이 배제되는 것은 아니다. "감각 세계에서 초감각적 실재(감각 세계는 이 초감각적 실재에 의해 질서와 선함을 유지한다)로의 전환이라는 메타노이아(*metanoia*)"를 우리가 경험할 때, 이성과 계시는 상호보완적인 관계가 된다.[18]

비기독교인들은 분명히, 기독교인들의 교리적 진술에 대한 동의에 이의를 제기할 수 있다. 그러나 루이스가 논한 대로, 그들은 "그 동의가 어떻게 해서 필연적으로 우리를 사변적인 논리에서, 굳이 이름을 붙이자면 개인 관계의 논리로 옮겨가게 하는지 알아야 한다. 옮겨가기 전까지는, 그저 다양한 의견이었던 것이 드디어는 한 사람 한 분이 주체가 되어 행하는 다양한 행위가 되는 것이다. 크레데레 데움 에세(*credere Deum esse*)가 크레데레 인 데움(*credere in Deum*)이 된다. 그리고 여기서 데움(*Deum*)은 이 하나님, 점점 더 알 수 있는 주님이다."[19]

그래서 믿음에는 또 다른 측면이 있다. 머리를 넘어, 가슴이 진리를 받아들여야 한다.

인 데움 크레데레(*In Deum credere*), 하나님의 존재를 믿는다. 믿음은 행위의 측면이 있다. 루이스는 빈번히 믿음을 (중세의 정의를 사용하여) '믿어지는 믿음'(*fides quae creditur*)으로만 아니라, '믿는 믿음' (*fides qua creditur*), 행위하는 믿음, 신뢰의 행동인 믿음으로도 정의 했다. 어떤 것이 참되다고 생각하는 것만으로는 충분하지 않다. 초자연 적 덕으로서, 믿음은 신뢰를, 우리가 믿는 것에 매달림을, 그러한 믿음 에 수반되는 것들을 행함을 뜻한다. 믿음은 행위를 포함한다. 그러한 믿 음은 우리가 하나님을 신뢰할 때 가시화된다. 믿음은, "진정으로 우리의 마음을 바꾸어야 할 명백한 이유가 눈앞에 나타나기 전까지는, 일단 우 리가 진정으로 참되다고 여겼던 것을 지속적으로 믿는 능력"이기 때문 이다.[20]

우리 그리스도인들은 우리 믿음의 영웅들을 예찬한다. 그들은 그들의 믿음을 행동으로 보여주었다. 이 점은 히브리서 11장에 분명히 드러난 다. 기자는 1-2절에서 믿음의 성격을 기린 후, 족장들과 성도들을 길게 나열하며 믿는 믿음(*fides qua creditur*)을 설명한다. 느낌이 아니라 믿 음이 우리로 하여금 역경을 견디게 한다. 느낌이 아니라 믿음이 다이아 몬드처럼 빛나며, 진정한 제자도의 표상이라 할 수 있는 끝없는 헌신의 증표이다. 믿음은 루이스가 말하는 훌륭한 품성의 한 특징, 고결한 삶의 방식이다. 그는 대체로 우리는 우리보다 더 많이 아는 다른 사람들을 신 뢰해야 한다고 일깨우면서 훌륭한 품성의 한 특징이 무엇인지 밝혔다.

"덫에 걸린 개를 빼낼 때, 아이의 손가락에 박힌 가시를 뽑아주려 할 때, 아이에게 수영를 가르치거나, 헤엄칠 줄 모르는 아이를 구해내려 할 때, 겁에 질린 초보 등산객을 데리고 험악한 지형을 넘어가려 할 때, 단 하나의 치명적인 장애는 아마 그들의 불신일 것이다."[21]

어느 정도의 고통이나 불안을 참아내지 못한다면, 그들은 도움을 받을 수 없다. 루이스는 말한다. "우리가 하려는 훌륭한 일들이 그들의 불신 때문에 좌절되기도 한다. 그러나 우리가 그 일들을 해낸다면 그것은, 전혀 믿을 만한 상황이 아닌 듯 보여도 끝까지 우리를 믿어준 그들 때문이다."[22]

마지막으로, 이 '믿음'은 하나님이 우리를 구원하시리라 믿고, 우리 스스로가 우리를 구원할 수 없음을 인정한다. 나르니아 연대기 전편을 통해, 아이들과 여러 동물들은 최선을 다해 정의의 전투를 수행하지만, 궁극적으로 아슬란만이 그들을 구해낼 수 있다. 우리는 이상하게도 하나님이 안 계시는 것 같은 때조차, 그 분을 신뢰함으로써 승리를 본다.

하나님께서는 한번 약속하신 일은 반드시 이루실 것이라는 우리의 신뢰를 통해 이 믿음은 가장 명백히 드러난다. 오랫동안 나는 미국에 뉴질랜드라는 곳이 있다고 생각했다. 그러나 내가 오클랜드 행 비행기표를 사고, 조종사가 무사히 나를 그 곳까지 데려다 주리라는 신뢰하에 직접 그 비행기를 탔을 때에야, 나는 내 믿음을 행동으로 옮길 수 있었다. 그러나 누가 내게 전설의 대륙 아틀란티스 행 비행기표를 사라고 한다면, 한가할 때나 한번 가보겠다고 하지 않겠는가! 따라서 마르틴 루터가 말한대로, "하나님의 존재를 믿으면 직접 가서 무릎을 꿇게 된다."

키에르케고르가 아브라함을 우리 그리스도인들이 본받아야 할 영웅, 위대한 '믿음의 기사'로 추켜세운 것도 무리가 아니다. 오스왈드 챔버스는 이렇게 썼다.

"우리가 예수의 제자로 살고자 한다면, 마땅히 모든 숭고한 것들은 어렵다는 점을 기억해야 한다. 그리스도인의 삶은 대단히 어렵지만, 그 어려움이 우리를 약하게 하지 않고 도리어 극복의 의지를 불러 일으킨다.

우리는 과연 예수의 구원이 얼마나 놀라운 것인지 절실히 깨달아, 그 분만이 높임받도록 우리의 모든 존재를 바쳐 최선을 다하고 있는가?"[23]

많은 사람들이 푹신한 소파에 큰 대자로 누워 몇 시간씩 텔레비전을 보면서도 운동이 몸에 좋다는 사실에 동의한다. 그들은 믿는다. 그들은 곧 일어나서 운동을 하겠다고 생각할 것이다. 소파에서 침대로 가는 것이 운동량의 전부이면서도 그렇게 생각할 것이다. 얼마나 많은 사람들이 책이다 비디오다 해서 살빼기에 관심을 보이는가. 그들은 진짜 살을 빼야겠다고 생각한다. 그러나 생각이 체중을 줄여주지는 않는다. 상담가를 찾아가는 사람들을 보라. 그들은 상담가의 말에 동의하지만, 동의가 문제를 해결해주지는 않는다. 술고래들보다 더 결심을 잘하는 사람은 없다. 그들은 술이 나쁘다는 사실을 거의 신념에 가깝도록 알고 있다. 하지만 그 신념이 그들을 중독에서 구해내지는 않는다.

야고보가 말한 대로, 말씀을 듣기만 하는 것은 거울로 제 모습을 보고 돌아서서 금방 잊는 것과 다를 바 없다. 참된 믿음, 구원의 믿음은 '진리의 말씀'에 적극적으로 반응하고 그 말씀을 실행한다.

13. 소망

"이 세상에 둘 수 없는 것"

지금 우리는 세상 밖, 그러니까 문 밖에 있습니다.
우리는 맑고 깨끗한 아침을 압니다만,
그것이 우리를 맑고 깨끗하게 하지는 않습니다.
우리는 아직 옛날의 그 찬란한 아름다움에 들어갈 수 없습니다.
하지만, 언제나 이렇지는 않을 것이라는 말들이 들려오고,
신약의 모든 책장들이 바람소리를 내며 넘어갑니다. 그렇습니다.
어느 날, 하나님이 원하시는 어느 날 우리는 들어갑니다.
사람들의 마음이 자발적인 순종에 완벽해지면,
그러면 그들은 영광을 덧입을 것입니다.
자연이 누리는 영광이야 아무것도 아닐 만큼 크나큰 영광을
그들은 정녕코 덧입을 것입니다.[1]

이미 고인이 된 위대한 해학 작가 에마 봄벡, 그녀의 책들 가운데 한
권이 의미심장한 제목을 달고 있다. "인생이 버찌 한 사발이면, 나는 그
밑바닥에서 뭘 하고 있는 건가?" 그녀의 이 해학적인 질문이 세상의 막

다른 골목에서 넘실대며, 우리들 대다수가 여기에 이르면 밑바닥으로 떨어진다. 그리고 가장 깊은 밑바닥은, 초자연적인 덕 소망이 상실된 절망의 밑바닥이다.

초년의 루이스는, "뿌리깊은 비관주의, 그 당시에는 기질적이라기보다는 지적인 비관주의"로 몹시 고통스러웠다.[2] 이러한 성향으로 그는 헤밍웨이나 T.S. 엘리엇과 같이 그들 시대의 불행을 탄식한 '잃어버린 세대' 작가군에 포함될 소지가 다분했다. 이 작가들은, 지옥의 입구에 붙은 단테의 비문을 펄럭이는 깃발처럼 세기의 전면에 내세울 듯 보였다. "여기 들어오는 모든 자, 희망을 포기하라."

그러나 한번 그리스도인이 되어, '예기치 못한 기쁨'을 경험한 루이스는 비관주의를 내던졌다. 그의 작품들 대다수가 삶의 선함에 대한 불굴의 믿음과 기쁨을 예찬한다. 그러나 만년에 이르러 그는 뜻밖의 절망과 사투를 벌였다. 그는 조이 데이비드먼과 결혼한 후로, 일찍이 알지 못했던 크나큰 기쁨을 누렸다. 그러나 아내는 오랫동안 암과 싸우다 죽었다. 아내의 죽음을 받아들이는 과정에서 그는 「지켜본 슬픔」을 썼으며, 자신의 혼란스러움을 기록으로 남겼고, 깊이 생각한 문제들을 방송했다. 그는 그 어둠 속에서 "하나님은 어디 계신가?"[3] 의구심을 품었다. 한층 더 곤혹스러운 것은, 그가 "하나님에 대해 그토록 끔찍스러운 생각들을 믿으려" 했다는 점이었다.[4] 그는 사실 그의 사랑하는 아내가 여전히 천국에 살아 있기나 한 것인지 의심하기까지 했다. 눈앞에서 겪어낸 죽음은 고통스러운 현실이었고 명백히 마지막인 것으로 보였다.

놀랍게도, 기독교 신앙의 '옹호자'로 손꼽히는 그가, 정작 슬픔에 사로잡히자 전혀 그 신앙을 옹호할 수 없었던 것이다. 그의 믿음은 마천루가 붕괴하듯 무너져 내렸다. 그는 인정했다.

어떤 것의 참과 거짓이 우리에게 삶과 죽음의 문제가 되기 전까지는, 우리는 우리 자신이 그것을 얼마나 진정으로 믿는지 결코 알 수 없다.[5]

절망에 사로잡힌 그는 하나님의 선하심을 의심했고, 자신이 믿었던 모든 것이 환상은 아니었던가 회의했다. 잠시 동안이었지만, 소망은 사라졌다. 그러나 아무리 절망스러운 시간이라 해도, 우리는 하나님만이 줄 수 있는 소망을 그리워한다. 그리고 시간이 지나자, 루이스도 그러한 소망을 회복했다. 아마도 하나님께서는 "치유하시기 위해서만 상처를 주시리라."[6] 거룩하신 집도의께서는 당신의 영원한 나라에 합당하도록 우리를 정화하신다. 그 거룩한 수술이 우리에게 크나큰 고통이어도 의지를 놓지 않으신다. 하나님과 기쁨에 대한 루이스의 피상적인 이미지는 깨어져야 했다. 그의 가장 깊은 곳에서 나오는 갈망은 그 갈망이 지향하는 실재에 의해서만 충족될 것이기 때문이었다. 그러므로 루이스가 보여주었듯이, 가장 어두운 시기에 정련된 소망이 우리를 지탱하고, 영원한 것에 대한 우리의 시각은 그것으로 한층 더 깊어진다.

소망의 덕

참된 소망은 "바라던 선을 얻기 위해 하나님의 도우심에 의지함으로써 하나님에게 이른다"고 토마스 아퀴나스는 썼다.[7] 우리에게 궁극적인 선은 하나님이므로, 그 분만이 소망을 주실 수 있다. 아퀴나스를 계속 인용하자면, "이 선은 영원한 생명이며, 하나님 자체를 즐거워하는 데서 생겨난다. 왜냐하면 피조물들에게 좋은 것을 나누어주시는 그 선함이 하나님의 본질이므로, 우리는 그 분에게서 그분 자체 말고는 아무것도 소망해서는 안되기 때문이다."[8]

　절망은 당연히 실망보다 훨씬 어두운데, 영적인 질환 중에서는 가장 고치기 어려운 병이므로 그렇다. "영혼을 죽이는 것으로는 절망과 거짓 소망 두 가지가 있다"고 어거스틴은 밝혔다.[9] 이 두 살인자는 공히 어떻게 해볼 도리가 없이 어두운 구멍, 영혼의 바닥 없는 밑바닥이다. 그래서 절망과 거짓 소망은 가장 무서운 영혼의 살인자들이다. 이 둘은 하나님에 대한 포기라는 가장 저주스러운 죄의 자식들이다.

절망

　어떤 사람들은 너무나 실제적이고 '감각적'이어서 천국 같은 생각은 눈곱만치도 수용할 수가 없다. 감각 경험에만 의지하여 직접 보고 만질 수 있는 것이 아니면 믿지 않으려는 그들은, 쉽게 절망한다. 감각의 노예가 된 영혼은 그리스도의 구속을 거부하며, 자신을 하나님과 연결하는 밧줄을 말 그대로 집어던진다. 이 건 아니라는 환멸의식이 잠깐 지나가고마는 기분이 아니라, 지속적이고도 완강한 삶의 태도가 되면 특히 더 치명적이다. 그러나 그것은 루이스가 언급했듯이, 영원한 생명을 믿지는 않더라도 가장 솔직한 방식이기는 하다.

　하나님의 용서와 은혜를 지속적이고도 완강하게 거부하며, 의도적으로 그 분께 등 돌리고 사랑의 문을 거칠게 닫아버리는 태도는 끝끝내 용서받을 수 없는 죄, 성령을 거역하는 죄이다. 이 몹쓸 절망은 하나님께서 우리더러 자녀 되라고 주시는 기회를 받아들이려 하지 않는다. 따라서 토마스 아퀴나스는 그것을 가장 '증오스러운' 죄라고 말했다. 왜냐하면 인간은 그 절망으로, "'이 삶이라는 일상적 고투에서, 그리고 무엇보다 믿음의 싸움에서 지조를 상실하기 때문이다.' 그리고 이시도르에 의하면... "범죄가 영혼을 죽이는 것이면, 절망은 아예 지옥에 떨어지는 것이다."[10] 절망은, 한 인간이 거룩하게 되기를 거부하는, 혹은 숭고하게 살아야 할 책임을 회피하는 태만의 결과이다.

과신

피조물의 신분을 망각한 사람들은 절망하지 않으면 흔히 과신에 빠진다. 하나님의 정의만을 생각하면 절망에 함몰될 수 있지만, 하나님의 자비만을 생각하면 과신을 초래할 수 있다. 어거스틴이 '거짓 소망'이라 부른 이 과신은 언제나 좋은 것만 가정한다. 두 태도 모두 우리가 여행자의 신분(*status viatoris*)임을 인정하려 하지 않으며, 결과적으로 대단히 "비정상적이고 치명적일" 수밖에 없다.[11] 토마스 아퀴나스에 따르면, "인간이 뉘우침 없이 용서를, 혹은 애씀 없이 영광을 얻고자 희망할 경우" 우리에게는 "하나님의 능력과 자비"가 그렇게 필요하지 않은데, 이것이 터무니없는 소망의 전형적인 태도이다.

"이 과신은 말하자면, 성령을 거스르는 죄이다. 왜냐하면 그런 식의 과신으로 인간은 성령의 도우심을 벗어나거나 무시하게 되고, 죄의 문제를 회피하기 때문이다."[12]

과신은 단순히 원하는 것만으로 모든 것이 잘 될 것이라고 생각한다. 이것은 미래에 대한 지나친 확신이다. 이 과신은 흔히 소망 혹은 희망의 가면을 쓰고 나타나지만, 말 그대로 이것은 거짓 얼굴 혹은 사이비일 수밖에 없다. 근본적으로 과신은 사실에 토대를 두지 않은 왜곡된 안전(*perversa securitas*)이라고 어거스틴은 말했다.

인간은 스스로의 힘으로 영원한 생명에 이를 수 있다는 펠라기우스주의(*Pelagianism*)도 이 과신의 한 형태였다. 영국의 수도승 펠라기우스는 원죄의 교리를 부인하고, 우리 각 사람은 아담과 하와처럼 그 어떠한 죄의 성향도 없이 태어났다고 주장했다. 우리는 의로운 삶을 통해서, 그리스도의 모범을 따름으로써 우리의 구원을 스스로 얻을 수 있다고 말했다. 우리는 그저 의롭게 살기로, 그것으로 하나님을 기쁘게 하기로 결심하기만 하면 된다. 확실히 인간은 은혜의 복음을 인간의 의로 바꾸고 싶어한다.

시대를 초월한 온갖 종류의 펠라기우스주의자들은 대단히 '종교적'이지만, 루이스가 가장 치명적인 죄악의 하나로 빈번히 강조한 교만이 줄줄 흐른다. 가령, 금주나 금연을 의로운 삶으로 강조하는 사람이 있다면, 우리는 거기서 펠라기우스주의를 의심해도 된다. 교회 일을 열심히 하면 거룩해질 것이라는 생각도 펠라기우스주의자들의 과신이다. 열심히 살고, 눈에 띄는 대로 친절을 행하면 천국에 갈 것이라는 생각이 우리 사회의 주도적 경향이다.

반대편 극단에 과신의 두 번째 형태가 있다. 이 형태의 과신은 은혜가 아니라 인간의 책임을 배격한다. 아퀴나스는 이렇게 주장했다. "용서받으리라는 기대로, 끝없이 의도적인 죄를 짓는다면 주제넘은 과신이다. 이 경우 죄는 용서되는 것이 아니라 늘어난다."[13]

이 진리를 무시하는 일부 지식인들이 개혁주의 신학의 의의를 내세우며, 사랑을 배제하고 은혜를 극단적으로 강조해왔다. 믿음을 통한 은혜로만 구원이 보장된다면, 죄를 짓고 있는 상태에서도 구원받는다면, 그러니까 칭의와 죄의 상태가 동시에 성립된다면, 인간은 너무도 쉽게 하나님의 자비에 편승할 수 있으며, 악한 행실을 되는대로 변명할 수 있다.

이 외에도, 우리 시대를 점유한 또 다른 형태의 과신이 있다. 어찌 됐든 모든 사람이 결국은 구원받을 것이라는 속 편한 견해, 만인구원설이 그렇다. 하나님은 사랑이시므로, 어느 누구 하나 지옥의 형벌을 받도록 내버려두지는 않을 것이라고 만인구원주의자들은 주장한다. 죄인들에 대한 하나님의 처벌에 반대하는 자들에게 C.S. 루이스는 말했다.

'당신들은 하나님에게 무엇을 요구하고 있는가?' 그들(죄인들)의 지난 모든 죄를 없애달라고? 그리고 무슨 희생을 치르고라도 그들에게 새로이 출발할 기회를 주라고? 모든 어려움을 완화해 주고 일마다 기적적인 도움을 제공해 달라고? 하나님께서는 그들에게 이미 그렇게 해 주셨다.[14]

또 다른 곳에서 루이스는 이렇게 썼다. "우리를 지옥에 '보내는' 것은 하나님편의 문제가 아니다. 우리 각 사람에게는 뭔가 자라는 것이 있다. 미연에 싹을 자르지 않으면 이것은 더 커져 저절로 지옥이 될 것이다. 문제는 심각하다. 즉시, 바로 오늘, 이 시간에 우리 자신을 하나님의 손에 맡겨야 한다."[15] 우리에게, "이 지옥에서 탈출할 기회는 더러 있지만, 방법은 결단코 하나뿐이다. 겸손히 자기를 낮추어, 회개하여야한다."[16]

부활의 기대

절망이나 과신과는 달리, 그리스도인의 소망은 예수 그리스도의 부활을 통해 영원해지는, 앞에 놓인 삶에 있다. 아리스토텔레스와 마찬가지로, 루이스도 자연은 쓸데없는 것을 만들지 않는다고 생각했다. 굶주림은 그것을 채워줄 실재하는 것들을 바라본다. 아기들은 어머니의 젖을 원하고, 어머니의 젖은 실제로 있다. 토끼들은 짝짓기를 원하고, 실제로 짝을 지어, 더 많은 토끼들을 생산한다. 우리는 사랑을 원하고, 그 사랑을 찾으면, 사랑이 정말로 있다는 것을 안다. 그러므로 우리가 더 나은 세계에 대한 소망, 영원한 삶에 대한 소망을 갖는다는 것은, 이미 우리가 이 세계 아닌 "또 다른 세계에' 맞도록 예정되었음을 의미한다.[17]

우리는 지금보다 더 나은 것들에 맞도록 만들어졌다는 것이다. 그러므로 우리는 소망의 불을 끝끝내 유지하며, 예수께서 우리를 위해 예비하신 영원한 나라를 향해 나아가야 한다. 죽음과 영원에 대한 그 장엄한 묵상을 통해 바울은 선언했다. "만일 그리스도 안에서 우리의 바라는 것이 다만 이생뿐이면 모든 사람 가운데 우리가 더욱 불쌍한 자리라 그러나 이제 그리스도께서 죽은 자 가운데서 다시 살아 잠자는 자들의 첫열매가 되셨도다"(고전15:19-20).

따라서 소망의 덕은 결코 현실도피가 아니다. 결혼하고 싶어하는 처녀의 소망을 도피주의라고 할 수 없는 것과 같다. 이 소망은 인간의 본바탕에서 나오는 것이므로, 인간은 애초부터 소망하는 존재로 지어졌으므로 지극히 당연한 것이다. 우리는 수많은 독신 여성들이 그러하듯 더 나은 어떤 것에 대한 우리의 열망을 배제하지 않고도, 이 세계를 훌륭하게 만들기 위해 바쁘게 일할 수 있다. 기독교의 전통에서는, 하늘에 소망을 둔 성도들이 그들의 세계를 근본적으로 바꾸었다.

세속화의 위협

사탄은 우리를 세상 것들에 과도하게 매달리게 함으로써 소망을 일소하려 한다. 악마 스크류테이프는, 하나님이 지상의 인간들에게 그들의 영원한 운명을 끝없이 각인시켜 왔다고 말했다. 젊은이들은 모험, 로맨스, 음악, 시 등에 쉽사리 열중한다. 그러나 세상에 머무는 시간이 너무 길어 그들은 흔히 감수성이 무디어진다. 시간이 천국에 대한 그리움을 지우는 것이다.

진실로 그리스도인들은 나이들수록 소망으로 젊어져야 한다. 어거스틴이 말한 바, "하나님은 다른 어느 것보다도 젊다"[18]는 사실을 우리 그리스도인들은 알고 있지 않은가! 옛날 성도들의 발자취를 더듬어 보라. 늙은 나이에도 그들은 놀랄 만큼 젊었다. "우리 자신보다 더 우리에게 가깝고 친밀하신 하나님의 생명"을 나누어 받음으로써 오는 거룩한 젊음이 있다.[19] 영원한 생명을 소망하는 성도들에게서는, 날마다 닦아주는 은기명처럼, 젊음이 부드럽게 빛난다. 마더 테레사가 드러했듯, 그들은 집을 짓고, 병원과 고아원을 지어 아픈 사람들, 버림받은 아이들을 돕는다. 성도들은 과거의 승리만을 추억하며, 혹은 옛날의 실패만을 후회하며 보낼 시간이 없다. 그들에게는 그리스도의 왕국에서 해야 할 일들이 있기 때문이다.

이 거룩함은 세상 것에 가치를 두지 않는다. 그러나 여기서 세상 것이란 옷 입고 밥 먹는 사소한 일들을 말하는 것이 아니다. 거룩함에 대적하는 세상 것은 우리의 시선을 세상과 세상이 주는 전리품에 고정시키려는 태도를 말한다. 세상에 가치를 두는 사람들은 그들이 "길 위에 서 있는" 존재(status viatoris)임을 받아들이려 하지 않는다. 그들은 지금 여기서 '좋은 삶'을 향유하려 한다. 그들의 소망은 더 많은 봉급, 더 넓은 집, 더 좋은 차에 있다. 그들은 그들의 참된 본성, 애초부터 그들에게 예정된 운명에서 돌아선다. 그들은 인간을 향한 하나님의 계획을 겸손히 받아들이려 하지 않는다. 그들은 인간의 가슴 가장 깊은 곳에 있는 천국이라는 소망에 무감각하다. "진정으로 실재하는 모든 것은 천국의 것이므로" 이 세상과 육체적 즐거움은 우리를 만족케 할 수 없다고 루이스는 주장했다. 그 실재하는 것들이 우리를 깨워 궁극적인 의지를 가진 영원한 것들을 보게 한다. 그것들은 하늘의 본향을 향해 열린 창문과도 같다.

그러므로 소망하는 우리는 시간에 살지 않고 영원에 산다. 죄와 사망, 존재하지 않는 모든 것과 결별한 우리는 이제, 영원히 선하시고 영원히 존재하는 하나님을 향해 믿음의 행진을 시작한다. 생명력 있는 소망은 하나님이 정하신 미래를 살며 기쁨을 발견한다. 바로 이것이 절망의 구렁을 헤쳐가며, 혹은 지옥의 세력과 "최후의 전투"를 벌이며 고난의 길을 가는 순례자들을 지탱해주는 소망의 덕이다. 소망은 초자연적인 선물이므로, 위에서 내리는 덕이므로, 영원한 생명을 고대하게 하므로, 신자들을 든든히 붙잡아 준다. 은혜가 족하다!

죽음의 정복

소망은 무엇보다 우리로 죽음의 현실과 정직하게 대면하도록 한다. 죽음과 대면하여 우리가 알아야 할 바를 루이스는 이렇게 썼다.

아무것도, 가장 훌륭하고 귀한 것도, 지금 이 상태 그대로는 갈 수 없다. 아무것도, 가장 저열하고 천한 것도, 죽음에 이르면 두 번 다시 일어설 수 없다. 육신은 땅에 뿌려지고, 영적인 몸이 일어선다. 육과 혈로는 [천국의] 산에 오를 수 없다. 육과 혈이 천해서가 아니라 너무 약해서 그렇다.[20]

죽음은 우리를 둘러싼다. 우주는 냉정하다. 영원한 것은 없다. 우리는 당연히 다른 곳에서 더 나은 것을 찾는다. 일찍부터 루이스를 사로잡았던 젠주흐트(Sehnsucht), 다른 세계에 대한 그리움이 그의 기독교 저작들의 초점이 되었으며, 그의 천국에 대한 그리움과 맞아 떨어졌다.

1947년 9월 8일자 타임지는 C.S. 루이스에게 커버 스토리를 선정했다. 루이스가 천국을 "일요일 아침 밥상처럼 명백히 존재하는 상태"로 여긴다는 것이 기사의 취지였다.[21] 진정 그는 이렇게 썼다.

천국은 다만 마음의 상태일 뿐이라는 이 시대의 경향은, 기독교 특유의 소망의 덕이 우리 시대에 와서 극도로 무기력해졌다는 사실과 무관하지 않다고 나는 생각한다.[22]

이러한 확신이 「거대한 결별」에서 확장되며, 여기서 루이스는 등장인물 조지 맥도날드를 통해 이렇게 선언한다. "천국은 실재 자체이다. 진정으로 실재하는 모든 것은 천국의 것이다. 흔들릴 수 있는 모든 것은 결국 흔들리고 흔들리지 않는 것만 남기 때문에 그렇다."[23]

뇌물을 받는 것도 결국 인간의 본원적인 욕구를 충족시키려는 마음과 다를 바 없지 않느냐고 생각해서는 안 된다. 우리는 이 점을 기억해야 한다. "천국은 있거나 없거나 둘 중의 하나이다. 없다면, 기독교는 거짓이다. 이 교리가 기독교 전체 구조를 엮는 것이기 때문이다."[24]

천국은 거룩한 신자들에게 예정돼 있으며, 따라서 "마음이 청결한 자들이 하나님을 보리라는 것은 틀림없는 사실이다. 마음이 청결한 자들만이 하나님을 보고 싶어하기 때문이다."[25] 루이스도 스스로에 대해 이렇게 말했다. "우리는 천국을 원하지 않는다고 나 스스로 생각하던 때가 있었다. 하지만 그보다 더 자주, 우리는 우리 마음 깊은 곳에서 다른 어떤 것을 원해왔던 것이 아닌가 하는 생각이 나도 모르게 들곤 했었다."[26]

「나르니아 연대기」를 관류하는 주제가 바로 이 진리이다. 이 작품에서 아슬란의 백성들은 자주 '아슬란의 땅' 혹은 '아슬란의 산' 을 그리워한다. 아슬란과 함께 있는 상태는 근본적으로, 우리가 하는 모든 일들을 가치 있게 하는 것이었다. 하지만 '아슬란의 땅' 은 또한 높은 산들과 산들바람, 춤추는 폭포들과 풍성한 산림, 만발한 꽃들의 초원으로 이루어진 아름다운 세계였다. 「새벽 출정호의 항해」에서, 생쥐 리피칩은 그 경이로운 세계에 들어가기를 소망하며, 이야기의 끝 부분에서 그 세계를 향해 떠난다. 결정적인 순간이 가까워짐에 따라, 선원 일행은 자신들이 이미 그 미지의 신세계에 들어왔음을 느낀다. 잠은 덜 자도 되었고, 태양은 더 커졌으며, 물은 더 맑았다. 크고 흰 새들이 노래했고, 모두가 그 노래들을 이해했다.

리피칩이 배 밖으로 뛰어내리고, 모두가 놀란다. 다시 돌아온 리피칩은 물이 '달다' 라고 외친다. 이 '달다' 라는 말은 리피칩이 암송한 옛날 예언의 확증이었다. 카스피안 왕자가 물을 마셔보고는 말한다. "다른 어느 것보다도 단 것 같군."[27] 이어서 리피칩도 같은 의견을 낸다. "마시기 알맞게 달아. 우리는 지금 세상의 끝에 와 있는 것이 분명해."[28] 다른 일행도 그 물을 마시며, 그 사랑스럽고 선한 맛을 즐긴다. 모든 것이 단 음료로 바뀐듯 보였다.

배는 여러 날 동안 동쪽으로 항해한다. 빛은 점점 더 밝아졌다. 그리고 물은 대단히 얕아져서 배가 더 이상 나갈 수 없었다. 리피칩 경이 작은 배 한 척을 내려, 소수의 선원과 함께 세상의 끝을 향해 나아간다.

그러나 물은 더욱 얕아져서 작은 배마져 나아갈 수 없었다. "'여기서부터는 나 혼자 가야 하겠군' 리피칩이 말했다."[29] 리피칩은 자신에게 맞는 더 작은 배를 타고 곧 시야에서 사라져, 아슬란의 땅으로 들어간다.

나르니아 연대기 마지막 편 「최후의 전투」에서는, 우리 모두가 바라던 궁극적인 목적지 아슬란의 땅이 가장 명확하고 생생하게 묘사된다. 전투가 끝나고, 아슬란의 소규모 일행이 명백히 모든 것을 잃은 그 순간, 기적적인 통로가 열린다. 그것은 마구간에서 또 다른 세계로 이어지는 길이었다. 구속받은 피조물들이 그 통로를 따라 이동하며, 아슬란의 땅이 보여주는 장엄에 경외심을 느낀다. 그들은 "더 앞으로 더 안으로" 들어가면서 그 신세계가 옛 나르니아와 닮았음을 알아본다. 유니콘이 말한다 "드디어 집에 왔어! 여기가 내 참된 고향이야! 처음 보는 땅이지만, 이 곳이 내가 평생 그리워한 땅이야. 우리가 옛 나르니아를 사랑했던 이유를 알겠어. 그 나라가 이 땅과 비슷했기 때문이야."[30]

그들은 마침내 여행을 끝내고, 먼저 와있던 친구들과 재회한다. 독자들도 이쯤이면 알겠지만, 환영 나온 무리의 선두에 선 주인공은, 어느 누구보다도 정중하게 그들을 맞으며, 고향에 왔음을 거듭 확인해주는 리피칩경이다.

이 이야기들의 교훈과 같이, 우리는 사람들을 무감각하게 하는 세상의 마법을 깨야 한다. 루이스는 탄식했다.

"거의 백 년 동안이나 세속화의 방식이 우리에게 강요되었다. 우리의 거의 모든 교육은 이 수줍고, 지속적이며 내적인 음성을 침묵시키는 데 바쳐졌다. 우리 시대의 거의 모든 철학이 현세의 실재들 외에는 아무것도 존재하지 않는다는 가르침으로 획책되어 왔다."[31]

그러나 사실, 루이스가 보기에, 우리가 이생에서 경험하는 즐거움, 잠시동안 우리를 진정으로 위로하는 선한 것들은 장차 올 것을 미리 조금 맛보는 것이다. 우리는 모든 선과 즐거움의 근원이신 이로부터 나오는 것을 장차 마실 것이기에 그렇다. 그리고 "내가 믿기로, 그것은 우리 앞에 놓여 있다. 흠 없는 사람은 기쁨의 샘에서 솟아나는 기쁨을 마실 것이다."[32] 우리의 소망은 이와 같다.

"우리가 소망으로 구원을 얻었으매 보이는 소망이 소망이 아니니 보는 것을 누가 바라리요 만일 우리가 보지 못하는 것을 바라면 참음으로 기다릴지니라"(롬8:24-25).

14. 사랑

"의지의 문제"

예수님 사랑하는 일에 게으르지 아니하면,

너희는 결코 잘못 되는 일이 없을 것이다.

그러니 언제나 예수님을 사랑하여라.[1]

초자연적인 덕목 가운데 세 번째 것은, 성층권을 뚫고 솟아오르는 제트 여객기와도 같은 사랑이다. 이 사랑은 하나님이 부여하신 습관이며, 이 습관으로 사람은 하나님과 인간을 사랑한다. 사랑은 그리스도인들의 덕성스러운 삶의 절정이며, 거룩의 윤리의 중심화음이다. 그리고 사랑은 확실히 C.S. 루이스 윤리학의 중심이기도 한데, "한 사람의 영적인 건강은 하나님에 대한 그의 사랑과 정확히 비례한다는 사실에 모든 그리스도인들이 동의할 것"이므로 그렇다.[2]

「순례자의 귀환」 마지막 부분에 이르러, 젊은 순례자 존과 그의 동료 버츄(Virtue)는 "이제 실재만을 보는" 법을 배웠다. 그리고 그들의 안내자가, 그들이 만났던 '지혜로운' 자 같아 보이던 사람들 중 하나, 미스터 감각이 피상적인 지식을 퍼뜨렸다고 설명한다. 미스터 감각은 비록 인상적인 고전 자료들을 인용했지만, 사실 그는 그 자료들의 진리를 소화하지 못하고 시식만 했을 뿐이었다. "그는 그것들을 배우지 못했다. 그는 거기서 표제어만 배웠을 뿐이다."[3] 그는 "네가 원하는 대로 하라"는 라블레의 모토를 언급했지만, 그 모토가 어거스틴의 문구 "사랑하라. 그리고 나서 네가 원하는 대로 하라"의 인용이었음을 알지 못했다. 그리고 사실 어거스틴의 이 문구 역시 예수의 말씀을 그대로 따온 것이었다. "이 두 계명이 온 율법과 선지자의 강령이니라"(마22:40).

사랑하라, 그리고 네가 원하는 대로 하라. 이의가 있을 수 없다. 그러나 아무 사랑이나 다 되는 것은 아니다. 아가페의 사랑만이, 하나님의 사랑만이, 하나님이 거룩하시듯 거룩한 사랑만이 진정으로 우리를 올바로 살게 할 수 있다.

사랑의 기원 : 사랑이신 하나님

참된 덕을 고취시키는 사랑은 위로부터 온다. "성령으로 말미암아 하나님의 사랑이 우리 마음에 부은 바 됨이니"(롬5:5). "윌리엄 모리스는 '사랑은 충분하다'는 제목의 시를 썼고, 누군가 그 시를 '그렇지 않다'는 간단한 말로 비평했다는 얘기가 있다"고 루이스는 말했다.[4]

그리스도인들은 "하나님은 사랑"(요일 4:8)이라는 성경의 진술을 믿지만, '사랑은 하나님'이라는 대중들의 만병통치약은 믿지 않는다.

우리들 대다수가 별 생각 없이 하나님을 사랑이라는 훌륭한 인간적 특질의 전형으로 격하시킨다. 그러나 루이스의 생각은 다르다. '하나님은 사랑'이시라고 말할 때, 우리는 기독교만이 가지고 있는 독특한 내용을 선언하는 것이다. 하나님이 사랑이시라면, 그분은 다른 분들과의 관계를 주도하시고 또한 서로 교통하시며, 그분 백성들과 언약을 세우시는 인격이시기 때문에 그렇다. 그것은 흠 없는 사랑이시며 영원을 통해 아버지와 아드님과 함께 역사하시는 성령께서 전면에 나서시는 사랑의 춤이다.

그러므로 사랑을 포함하여 우리에게 필요한 모든 것은 하나님으로부터 온다. 우리 "인간의 사랑은 하나님 사랑의 영광스러운 이미지가 될 수 있다. 꼭 그 만큼이고 더 이상은 아니다."[5] 그분의 사랑 아가페(그분이나 다른 분들과 관련하여 우리가 아무 때나 꺼내 써먹는 감정이 아니다)는 사랑을 선하게 하는 모든 것의 근원이다. 대단히 중요한 말이지만, 조지 맥도날드가 썼듯이, 하나님의 사랑은 "완전히 살라버리는 불이며" "너무도 정결한 불이어서 불처럼 정결하지 않은 것은 모조리 멸한다. 그 불이 우리의 예배에 같은 정결을 요구한다. 그분은 그렇게 정결을 취하실 것이다."[6]

사랑의 자리 : 우리의 의지

하나님의 사랑, 하나님께 근원을 둔 사랑은 우리의 의지를 거처로 삼는다. 루이스가 이해한 대로, 그리스도인의 사랑은 감정적인 것, 모호한 느낌이 아니라 의지적인 결단이다. 우리는 하나님을 섬기기로, 형제들을 돕기로, 십일조를 바치기로, 선교사로 섬기기로 결심한다. 그것은 감정이 아니라 결정이고 행동이다. 그것이 사랑이다.

온전한 인간, 옛 로마인들이 호모 휴매너스(*homo humanus*)라 부른 거룩하고 흠 없는 인간이 된다 함은, 사적인 쾌락과 안전한 재산에서 타인에게 유익이 되는 것으로 우리의 관심을 전환한다는 뜻이다. 우리는 그들이 빈틈없이 살기보다는 올바로 살기를 원한다. 우리가 그들을 사랑하는 것은, 그들에게 도덕적, 영적으로 도움이 되는 것을 추구할 때이지 그들을 즐겁게 하고 그들의 이익을 불려주는 것들을 원할 때가 아니다. 사랑은 우리 마음에 맞는 것에 감정적으로 반응하는 태도가 아니라, 타인의 복지에 의도적으로 헌신하는 자세이다.

이 의지의 행위는 동정이 아니며, 흔히 사랑으로 통하는 손쉬운 친절도 아니다. 다른 사람의 유익을 원한다 해서 언제나 그것이 친절한 모습으로만 나타날 수는 없다. 감상적인 친절은 타인의 행복을 원한다. "이렇게 행복해라, 저렇게 행복해라가 아니라 그냥 행복해라 한다."[7] 그러나 사랑은 우리 이웃의 유익을 원하며, 따라서 가끔씩은 어떤 제재를 가하기도 하고, 고통스러운 처방을 내리기도 하며, 사랑하는 그 사람들을 전혀 행복하지 않게도 한다. 그러므로 조셉 파이퍼에 따르면,

> 사랑은 사랑하는 사람이 실생활에서 생각하고 행하는 모든 것에 대한 무차별적인 동의가 아니다. 당연히, 사랑은 또한 사랑하는 사람이 언제나 기분 좋기만을 바라는 마음, 어떤 상황에서든 사랑하는 사람이 고통과 슬픔은 겪지 않았으면 하는 마음과 동의어가 아니다. "[사랑하는 사람의] 고통만 제외하고 어떤 것이든 관용하겠다는 단순한 '친절'"은 진정한 사랑과는 아무런 관련이 없다.[8]

우리는 결코 사랑을 '비굴하고 나태한 것', 아이들을 훈계하고 이웃꾸짖기를 거부하는 수동적인 '친절'로 생각해서는 안 된다고 어거스틴은 주장했다. 그것은 "사랑이 아니라 나약함이다." 사람을 사랑하되, 그들

의 악한 행실은 사랑하지 말라. 하나님이 만드신 것을 사랑하되, 인간 자신이 만든 것은 사랑하지 말라."[9]

그러므로 사랑은 악을 관용하지도 죄를 변명하지도 않는다. 우리는 사랑하는 사람에게 진정으로 유익이 되는 것을 원하지, 그저 좋아 보이는 것을 원하지는 않는다. 이 책의 앞부분에서 설명했지만, 우리는 「거대한 결별」에서 전혀 사랑이라 할 수 없는 한 어머니의 사랑을 볼 수 있다. 팸이라는 유령은 그녀의 아들 마이클을 보고싶어 한다. 지상에 있을 때 어머니는 먼저 간 아들로 인해 오랫동안 비탄에 빠져 있었다. 그것은 말하자면 "10년간의 비탄의 의식이었다. 어머니는 아들이 쓰던 방을 죽을 때의 모습 그대로 유지하고, 언제나 기일을 지키며, 그 집을 전혀 떠나지 않았다." 그것으로 슬픔에 탐닉했다.[10] 그녀는 아들에 대한 그녀의 사랑을 호소했지만, 하늘의 전언자(조지 맥도날드)는 그녀에게, 그녀가 원하는 대로 아들을 사랑할 것이 아니라 하나님의 방식으로 사랑해야 한다고 이른다. 그녀는 청소년기 아이들처럼 방어적으로 반응하며, 자신이 어머니로서 아들을 향해 품어왔던 그 사랑이 얼마나 절절한 감정인지 아느냐고 주장한다. 그러나 맥도날드는 감정 그 자체는 좋을 수도 있고 나쁠 수도 있으며, 거룩할 수도 있고 악할 수도 있다고 말한다. "하나님의 손이 붙들어야" 그 감정은 비로소 거룩해진다. 감정이 우리의 '거짓 신'으로 형질을 변경하면 그것은 곧 악해진다.[11]

자의식에 사로잡혀 왜곡된 사랑을 놓지 못한 유령 팸은, 자신은 올바르고 숭고하게 살았다고 슬피 울며 주장한다. 아들을 돌려달라고 하나님에게 요구할 때는 이미 분노가 치밀어 있었다. 그리고 끝내 거드름을 피우며, 그녀가 거주하는 자기연민의 지옥을 떠나지 않겠다고 말한다.

'온유한 예수' 따위와 같은 감상적인 주문이 그렇듯이, 그녀가 말하는 '사랑의 하나님' 역시 그녀 자신이 만들어낸 하나님이다. 이 하나님이야 그 어떤 성품의 변화도 요구하지 않고 슬픔이나 고통 같은 것을 위로해 주시기만 하는 하나님이다. 맥도날드는 천국의 판결을 설명하면서, "인간들이 알고 있는 사랑으로는 충분하지 않다"라고 말한다.[12] 그 사랑은 옥수수 씨앗처럼 땅에 묻혀 심겨야, 비로소 되살아나 의의 싹을 낸다.

참된 사랑, 의지의 행위로서의 사랑은 하나님의 궁극적인 선하심을 인식하는 순종의 행위이다. 우리가 이 사실을 믿을 때, 우리의 삶으로 이 믿음을 입증할 때, 우리는 성서의 위대한 주제 가운데 하나인 하나님과의 언약적 관계를 다시 세울 수 있다. 지불과 배상이 포함되는 법적인 계약과는 달리, 언약은 동의하는 사람들 사이에 개인적 유대를 형성한다. 언약에는 사랑의 방식으로 스스럼없이 표현되는 개인적인 헌신이 뒤따른다. 결혼서약이 그렇듯이, 언약은 섬김, 화합, 서로를 향한 순종을 수반한다. 이 언약은, 루이스가 말한 '받는 사랑'(Need-love)보다는 '주는 사랑'(Gift-love)에서 명백히 드러난다. 그의 설명에 따르자면, 받는 사랑은 하나님에게 자꾸 뭔가를 원하지만, 주는 사랑은 자진하여 섬긴다. 받는 사랑은 탄식하지만 주는 사랑은 찬양한다. 받는 사랑은 사랑하시는 이께 언제나 옆에 있어 달라고 요구하지만, 주는 사랑은 그 분께서 그냥 계신다는 사실만으로도 기뻐한다.

진정으로 사랑하면, 우리는 그 사랑으로 종종 생각 외의 희생을 치러야 함을 안다. 우리는 그 사랑의 부드러운 위로를 원하고, 분명히 그 위로는 넘친다. 그러나 우리는 사랑의 고통을 안다. 사랑하면 즐겁다. 그러나 평생을 해로하고 먼저 죽어가는 아내의 손을 잡고 있는 순간의 고통은 세상의 그 어떤 외과수술의 고통보다도 크다. 처음 부임한 목회자는 대체로 원만하게 시작한다. 그러나 10년이 지나 보라. 상찬의 면류관이 없지는 않겠지만, 갖은 비난의 상처로 아픈 것 역시 분명하다. 사랑은 좋지만 거기에는 분명히 높낮이가 공존한다. 그래서 사랑을 하면, 루이스가 경고한 대로 우리는 아플 것이다. 그렇다면 사랑을 피할 수 있는가.

"그것을 취미와 소소한 사치품으로 둥글게 잘 포장하라. 일체의 연루를 피하라. 그것을 당신의 이기심의 상자 혹은 관에 자물쇠를 채워 안전하게 보관하라. 그러나 안전하고 어두우며, 움직임이 없고 공기가 없는 그 상자 안에서 그것은 변한다. 그것은 깨지지 않을 것이다. 깨뜨릴 수도, 뚫을 수도, 다시 꺼낼 수도 없을 것이다. 비극, 혹은 적어도 비극의 위험성을 방지하는 길은 지옥에 가는 것이다. 사랑의 동요와 위험으로부터 당신을 완벽하게 지킬 수 있는 유일한 장소는 천국 말고는 지옥뿐이다."[13]

"사랑하는 자가 가장 먼저 '바라는' 것은 사랑하는 이가 존재하여 사는 것이다. 사랑하는 '나'는 '당신'의 존재를 그 무엇보다 원한다."[14]

참된 사랑은 사랑하는 이를 두 팔로 감싸안고, 그 존재를 지탱해주며, 그 존재를 자유롭게 펼칠 수 있도록 헌신한다. 루이스에 따르면, 아름다움에 대한 사랑 역시 '사심이 없는' 어떤 것이다.

훌륭한 사람은 모나리자를 훼손하지도 몽블랑을 밀어버리지도 않을 것이다. 못 가본 야생의 땅, 먼 나라의 초원을 그는 즐거워한다. 좋은 사람은 진실하고 아름다운 것들에 대해 "참 좋다"고 말한다.[15]

태초에 사랑하는 하나님께서는 '있으라' 하고 말씀하셨다. 솔로몬의 지혜서는 말한다. "하나님께서 있을 만한 모든 것들을 창조하시니라"(솔로몬의 지혜 1:14). 그러므로 고대한 한 금언이 있다. "모든 존재는 선하다"(omne ens est bonum). 하나님께서는 사랑이 극진하셔서 존재하는 모든 것들을 있게 했다. 결과적으로 우리도 하나님처럼 사랑하면, 우리가 사랑하는 것의 존재를 인정하고 존경하기를 원한다.

우리에게 중요한 것은 단순한 존재가 아니라 명백한 확증이다. '네가 있어서[존재해서]좋다. 네가 있다는 게 얼마나 놀아운 일인가!'[16]

이제 막 약혼한 사람들이 이렇지 않겠는가. 당신이 얼마나 좋은지, 당신이 있다는 게 얼마나 좋은지!

하나님의 피조물들을 사랑함

어떤 것이 그저 있기 때문에 우리가 그것을 사랑하면, 하나님이 그저 계시기 때문에 우리가 그 분을 사랑하면, 우리는 그들의 존재를 사랑하는 것이다. 그것은 마치 우리가 어떤 웅장한 건물이나 아름다운 산을, 멀리 떨어져서 경외감으로 바라보며 서있는 것과 같다. 우리는 그러한 존재들 앞에 서있는 것 자체가 즐거운 것이다. 사랑은 사랑하는 대상을 뭔가 모호한 관념의 틀로 구속하거나 자신의 복사물로 하락시키려 하지 않는다. 사랑은 사물들의 존재를 즐거워한다. 사랑의 눈은 자신만이 초점이 되는 오목거울을 버리고, 밖으로 눈을 돌려 다른 사람들을 가장 명확히 본다. 사랑은 사랑하는 이의 독특성, 복잡성, 변함없는 신비를 알아본다. 사랑은 다른 사람의 복지를 원하며, 그것을 유지시켜주고 즐거워한다. 루이스는 말했다.

내 생각에, 우리의 하나님 사랑이 더 많아지기를 하나님은 원하시는 듯하다. 그렇다고 피조물들을 덜 사랑하라는 말이 아니다(물론 동물들도 마찬가지다). 어떤 면에서 우리는(예를 들면, 하나님 사랑하는 일을 너무 소홀히 한 채)모든 것을 너무 많이 사랑한다. 그러나 또 어떤 면에서 우리는 모든 것을 너무 적게 사랑한다.[17]

이것을 우리가 어거스틴의 용어를 빌리자면 '수직적 사랑'에 좀더 마음을 기울여야 한다는 뜻이다. 우리 외의 어떤 것에 대한 사랑, 그러니까 동물에 대한 사랑, 산에 대한 사랑 등등이 우리를 하나님께 데려간다. 하나님께서 직접 지으신 창조세계일진대, 이 창조세계에 대한 사랑으로 우리는 그 분에 대한 어떤 진리들을 명백히 알 수 있다. 거룩한 그리스도인들은 흔히 말씀의 책과 자연의 책의 명백한 유사성을 볼 줄 알았다. 어거스틴이 말한 대로, "모든 피조물들은 삼위일체의 흔적을 가지고 있다."[18] 탁월한 루이스 평전 「잭」(Jack)은 루이스가 창조세계의 거룩함을 사랑했다고 묘사한다. "루이스는 시간의 풍화라는 축복을 받은 이 폐사지[틴턴수도원]와 풍경에서 신성을 보았다. '얼마나 따뜻하고 평화로운가! 창을 통해 이 풀밭으로 오랫동안 쏟아져 들어오는 햇빛들이여! 모든 교회는 지붕이 없어야 한다. 이보다 더 거룩한 곳을 나는 보지 못했다.'"[19] 그의 눈에 비친 "자연은 근본적으로 신비였다. 그는 흔히 '만물의 모습'에서 그 신비를 보았다."[20] 후기의 한 저작에서 그는 이렇게 말했다.

특별히 더 거룩한 장소들, 거룩한 것들, 거룩한 날들은 물론 있어야 한다. 이러한 초점이 없다면, 끝없이 우리를 일깨우는 이 매개가 없다면, 모든 것은 거룩하며 '하나님으로 충만하다'는 믿음은 단순한 감상으로 떨어지고 말 것이기 때문에 그렇다.

그러나 이 거룩한 장소들, 거룩한 것들, 거룩한 날들에만 너무 사로 잡혀, 모든 땅이 거룩하고 모든 수풀이 불붙은 수풀(떨기나무)임을 알지 못한다면, 거룩한 것들은 결국 해가 되기 시작한다. 여기에 '종교'의 필요성과 영구적인 위험성이 있다.[21]

그러나 루이스는 「네 가지 사랑」(*The Four Loves*)에서 자연에 대한 사랑과 더 높은 형태의 사랑을 혼동해서는 안 된다고 경고한다. 워즈워드 같은 자연 예찬론자들은 어떤 정조에 사로잡혀 자연을 예찬했는데, 자연을 신격화하는 정도가 아니라면 크게 나무랄 일은 아니다. 자연은 분명히 중요한 진리들을 보여준다고 루이스는 믿었다. 그러나 자연이 진리는 아니다.

우리는 철학이나 계시를 통해 알게 된 것을 자연에서 확인할 수 있다. 그리고 창조세계에 대한 묵상을 통해 명민한 정신이 형성되는 것도 사실이다. 루이스는 하나님과 크고 작은 그 분의 모든 피조물들을 사랑하고자 했다. 그는 우리에게 일상을 사랑하라고 촉구한다. 선과 악은 모두 복리(複利)로 증가하기 때문이다. 우리가 날마다 하는 사소한 결정들이 그토록 중요한 이유가 여기에 있다.[22]

물 한 잔이, 무심코 보내는 미소가, 잘은 모르지만 사랑이 담겨있는 몸짓이 소리 없이 거룩을 퍼뜨린다. 우리는 추상적으로 사랑할 것이 아니라 구체적이고 개별적인 존재 하나하나를 사랑해야 한다. 여러 차례 언급했지만, 「고요한 행성으로부터」(*Out of the Silent Planet*)와 「페리란드라」(*Perelandra*)에서 우리는 사악한 물리학자 웨스턴을 만난다. 그는 인류를 광적으로 사랑한다. 그럼에도 그는 자신이 만든 특별한 인종들의 생존을 위해 각 개인들과 무죄한 피조물들을 살해하려 한다. 여타의 유토피아 건설가들처럼 웨스턴도 인류를 보편적으로 사랑하지만, 구체적인 개인들에 대해서는 일말의 관심이나 연민이 없다.

시내산의 불붙은 떨기나무 앞에 선 모세보다야 전율은 덜하겠지만, 사랑하면 우리 역시 하나님의 임재의 빛으로 타오르는 어떤 것들을 본다. 창조주의 손길이 닿는 순간이다. 첫아이를 본 부모의 마음이 이와 다르지 않을 것이다. 한 조사에 의하면, 첫아이가 태어나는 순간이 부모의 일생에서 "가장 행복한 날"이라고 한다. 많은 그리스도인들이 영적인 차원에서 그들의 '중생'의 체험을 되짚어가며, 그때 자연이 어떻게 바뀌고 또한 어떻게 '새로워' 보였는지 기록했다. 별들은 더 많이 빛나고, 나뭇잎들은 더 부드럽게 잔물결 치고, 새들은 더 즐겁게 노래했을 것이다. 그들의 내면을 바꾼 거룩하신 능력은 또한 그들의 밖으로도 사방을 향해 발산되었던 것이다.

다양한 표현 : 네 가지 사랑

루이스의 책「네가지 사랑」은 사랑에 대한 논의의 전범이라고 해도 된다. 그는 '사랑'을 뜻하는 그리스어들을 하나하나 설명하며, 각 용어들이 얼마나 다양하고 섬세한 의미를 담고있는지 보여준다. 그는 우선 '주는 사랑', '받는 사랑', '보는 사랑'(*Appreicative love*. 어떤 것의 진가를 판별해 음미하고 감상하는 사랑-역자주)을 각각 구분하고, 이 사랑들은 저마다 고유한 자리가 있다고 주장한다. 그리고, 네 가지 사랑 가운데서 먼저 스톨게(storge)에 대한 논의를 시작한다. 스톨게는 애정이라는 말로 번역될 수 있으며 "가장 겸손하고 가장 일반적인 사랑"이다.[23]

스톨게는 부모가 자녀들에게 본능적으로 느끼는 사랑, 한 집에 사는 형제 자매들을 묶어주는 사랑이다. 누구를 해롭게 할 의사가 전혀 없는 편안하고 일반적인 사랑이다. 좋은 스톨게는 '스스로를 포기'하려 한다. 부모나 교사들이 결국은 자녀나 학생들을 위해 스스로를 희생하는 것과 같다.[24] 자녀들은 성장해서 저희들 힘으로 살아야 하고, 학생들은 열심히 익히고 배워서 스승을 뛰어넘어야 한다. 스톨게는 사랑하는 대상이 한 개인으로서 참된 목표에 이르기까지 돕는 사랑이다.

두 번째 사랑은 필리아로서, 우정으로 번역될 수 있다. 옛 사람들이 상찬했던 사랑이다. 일례로 아리스토텔레스 같은 이는 「니코마코스 윤리학」 10권 중 두 권을 이 주제의 논의에 할애하기까지 했다. 현대인들은 흔히 이 사랑을 무시하기도 하는데, 사랑으로 말하자면 스톨게가 가장 자연스럽고 불가항력적인 인륜임에 반해, 필리아는 자연스러움이 가장 덜하고 오히려 가장 자유롭게 선택할 수 있는 사랑이다. 취미든 특기든 공통의 관심사를 나눔으로써 친구는 친구가 된다. 친구들이란 호의의 범위가 고무줄처럼 늘어난다. 동일 집단의 행위에 동참하려는 사람은 거의 받아들이는 편이다. 네 가지 사랑 가운데 필리아는 소유욕이 가장 적은 사랑이고, 관계성이 가장 느슨한 사랑이다.

루이스의 이 필리아(우정) 항목을 읽으면서, 우리는 그의 친구들(J.R.R.톨킨, 찰스 윌리암스 등등)도 함께 현장에 와 있는 듯한 느낌을 받는다. 이들은 매주 모여서 자신들의 작품이나 글을 토론하며 교제를 나누었다.

필리아가 소유욕이 가장 적은 사랑임에 비해, 남녀간의 사랑인 에로스는 소유욕이 가장 크고, 집중력이 가장 강렬한 사랑이다. 그러나 에로스를 색욕으로 오인해서는 안 된다. 사랑은 색욕이 아니다. 불행히도 우리 사회에서는 잡지, 영화, 소설, 드라마 따위가 에로스는 곧 섹스라는 식으로 우리를 부추긴다. 하지만 이 둘의 차이는 크다. "성욕은 에로스 없이도 그것, 섹스 자체를 원한다. 에로스는 사랑하는 사람을 원한다."[25]

사랑에 빠진 사람들은 서로를, 말하자면 특정한 한 사람을 소유하고 싶어하며, 함께 살고 싶어하며, 서로를 위해서 살고 싶어한다. 결과적으로 에로스는 뭔가 약속을 한다. "사랑은 요구하지 않아도 맹세한다. 결코 맹세를 망설이지 않는다. 사랑하는 사람의 입에서 나오는 첫 마디는 거의 언제나 '나는 영원히 진실하리라' 이다. 위선이 아니라 진심으로 그렇게 한다."[26] 에로스는 누구의 강제도 받지 않고 스스로 영원한 언약으로 들어간다..

네 번째로는 아가페가 있다. 모든 사랑 가운데서도 이 사랑은 명백히 가장 초자연적이다. 이 사랑은 하나님의 성령으로 오는 것이며, 은혜에 의해서만 받을 수 있는 것이다. 하나님께서 예수 그리스도 안에서 사람이 되사, 스스로 인간의 본성을 취하셨듯이, 아가페 역시 모든 자연적인 사랑들을 취하여 그 사랑들을 아가페적인 사랑의 모습으로 승화하고 완성한다.[27] 아가페만이 견딘다. 아가페만이 모든 사랑 가운데 가장 위대하고, 모든 사랑의 목표이다. 사도 바울의 주장대로, 진정 "제일 좋은 길"(고전 12:31)은 아가페의 길이다.

"그런즉 믿음, 소망, 사랑, 이 세 가지는 항상 있을 것인데 그 중에 제일은 사랑이라"(고전 13:13).

Note

후 주

머리말

1. Alastalr Maclntyre, A study in Moral Theory,2nd ed.(Notre Dame, Ind.:University of Notre Dame Press, 1984), 263

2. Ibid.

3. David Wells, Losing Our Virtue(Grand Rapids: William B. Eerdmans Publishing Co., 1998), 1.

4. Robert Bork, "Hard Truth About America," The Christian Activist

7. (October 1995). 1, 같은 책에서 인용, 453.

5. Wells, Losing Our Virtue,13.

6. Ibid., 3.

7. Ibid., 180.

8. Ibid., 206.

9. James Davison Hunter, The Death of Character, Moral Education in an Age without Good and Evil(New York: Basic Books, 2000), 13.

10. Ibid., xiii.

11. Ibid., xv.

12. Ibid., 9.

13. Ibid., xv.

14. John Stackhouse jr., "Movers and Shapers of Modem Evangelicals," Christianity Today, September 16, 1996, 59.

15. Chuck Colson, "The Oxford Prophet," Christianity Today, June 15, 1998, 72.

16. Ibid.

17. Ibid.

서론

1. C.S. Lewis, "Myth Became Fact,"의 God in the Dock: Essays on Theology and Ethics(Grand Rapids: William B. Eerdmans Publishing Co., 1970), 66.

2. C.S. Lewis, "The Inner Ring,"의 The Weight of Glory(New York: Macmillan Co., 1965), 93.

3. James Como, Branches to Heaven, The Geniuses of C.S. Lewis(Dallas: Spence Publishing Co., 1998), 59에서 인용 Opus dei는 "하나님의 작품"이라는 뜻이다.

4. Walter Hooper, Weight of Glory, xv.의 서문

5. Neville Coghill, "The Aproach to English,"의 Light on C.S. Lewis, ed. Jocelyn Gibb(London: Geoffrey Bles, 1965), 64.

6. Michael Aeshliman, The Restitution of Man(Grand Rapids: William B. Eerdmans Publishing Co., 1983), 3-4.

7. C.S. Lewis, "The poison of Subjectivism."의 Christian Reflections(Grand Rapids: William B. Eerdmans Publishing Co., 1967), 73.

8. Ibid.

9. C.S. Lewis, The Pilgram's Regress. An Allegorical Apology for Christianity, Reason, and Romanticism(London: Geoffrey Bles Ltd., 1933. reprint, Grand Rapids. William B. Eerdmans Publishing Co., 1965), 130.

10. Gerhard Niemeyer, Within and Above Ourselves(Wilmington, Del,; ISI Books, 1997), 281.

11. Lewis, That Hideous Strength(1946. reprint, New York: Macmillan Co., 1965), 72.

12. C.S. Lewis, The Abolition of Man(New York: The Macmillan Co., 1947), 14.

13. Como, Branches to Heaven, 5.

14. Pitrim Sorokin, The Crisis of Our Age(New York: E.P. Dutton & Co., 1941), 205.

15. In Gibb, Light on C.S. Lewis, 61.

16. C.S. Lewis, The problem of Pain(New York: Macmillan Co., 1962), 129.

17. C.S. Lewis, The Allegory of Love(New York: Oxford University Press, 1958), 330.

18. Lewis, Abolition of Man, 56.

19. Paul Holmer, C.S. Lewis. The Shape of His Faith(New York: Harper and Row, 1976), 62.

20. Lewis, "Poison of Subjectivism,"의 Christian Reflections, 73.

21. Lewis, "De Futilitate,"의 66.

22. C.S. Lewis, Spenser's Images of Life(New York:Cambridge University Press, 1967), 68.

23. C.S. Lewis, The Discarded Image(Cambridge, England: Cambridge University Press, 1964), 157.

24. Gilbert Meilaender, The Theory and Practice of Virtue(Notre Dame, Ind.:University of Notre Dame Press, 1984), 68.

1. 교만

1. C.S. Lewis, Mere Christianity(New York: Macmillan Co., 1943), 109.

2. C.S. Lewis, "Infaturation,"의 Poems(New York: Harcourt Brace Jovanovich, 1964), 75.

3. Tony Campolo, The Seven Deadly Sins(Dallas: Victor Books, 1989), 90.

4. Thomas Aquinas, Summa Theologica, II-II, 162, 1(Benzinger Brothers Inc., Hyptertext Version Copyright ⓒ 1995, 1996 New Advent Inc.;www.newadvent.com)

5. Sirach (Ecclesiasticus)10:12, Good News Bible. 이 "제2정경"은 중세 기독교인들이 사용한 70인역(Septuagint), 그리고 벌게이트 역에 속해 있다.

6. C.S. Lewis, The Great Divorce(New York: Macmillan Co., 1946), 72.

7. C.S. Lewis, The Magician's Nephew(New York:Macmillan Co., 1955), 60.

8. Gilbert Meilaender, Taste for the Other(Grand Rapids:William B. Eerdmans

Publishing Co., 1978), 46.

9. C.S. Lewis, ed., George Macdonad. An Anthology, by George Macdonald(Garden Cith, N.Y.:Doubleday and Co., 1962), 105.

10. Lewis, Magician's Nephew, 62, 19.

11. Lewis, Mere Christianity, 94.

12. Ibid., 35.

13. Ibid.

14. Ibid., 38.

15. Geoffrey Chaucer, "The Parson's Tale,"의 The Canterbury Tales, vol. 22 of Great Books of the Western World(Chicago:Encyclopedia Britannica, 1952), 23.

16. Lewis, Problem of Pain, 80.

17. Augustine, The City of God XII, 8,의 Nicene and Post-Nicene Fathers, 1st Ser., vol.2(Peabody, Mass:Hendrickson Publishers Inc., 1995), 231.

18. Lewis, Great Divorce, 33.

19. C.S. Lewis, "Screwtape Proposes a Toast,"의 The World's Last Night(New York:Harcourt Brace and World, 1960), 60.

20. Ibid.

21. Lewis, "Inner Ring,"의 Weight of Glory, 103.

22. Peter Kreeft, Back to Virtue(San Crancisco:Ignatius Press, 1992), 100.

23. C.S. Lewis, Perelandra(New York:Macmillan Co., 1965), 96.

24. Kreeft, Back to Virtue, 100-101.

25. C.S. Lewis, "To a Lady," 9 July 1939, 의 W.H. Lewis, ed., Letters of C.S. Lewis(New York:Harcourt, Brace and World, 1966), 166-67.

26. 이것은 미국의 역사학자 칼 베커의 놀라운 통찰력을 보여주는 책의 제목이다. 베커는, 계몽주의 사상가들이 기독교 신학의 "천국 도성"을 인간이 고안한 완전주의적 기획으로 대체했다고 논박한다.

27. Lewis, Pilgrim's Regress, 35.

28. Lewis, That Hideous Strength, 41.(피버스토은 앞서, 삼부작 첫째 권 Out of the Silent Planet에서 말라칸드라로 향하는 세 우주 여행자들 중 하나인 디바인으로 등장했다)

29. Ibid., 42.

30. Fyodor Mikhaylovich Dostoyevsky, The Brothers Karamazov. vol. 52의 Great Books of the Western World(Chicago:Encyclopedia Britannica, 1952), 11.

31. The March of Freedom, ed. Edwin A. Feulner(Dallas: Spence Publishing Co., 1998), 55.

32. Ibid.

2. 시기

1. C.S. Lewis, The four Loves(New York:Harcourt Brace Javanovich, 1960), 11.

2. Lewis, preface to the Screwtape Letters(New York: Time Inc., 1963), xxv.

3. Ibid.

4. Helmut Schoeck, Envy. A Theory of Social Behaviour(1969. reprint, Indianapolis:Liberty fund, 1987), 116.

5. Aquinas, Summa Theologica, II-II, 36,2.

6. Schoeck, Envy, 206-7.

7. C.S. Lewis, The Last Battle(New York:Macmillan Co., 1974), 147.

8. Chaucer, "The Parson' s Tale," 516.

9. Hanah Arendt, The Origins of Totalitarianism(New York:Harcourt, Brace and Co., 1951), 438.

10. C.S. Lewis, "Equality,"의 Present Concerns(London:Harcourt Brace Jovanovich, 1986), 19.

11. Ibid., 20.

12. Lewis, "Screwtape Proposes a Toast,"의 World' s Last Night, 60.

13. Lewis, "Democratic Education,"의 Present Concerns, 34.

14. 철학자 크리스티나 호프 서머스는 "평등적 페미니즘(equity feminism)과 "젠더 페미니즘 (gender feminism)을 구분한다. 저자는 "동등한 일에 동등한 보수" 및 이와 같은 여타의 정의 를 추구하고, 후자는 남녀의 모든 성적인 차이를 지우고자 한다. 이 철학자의 논문, Who Stole Feminism? How Women Have Betrayed Women(New York, Simon and Schuster, 1994)는 이 주제와 관련한 가장 탁월한 저서 가운데 하나이다.

15. Charles Sykes, A Nation of Victims(New York:St. Marin' s Press, 1992), 181에서 인용

16. Joyce Little, The Church and the Culture War(San Francisco:Ignatius Press, 1995), 76.

17. Lewis, "Equality,"의 Present Concerns, 19.

18. Danielle Crittenden, What Our Mothers Didn' t Tell Us. Why Happines Eludes the Modern Woman(New York:Simon and Schuster, 1999), 57.

19. Ibid., 141.

3. 분노

1. Lewis, "Five Sonnets(1),"의 Poems, 125.

2. Solomon Schimmel, The Seven Deadly Sins(New York:Oxford University Press, 1997), 83.

3. C.S. Lewis, Letters to Malcolm, Chiefly on Player(San Diege:Harcourt Brace Jovanovich, 1964), 97.

4. C.S. Lewis, The Voyage of "The Dawn Treader"(New York:Collier Books, 1952), 197.

5. Lewis, Discarded Image, 171.

6. Aristotle, Nichomachean Ethics, IV.v(New York:Penguin, 1953), 160.

7. Aquinas, Summa Theologica, II-II, 158, 1.

8. Ibid., Art. 2. also I-II, 21, 46-48.

9. Lewis, Perelandra, 155-56.

10. Lewis, Last Battle, 17.

11. Gary B. Oliver, "The Power of Anger," New Man, September-October 1994, 62.에서 인용

12. Aquinas, Summa Theologica, II-II, 158, 2.

13. Lewis, Macdonald, 35.

14. Lewis, Great Divorce, 35.

15. C.S. Lewis, Till We Have Faces, A Myth Retold(Grand Rapids:William B. Eerdmans Publishing Co., 1956), 148.

16. Ibid., 260.

17. Ibid.

18. Ibid.

19. Ibid., 266.

20. The Little Brown Book of Anecdotes, ed. Clifton Fadiman (Boston:Little, Brown and Co., 1985), 298.

21. Lewis, Great Divorce, 95.

22. Lewis, Last Battle, 121.

23. Stephen Carter, Civility. Manners, Morals, and the Etiquette of Democracy(New York:HarperCollins, 1998), xii.

24. Ibid., 10-11.

25. Ibid., 38.

26. Ibid., 129.

27. In Fadiman, Little Brown Book of Anecdotes, 47.

28. C.S. Lewis, "Addison," in Selected Literary Essays, ed. Walter Hooper(Cambridge, England:Cambridge University Press, 1969), 156. 소설은 1946년에 출판되었다.

29. The Practice of the Presence of God. www. ccel.org/b/bro_lawrence/practice/practice, html.

30. Carte. Civility, 31.

31. Ibid., 73.

32. Ibid., 259.

4. 호색

1. C.S. Lewis, "Christianity and Culture,"의 Christian Reflections, 35.

2. Will Durant, Our Oriental Heritage(New York:Simon and Schuster, 1954), 44.

3. C.S. Lewis, Surprised by Joy. The Shape of My Early Life(San Diego:Harcourt Brace and Co., 1955), 69.

4. Ibid., 45.

5. Ibid., 69.

6. Lewis, Pilgrim's Regress, 29.

7. Lewis, Mere Christianity, 89.

8. Dale Bruner, The Christbook(Waco:Word Books, 1987), 182.

9. William Barclay, The Gospel of Matthew(Philadelphia:Westminster Press, 1958), 144-45.

10. Augustine, Sermon on the Mount의 Nicene and Post-nicene Fathers, 1st Series, vol,6(Peabody, Mass.:Hendrickson Publishers, 1995), 53.

11. John Chrysostom, Homilies on The Gospel of Saint Matthew, in ibid., 116.

12. The Catechism of the Catholic Church(Boston:St. Paul Books and Media, 1994),No.2351, 564.

13. Lewis, Mere Christianity, 90.

14. Cristin Kellogg, "Couples, 'Sex Without Strings. Relationships without Rings,'" The Washington Times, national edition, June 19-25, 2000, 17.

15. Wendy Shalit, a Return to Modesty. Discovering the Lost Virtue(New York:The Free Press, 1999).

16. Ibid., 107.

17. Ibid., 108.

18. Ibid., 235.

19. Ibid., 52.

20. Ibid., 6.

21. Ibid., 167.

22. Ibid., 8.

23. Michael Jones, Degenerate Modems. Modemity as Rationalized Sexual Misbehavior(San Francisco:Ignatius Press, 1993), 11.

24. Ibid., 12.

25. Ibid., 17.

26. Quoted in Aquinas, Summa Theologica, II-II, Q, 153, Art, 1.

27. Ibid.

28. Jones, Degenerate Modems, 181.

29. Sorokin, Crisis of Our Age, 19.

30. Ibid., 19.

31. Lewis, Great Divorce, 101.

32. Ibid., 102.

33. Ibid., 104-5.

5. 탐식

1. C.S. Lewis, The Screwtape Letters(Westwood, N.J.:Barbour Books, 1990).89.

2. Lewis, "Some Thoughts,"의 God in the Dock, 149.

3. Aquinas, Summa Theologica, II-II,148, 1.

4. Gregory 1, Moralia, xxx, 18;cited in Ibid., II-II, 148,4.

5. C.S. Lewis, The Lion, the Witch, and the Wardrobe(New York: Collier Books, 1950), 71.

6. Meilaender, Taste for the Other, 9.

7. Lewis, The Silver Chair(New York:Collier Books, 1953), 96.

8. Ibid, 99.

9. Virginia Stem Owens, "The Fatted Faithful," Christianity Today, January 11, 1999, 70.

10. Lewis, Screwtape Letter(Barbour Books), 86.

11. Ibid., 87.

12. Ibid.

13. Ibid.

14. Henry Fairlie, the Seven Deadly Sins Today(Notre Dame, Ind.:University of Notre Dame Press, 1979), 164.

15. Gregory 1, Moralia, xxxi, 45.

16. Aquinas, Summa Theologica, II-II, 148, 6.

17. Lewis, Silver Chair, 151.

18. Ibid., 154.

19. Aquinas, Summa Theologica, II-II, 148, 6. He is Citing 1 Esd. 3:20.

20. Ibid.

21. Lewis, Abolition of Man. 77.

22. Ibid., 78.

6. 게으름

1. C.S. Lewis, Letters, C.S. Lewis/Don Giovanni Calabria(Ann Arbor, Mich.:Servant Books, 1988). 10 September 1949, 55.

2. Quoted in Fairlie, Deadly Sins, 117.

3. Lewis, Pilgrim's Regress 93.

4. Quoted in Fairlie, Seven Deadly Sins, 114;quoting her The Other Six Deadly Sins, I assume.

5. John of Damascus, The Orthodox Faith. II, in Writings(New York:Fathers of the Church, Inc., 1958).

6. Aquinas, Summa Theologica, II-II, 35, 1.

7. N. Scott Peck, The Road Less Traveled(New York:Simon and Schuster, 1978), 131.

8. Ibid., 272.

9. Ibid., 274.

10. Lewis, Pilgrim's Regress, 177.

11. Lewis, Perelandra, 36.

12. Ibid., 48.

13. Lewis, Screwtape Letters(Barbour Books), 11.

14. Ibid., 12.

15. Lewis, Silver Chair, 154.

16. Ibid., 157.

17. Ibid.

18. Ibid., 158.

19. Ibid., 1.

20. Ibid., 8.

21. "Harper's Index," Harper's, October 1990, 17.

22. Charles Sykes, Dumbing Down Our Kids(New York:St.Martin's Griffin, 1996), 100–101.

23. Lewis, Letters, 28 Mar 1921, 54.

24. Ibid.

25. Lewis, Hideous Strength, 185.

26. David Frum, How We Got Here. The 70's:The Decade That Brought You Modem Life(For Better or Worse)(New York:Basic Books, 2000), 157.

27. Mrsha G. Witten, All Is Forgiven. The Secular Message in American Protestantism(Princeton, N.J. Princeton UniversityPress, 1993), 3.

28. Ibid., 44.

29. Ibid., 53.

30. Ibid., 132.

31. Ibid., 127

7. 탐욕

1. Lewis, Pilgrim's Regress, 177.

2. Aquinas, Summa Theologica, II–II, 118, 3.

3. Lewis, George Macdonald, 59.

4. Lewis, Great Divorce, 51.

5. Ibid.

6. Lewis, Voyage of "The Dawn Treader," 105.

7. Ibid., 107.

8. Ibid., 108.

9. Lewis, Pilgrim's Regress, 80.

10. Lewis, Screwtape Letters(Barbour Books), 109.

11. Aquinas, Summa Theologica, II–II, 118, 1.

12. Lewis, Supprised by Joy, 9–10.

13. Lewis, Voyage of "The Dawn Treader," 71.
14. Ibid.
15. Ibid., 71-72.
16. Lewis, Abolition of Man, 41.
17. Lewis, "The Inner Ring,"의 Weight of Glory, 104.
18. "Reflections," Christianity Today, June 12, 2000, 89페이지에서 인용

8. 분별

1. Lewis, Mere Christianity, 74-75.
2. Ravi Zacharias, Deliver Us from Evil(Dallas:Word Publishing Co., 1996), 140.
3. William Bennett, Body Count(New York:Simon and Schuster, 1996), 56.
4. Lewis, Lion, Witch, and Wardrobe, 44.
5. Ibid., 45.
6. Lewis, Pilgrim's Regress, 61.
7. Ibid., 62.
8. Lewis, Discarded Image, 154:citing Canterbury Tales, I, 262.
9. Ibid., 158.
10. Ibid.
11. Ibid.
12. Ibid., 160.
13. Lewis, Miracles(London, Geoffrey Bles, 1966), 14.
14. Ibid.
15. Ibid., 34.
16. Ibid., 35.
17. As Cited in Aquinas, Summa Theologica, II-II, 47, 1.
18. Pieper, Four Virtues(Notre Dame, Ind.:University of Notre Dame Press, 1966), 4.
19. Ibid., 7.
20. Aristotle, Nichomachean Ethics, 209.
21. Ibid, 330-31.
22. Pieper, Four Virtues, 15.
23. Lewis, Voyage of "The Dawn Treader," 146.
24. Lewis, Screwtape Letters(Barbour Books), 126.
25. Ibid., 130.
26. Ibid., 139.
27. Ibid., 140.
28. R. L. Green and Walter Hooper, C.S. Lewis, a Biography
    (London:Collins Fount, 1979), 129에서 인용
29. Pieper, Four Virtues, 4.

30. Ibid., 53.

31. Ibid., 54.

32. Ibid., 9.

33. Lewis, Hideous Stregth, 145.

34. Ibid., 144.

35. Lewis, Miracles, 39.

36. Carrer, Civility, 288-89.

9. 정의

1. C.S. Lewis, A Preface to Paradise Lost(London:Oxford University Press, 1960), 74.

2. Lewis, The Last Battle, 16-17.

3. Ibid., 17.

4. Ibid., 24.

5. Ibid.

6. Ibid.

7. Plato, "Gorgias,"의 The Dialogues of Plato(New York:Bantam Books, 1986), 338.

8. Justicia est ad alterum, to cite the familiar latin maxim.

9. Aritotle, Nichomachean Ethics, V, 5.

10. Aquinas, Summa Theologica, II-II, 58, 1.

11. Pieper, Four Virtues, 58.

12. Lewis, Mere Christianity, 82.

13. Lewis, That Hideous Strength, 13.

14. Ibid., 151.

15. Ibid.

16. Lewis, "The Humanitarian Theory of Punishment," in God in the Dock, III, 4, 500.

17. Ibid.

18. Ibid., 499.

19. Ibid.

20. Lewis, Mere Christianity, 70-71.

21. Augustine, The Epistle of St. John, in Nicene and Post-Nicene Fathers of the Christian Church, First Series, VII(Grand Rapids:William B. Eerdmans Publishing Co., 1986), 505.

22. Lewis, Preface to Paradise Lost, 74.

23. Lewis, "Membership," in Weight of Glory, 115-16.

24. Pieper, Four Virtues, 102-3

25. Lewis, "Democratic Education," in Present Concerns, 33.

26. Irving Kristol, Neoconservatism(New York:The Free Press, 1995), 167.

27. Pieper, Four Virtues, 81.

28. Ibid., 89.
29. Ibid., 91.
30. Lewis, "Kipling' s World," in Selected Literary Essays, 240.
31. Lewis, "To Mrs. Edward A. Allen," in The Letters of C.S. Lewis, 1 February 1958, 281.
32. Balint Vazsonyi, America' s 30 Years War, Who Is Winning? (Washington, D.C., Regnery Publishing, 1998.
33. Ibid., 13.
34. Ibid., 53.
35. Ibid.,57-58.
36. Ibid., 176-77.

10. 용기

1. Lewis, Mere Christianity, 76.
2. Aquinas, Summa Theologica, II-II, 123, 1.
3. Lewis, Screwtape Letters(Barbour Books), 143.
4. Aquinas, Summa Theologica, II-II, Q, 123, Art, 6.
5. Lewis, Screwtape Letters(Barbour Books), 148-49.
6. Aleksandr Solzhenitsyn, A World Split Apart(New York:Harper and Row, 1978),9-10.
7. Lewis, Abolition of Man, 35.
8. William Shakespeare, Julius Caesar, II, ii, 32.
9. Lewis, Perelandra, 142.
10. Ibid., 147.
11. Ibid., 156.
12. Lewis, Screwtape Letters, 106.
13. Aquinas, Summa Theologica, II-II,123,4.
14. Lewis, Abolition of Man, 119.
15. Pieper, Four Virtue, 132.
16. Lewis, Present Concern, 13.
17. Ibid.
18. Ibid.
19. Ibid.
20. Pieper, Four Virtues, 130.
21. Lewis, Present Concerns, 15.
22. Lewis, Last Battle, 121.
23. Lewis, Prince Caspian(New York:Collier Books, 1970), 189.
24. Lewis, Lion, Witch, and Wardrobe, 127-28.
25. Ibid., 129.

26. Lewis, Prince Caspian, 74.

27. Ibid., 75.

28. Ibid.

29. Ibid., 203.

30. The C.S. Lewis Readers' Encyclopedia(Grand Rapids:Zondervan Publishing House, 1998), 418.

31. Lewis, Voyage of "The Dawn Treader," 27.

32. Ibid., 28.

33. Address at Harrow School, October 29, 1941, in Stephen Mansfield, Never Give In:The Extraordinary Character of Winston Churchill(Elkton, Md.:Highland Press, 1995), 142.

34. Margaret Thatcher, The Downing Street Years (New York:Harpercollins, 1994), 167.

11. 절제

1. Lewis, Weight of Glory, 3.

2. Thucydides, The Peloponnesiam War, vol. VI in Great Books of the Western World, I,iii,4.

3. Tom Landry, with Gree Lewis, An Autobiography(Grand Rapids:Zondervan Publishing House, 1990), 276.

4. William Bennet, John J. Dilulio Jr., and John P. Walters, Body Count(New York:Simon and Schuster, 1996), 208.

5. Lewis, Preface to Paradise Lost, 81.

6. Augustine, De Morib. Eccl. xix, quoted in Aquinas, Summa theologica, II-II,141,2.

7. Lewis, Mere Christianity, 61.

8. 이 번역은 파이퍼의 Four Virtues에 나온다. This translation appears in Pieper's Four Virtues.

9. Lewis, Pilgrim's Regress, 86.

10. Ibid.

11. Ibid.

12. Aquinas, Summa Theologica, II-II, 141,1.

13. Pieper, Four Vitues, 148.

14. Ibid., 151.

15. Ibid., 160.

16. Lewis, Mere Christianity, 75.

17. Lewis, Perelandra, 42.

18. Ibid.

19. Ibid.,48.

20. Lewis, "The Necessity of Chivalry," in Present Concerns, 14.

21. Ibid., 15.

22. Lewis, Letters to An American Lady(Grand Rapids:William B. Eerdmans, 1967),35.

23. Lewis, Last Battle, 120-21.

24. Ibid., 121.

25. Lewis, "The Necessity of Christianity," in Present Concerns, 13,15.

26. Aeschlishman, Restitution of Man, 75.

27. Lewis, Hideous Strength, 296.

28. Quoted by Green and Hooper, C.S. Lewis, 173.

29. Lewis, "De Descriptione Temporum," in Selected Literary Essays, 10

12. 믿음

1. Lewis, Mere Christianity, 129.

2. Lewis, "De Descriptione Temporum," in Selected Literary Essays, 11.

3. Quoted in Joseph Pieper, Faith, Hope, Love(San Francisco:Ignatius Press, 1997), 57.

4. Lewis, Silver Chair, 21.

5. Ibid., 146.

6. Quoted by John Paul II, Fides et Ratio(Boston:Pauline Books and Media, 1998), 79.

7. Aquinas, Summa Theologica, II-II,2,xx.

8. Lewis, Miracles, 76.

9. George Orwell, 1984(New York:New American Library, 1962), 205.

10. Peter Kreeft and Ronald K. Tacelli, Handbook of Christian Apologetics. Hundreds of Answers to Crucial Questions(Downers Grove, Ill.:Intervarsity Press, 1994), 363.

11. Ibid.

12. Lewis, "On the Obstinacy in Belief," in The World' s Last Night, 17-18.

13. Lewis, "Transposition," in Weight of Glory, 70.

14. George Weigel, "Holy Land Pilgrimage. A Diary," First Things, June-July 2000, 27.

15. A.W. Tozer, The Incredible Christian(Harrisburg, Pa.:Christian Publications, 1964), 27.

16. Diogenes Allen, Christian Belief in a Postmodem World:The Full Wealth of Conviction(Louisville:Westnubuster/John Knox Press, 1989), 1.

17. Lewis, "Modern Man and His Categories of Thought," in Present Concerns, 65.

18. Allen, Christian Belief, 155.

19. Lewis, "On the Obstinacy of Belief," in The World' s Last Night, 29-30.

20. Lewis, "Religon, Reality or Substitute?" in Christian Reflections, 42.

21. Lewis, "On the Obstinacy in Belief," 23.

22. Ibid.

23. Oswald Chambers, My Utmost for His Highest(Ulrichsville, Ohio:Barbour and Co.,

1963),189.

13. 소망

1. Lewis, Weight of Glory, 7.
2. Lewis, Surprised by Joy, 63.
3. C.S. Lewis, A Grief Observed(1961, reprint, New York:Bantam Books, 1976),4.
4. Ibid., 5.
5. Ibid., 25.
6. Ibid., 49.
7. Aquinas, Summa Theologica, II–II, 17,2.
8. Ibid.
9. Augustine, quoted in Pieper, Faith, Hope, Love, 113.
10. Aquinas, Summa Theologica, II–II, 20, 3.
11. Ibid., 113.
12. Ibid., II–II,21,1.
13. Ibid.
14. Lewis, Problem of Pain, 128.
15. Lewis, "The Trouble with X," in God in the Dock, 155.
16. Lewis, Preface to Paradise Lost, 104–5.
17. Lewis, "The Trouble with X," in God in the Dock, 155.
18. Quooted in Pieper, Faith, Hope, Love, 111.
19. Ibid.
20. Lewis, Great Divorce, 104–5.
21. "Don v. Devel," Time, September 8, 1947,66.
22. Lewis, Miracles, 162–163.
23. Lewis, Great Divorce, 68–69.
24. Lewis, Problem of Pain, 144.
25. Ibid.
26. Ibid., 145.
27. Lewis, Voyage of "The Dawn Treader," 199.
28. Ibid.
29. Ibid., 213.
30. Lewis, The Last Battle, 171.
31. Lewis, Weight of Glory, 6.
32. Ibid., 18.

14. 사랑

1. C.S. Lewis, Letters to Children, ed. Lyle W. Dorsett and Marjorie Lamp Mead(New

York:Macmillan Co., 1985), October 26, 1963, 111.

2. Lewis, Four Loves, 13.

3. Lewis, Pilgrim's Regress, 177.

4. Lewis, Four Loves, 163.

5. Ibid., 20–21.

6. Lewis, George Macdonald, 32.

7. Lewis, Problem of Pain, 40.

8. Pieper, Faith, Hope, Love, 87.

9. Augustine, First Epistle of St. John, 505.

10. Lewis, Great Divorce, 94.

11. Ibid., 92–93.

12. Ibid., 93.

13. Lewis, Four Loves, 169.

14. Quoted in Pieper, Faith, Hope, Love, 168.

15. Lewis, Four Loves, 32.

16. Pieper, Faith, Hope Love, 174.

17. Lewis, Letters to an American Lady, 18 Aug 1956, 61.

18. Quoted in Vincent Rossi, "Theocentrism:The cornerstone of Christian ecology," in Ecology and Life, ed. Wes Granberg–Michaelso(Dallas:Word Publishing, 1988), 159.

19. Lewis's Letter, 10 Jan 1931, in George Sayer, Jack. A Life of C.S. Lewis(Word Publishing, 1988, 159.

20. Ibid., 248.

21. C.S. Lewis, Letters to Malcolm(London:Geoffrey Bles, 1964), 75.

22. Lewis, Mere Christianity, 117.

23. Lewis, Four Loves, 53.

24. Ibid., 76.

25. Ibid., 134.

26. Ibid., 158.

27. Ibid., 184.